思考农业

农业宏观经济学讲记

王秀清　著

人民出版社

责任编辑:邵永忠
封面设计:胡欣欣

图书在版编目(CIP)数据

思考农业:农业宏观经济学讲记/王秀清 著. —北京:
　人民出版社,2023.12
ISBN 978-7-01-026123-2

Ⅰ.①思…　Ⅱ.①王…　Ⅲ.①农业经济学-宏观经济学　Ⅳ.①F30

中国国家版本馆 CIP 数据核字(2023)第 219998 号

思考农业:农业宏观经济学讲记

SIKAO NONGYE:NONGYE HONGGUAN JINGJIXUE JIANGJI

王秀清　著

人民出版社 出版发行
(100706　北京市东城区隆福寺街 99 号)

北京中科印刷有限公司印刷　新华书店经销

2023 年 12 月第 1 版　2023 年 12 月北京第 1 次印刷
开本:710 毫米×1000 毫米 1/16　印张:18　字数:270 千字

ISBN 978-7-01-026123-2　定价:70.00 元

邮购地址 100706　北京市东城区隆福寺街 99 号
人民东方图书销售中心　电话 (010)65250042　65289539

自 序

呈现在您面前的，是我为中国农业大学本科生开设的"农业宏观经济学"课程讲记。

早在 2010 年左右，我一直有一个想法，就是开设一门专门讨论农业与宏观经济关系演变规律的课程，以弥补农业经济学领域只关注微观而忽视宏观的不足。我开始查阅大量文献，逐渐形成一个较为清晰的课程框架。本来想先写一本教材，然后再开课。但是，随着阅读文献的增多，反而越来越觉得不成熟，因为其中的很多议题在学术界的研究还不充分。但是，我又切实感到这些话题十分重要，需要让农业经济学的学子们有基本的了解。于是，从 2013 年开始我把自己逼上了讲台，在没有教材和讲义的情况下，为经济管理学院的本科生开设了"农业宏观经济学"课程。感恩学校和学院对我的包容和支持，允许我进行探索和尝试。当时我脑子里有一个大体的章节框架，每一节的内容也有相应的文献准备，但是没有写下任何东西。站上讲台，把自己认为值得分享给大家的一些思考和学习收获讲出来。难为这些优秀的学子，没有教材，没有讲义，完全是听我在课堂上的讲述。当时对学生有两个要求：一是做课堂笔记，二是阅读指定文献并撰写读书笔记。令我十分感动的是，这些孩子们听课非常专心，无论是课堂笔记还是读书笔记都能够认真完成。特别是同学们在读书笔记中留下与我交流的心得以及对许多问题的思考，激励着我继续阅读更多的文献去完善这一门课程。学生们的课堂笔记，记录了我在课堂上的所思所述，也是这本讲记的最早最原始的文字基础。之后，不断开课，不断完善细节内容。其间，息晨和纪承名两位同学还专门以他们的课堂笔记和我撰写的一些讲义资料为基础，整理出一个基本的讲义初稿，期盼着我早日完成教材的编写，以方便后来的同学们。

新冠疫情的暴发，改变了我们的教学方式。2020 年春季的课程，不得不改为线上教学。这时候，没有教材、没有讲义的缺陷暴露无遗，没法像过去那样随时可以面对面交流。我一直坚持在黑板上板书式教学，但是突发疫情下我尚未掌握录像上课的技巧，所以只能改为先录音后上传的方式。这对我是一个新的挑战。因为，没有了板书，没有了肢体语言，没有了直接的互动交流，我面对的是假想的听众，不能画图，不能推导数学公式，需要把原来的一些表述习惯转成听者可以接受的方式。好在这一学期的后期，同学们回到了学校，线下的教学又弥补了线上的一些不足。但是，这一次的录音，改变了我原来坚持撰写完教材再出版的想法。与其待到编写出尽善尽美的教材，倒不如先出版一个有些瑕疵的课程讲记，这样既可以方便学生阅读，又可以摆脱教材方式的一些束缚。关键是能够早日让更多的人了解农业与宏观经济关系的演变规律以及学术界的诸多探索成果。于是，我将这些录音转成了文字。在这一过程中，得到了廖春阳先生的支持。我的妻子刘素晖女士专门帮我校对整理了录音文字的第一稿和第二稿。在此基础上，我又根据学术界的最新研究成果和统计数据进行了更新，我的同事李军教授帮我纠正了一些明显的表述错误，形成了您面前的这本讲记。

　　为了更好地概括这本讲记，我给她起了个名字，叫"思考农业"。因为这本讲记，其实讲述的就是包括我自己在内的诸多农业经济学者对农业与宏观经济关系的思考。既然是思考，就有成熟的一面，也有不成熟的一面。就农业与宏观经济关系而言，确实有些规律性的东西已经被证实。但是，也有诸多领域值得进一步去探索和挖掘。例如，宏观经济政策与农业政策究竟如何才能做到有效配合，这是一个十分重要而在本书中并未充分得以展开的议题。冠以"思考"二字，是希望更多的人能够借由这本讲记展开自己的思考，在充分把握农业在不同经济发展阶段所处角色和位置的基础上，提出因时而异、因地而异的农业问题解决方案。

　　致敬所有为这本讲记问世做出贡献的人。感恩国内外农业经济学者，是你们的不懈探索和智慧，让我们得以了解农业经济的运行规律；感恩世界各地的农民，是你们世世代代的努力和传承，让农业这一联系人与自然的纽带得以呵护和成长；感恩有缘选修农业宏观经济学课程的中国农大学子们，是你们的包容和支持，给了我前行的动力；感恩中国农业大学和经济管理学院宽松的治学环境，给我们插上了自由探索的学术翅膀；感恩所有的朋友和家人，是你们的鼓励和鞭策，让我享受到追逐梦想的快乐；感恩人民出版社邵永忠先生的精益求精，让一本充满瑕疵的书变得基本可读。当然，本讲记的一切错误和不当，自然由作者完全负责。同时，衷心希望读者朋友们提出宝贵意见，以期后续改正。

王秀清

2022 年 3 月 23 日

目　录

第一章　导论

同学们好！很高兴跟大家一起来学习和讨论农业宏观经济学这一话题。虽然说这是一门课，但是由于是一个实验性的，还不成熟，所以我一直作为话题来讨论。虽然也上了很多年，但是直至今天，我依然觉得它不是特别成熟，还有继续改进和完善的空间。由于这门课所讨论的问题十分重要，所以又不能等到完全成熟后再来开课。今天是第一讲，我想就这门课的起源和整体安排，跟大家做一个简单的介绍。

第一节　什么是农业宏观经济学

一、农业宏观经济学

这门课的名字叫农业宏观经济学，主要研究或探讨农业与宏观经济之间关系及其演变规律。

怎么想起来开设这样一门课？这要追溯到 2010 年和 2011 年。我所在的经济管理学院有许多老师多年来一直从事农产品市场的研究，仅农业农村部国家现代农业技术体系产业经济岗位科学家就有五位，分别负责肉羊、细毛羊、兔、大豆和小麦等农业产业的经济分析与预测。当时大家在年终学术交流讨论时都提到一个现象，那就是每一类农产品自身的供给和需求并没有发生重大变化，但是各种农产品之间却出现了价格同涨同跌的现象。这种共振现象的发生一定存在着来自农业部门之外的原因。当我们跳出每一个具体的产品市场，从宏观经济角度来观察当时的经济生活和政策变化时，一下子就豁然开朗了。为了应对全球金融危机，中国当时采取了购入美国国债和宽松的财政与货币政策，必然会对所有的行业带来影响。这提醒我们，仅仅从局部均衡角度，从微观经济学角度来研究农业经济问题可能会存在严重的缺陷，因此需要认真思考农业与宏观经济之间的关系。其实，有关农业与宏观经济关系之间的讨论，早在20世纪80年代的学术界是非常热闹的，当时大家主要关心的是农业生产大起大落会对国民经济整体发展产生什么样的不利影响，非常重视从宏观角度来研究农业经济问题。但是，随着温饱问题的解决和工业化的完成，有关农业与宏观经济之间关系的讨论逐渐淡出了学术界的视野。这次的情况则完全不同，不考虑宏观经济因素就无法很好地揭示农产品价格的变动规律，必须重新拾起对农业与宏观经济关系的讨论，只不过侧重点需要转向关注宏观经济政策变动对农业部门的影响。

为了寻求智慧、汲取经验，我开始查阅国内外文献。通过查阅发现，原来，这个现象在美国，在20世纪80年代就已经做了非常详细的讨论。20世纪70年代石油危机之后，美元由过去的固定汇率变成浮动汇率。在此背景下，美国的经济学家们发现，宏观经济波动会对农业经济状况产生显著的影响（Schuh，1974，1976）。特别是，作为一个农产品出口大国，汇率变化直接关系美国农产品出口和农业经营收益。

把宏观经济波动特别是汇率变化纳入农业经济研究视野之后，美国在20世纪80年代和90年代出现了一大批文献，专门讨论宏观经济和政策变化对农业经济产生的影响。后来则演化到这样一种学科，即农业宏观经济学，英文叫 Macroeconomics of Agriculture，当然也有人叫 Agricultural Macroeconomics。其实不管怎么叫都是讨论的同一个话题。在《农业经济学手册》（Handbook of Agricultural Economics）中，从第28章开始，有几章专门讨论农业与宏观经济关系问题。

后来我就想，这是一个有规律性的东西。为什么有规律？我们2010—2020年间的现象和美国20世纪80年代的现象，其实都是宏观经济波动对农业部门的影响。回想我个人所经历的，从小在农村长大，到后来求学与工作，在20世纪80年代之前，我们更多关注的是农业对宏观经济的影响，那时候政策关心的是农产品价格涨了之后城里人怎么办。把这两个不同时间段的问题放在一起对比，我似乎明白了一点，那就是农业与宏观经济之间的关系在不同时期是不一样的，它一定有其内在的演化规律。在不同的演变阶段，两者之间的关系会给生产者和消费者带来截然不同的影响。所以，我就想把前人有关农业与宏观经济关系的研究成果以及自己的相关思考做一个系统梳理，写一本农业宏观经济学教材，然后为学生开课，把我的学习心得分享给大家。陆续拜读前辈们在相关领域的诸多经典文献，引发了自己更多的思考，形成了基本的课程框架。但是，读得越多，越是不敢写教材，因为还有很多领域自己没有搞清楚，学术界在若干领域也存在着研究空白。2013年，我想还是把自己逼到讲台上，边分享边完善，在没有教材的情况下就开始上这门课。我要特别感谢2013年以来有缘选这门课，跟我一起研讨农业宏观经济学问题的同学们，因为大家的包容，克服了没有教材的困难。大家在精读指定文献时的如饥似渴和一丝不苟，在撰写读书笔记时的工工整整和充满思索，让我享受了分享知识的快乐，鼓励我继续完善这门课程。

二、农业特殊性

学术界对农业宏观经济学这样一个提法虽然普遍接受，但还是会有一些疑问，最重要的疑问就是为什么没有工业宏观经济学？为什么没有商业宏观经济学？为什么唯独农业要有农业宏观经济学？这个问题是我们必须要思考要回答的。根本原因就在于农业本身的特点和其他产业不太一样。尽管它是宏观经济的一个组成部分，但是农业是跟生命活动密切相关的，有其特殊性，不能简单地与其他的经济活动等同起来。

第一个特点是农业生产的季节性。气候变化的周期和作物生长的周期，决定了农业产出的波动以及农业生产要素需求的波动。农业生产的季节性特点，决定了农业部门在针对宏观经济发生变化做出反应的时候，跟其他行业不能够完全一致，会存在同步、滞后或者先导的差异。

第二个特点是农地供给，或者说农业自然资源供给的有限性。

在一定时期内，在一定的技术可能性边界下，农业生产中最重要的土地要素，是不可能无限扩张的。当然从历史来看，土地从原来的荒地变成农田，这个边界是在不断扩张的。但是，就目前而言，全世界除了巴西还有一定的待开垦可耕地之外，其他地方几乎是不可能了。因此，从短期来讲，耕地面积作为一个国家或者一个地区固有的资源禀赋，它是很难扩张的。这就决定了农业产出存在着边界，也决定了农业因应宏观经济变化所做出的反应也存在着一定的边界。

第三个特点是农业与生命活动密切相关。作为与人类生命相关的特殊产业，即使不赚钱，它也得存在。有些产业则不具备这样的必需性。我们在讨论经济问题时往往暗含了一种假定，那就是我们对所有产业和所有产品的赋值体系即价值评估体系是合理的。但实际上并不完全这样。农业的重要性在现有的价值体系中并没有完全体现出来。农业作为一种与生命相关的产业特点，决定了它和普通产业不太一样，多了没用，少了不行。所有农产品价格的涨和跌都有一些转折点。比如说中国历史上出现战争的时候，或者发生极端自然灾害的时候，农产品价格就会暴涨，甚至有钱也买不到粮食。这类暴涨就不像其他产品，可有可无，大不了我不用就可以了。但是人只要想活着，那就必须要有吃的。如果粮食没有，就会出现你花多少钱都买不到的局面。也就是说，在重大突发事件出现之前，农产品价格有其正常的波动规律，当突发事件发生后它又有另一套独特的规律，必须将两者结合起来，从整体上赋予农业产业以合理的价值评估。

如上所述，农业生产的季节性、自然资源供给的有限性以及与生命相关等三个特点，决定了农业不同于其他产业。当宏观经济发生变化的时候，农业的反应跟其他产业存在明显的差异，需要单独加以关注。这就是为什么需要农业宏观经济学，而没有工业和商业宏观经济学。

众所周知，农业与宏观经济关系有史以来就一直客观存在，但是为什么直到20世纪70年代末才开始出现农业宏观经济学这样一个话题？1973年美元由固定汇率向弹性汇率的转变，彻底改变了美国农业的外部运营环境，美元价值的变化直接影响到美国农地价格。我们也是一样，从2004年开始人民币走向浮动性汇率。虽然浮动的幅度不大，但依然对出口型的农业产生了重大的影响。从2004年开始中国经济走过刘易斯拐点之后，随着农业占国民经济比重越来越低，农业受宏观经济政策的影响越来越大。这个时候大家逐渐意识到，研究农业经营状况的好坏，必须要考虑宏观经济波动，而过去是相反的，所以这个时候才提出了这样一个概念。

农业宏观经济学跟一般的农业经济学有什么区别？据我所知，迄今为止，没有任何一本农业经济学教材为全世界大部分国家所公认。为什么？因为不同国家恰恰处在不同的经济发展阶段。即使是发达国家，彼此的农业资源禀赋也不一样，各有各的关注点和政策取向。所以它不像一般的经济学原理，基本上可以采取统一的教材。农业经济学是以经济学原理为基础来分析各个国家自己独特的农业问题，没有统一的农业经济学。而且，一般农业经济学更多的是从微观角度关注一个产业层面的问题，而农业宏观经济学则重点关注农业部门跟宏观经济发生关系时的相互影响。

农业宏观经济学跟发展经济学有什么区别？谈到农业与宏观经济的关系，其中最重要一项内容就是农业剩余劳动力转移。劳动力转移到非农业之后，农业就业占比越来越低，这个现象是发展经济学所关注的，诸如刘易斯、拉尼斯和费景汉的二元经济模型等。有了发展经济学为什么还需要农业宏观经济学？其实这两个侧重点不太一样。虽然都观察的是结构转型，即从低收入国家向高收入国家转型过程当中所发生的一系列现象，但是关注点不太一样。发展经济学关注的是土地、劳动力和资金在农业与非农业之间的转移，关注的是整体经济发展和政策选择。农业宏观经济学虽然也观察这些现象，但是更多是站在农业的角度来研究农业生产波动对宏观经济的影响以及宏观经济政策对农业经营的影响。发展经济学侧重于整体，农业宏观经济学侧重于农业，其实是一个硬币的两面。

第二节　课程目的

一、国内外开课进展

目前共有四所大学开设了农业宏观经济学课程。国内有中国农业大学。美国有普渡大学、得克萨斯农工大学和佛罗里达大学等三所大学，学分不太一样。

我在准备这门课的时候，通过各种渠道学习了这三所大学的教学大纲（syllabus），都不太一样。这三所大学和我们一样，都没有现成的农业宏观经济学教材。美国主要是以宏观经济学教材为主，上课的时候在相关部分加上一些农业的内容。比如说普渡大学采用的是伯南克的《宏观经济学》，佛罗里达大学采用的是曼昆的《宏观经济学》。得克萨斯农工大学有自己的特色，在《农业经济学入门》这本书里边加了第五部分，讨论宏观经济与农业的关系，第六部分讨论贸易关系。也就是说，前两所大学是以宏观经济学教材为主，另一所大学则在农业经济学里面把宏观经济相关内容加进来。

说老实话，我对这些教学大纲不太满意。虽然叫了农业宏观经济学这个名字，但真正切入农业与宏观经济关系的分量还不够，只是做了一些简单的介绍，而且更多是站在发达国家的角度，考虑发展中国家还不够。美国等发达国家关注的是宏观经济政策对农业部门的影响，而发展中国家在追求工业化的过程中更需要关注农业生产波动对宏观经济的影响。所以我在设计这门课的时候，是站在一个更长的历史角度来观察农业与宏观经济之间关系的演变，努力阐释不同阶段的农业问题差异及原因，在此基础上分别就若干论题进行讨论。

二、课程目的

农业宏观经济学这样一门学科，是因应经济实践对理论的需要而产生的。研究农业与宏观经济之间关系的变化及其演变规律，有助于找准各个国家所处的发展阶段以及农业在诸多争议中所处的位置，从而更好地获得农业问题的解决方案，将前辈们关于该领域的研究成果梳理后分享给同学们，当然是开设这门课的主要目的。

除此之外，我还有另外一层考虑，那就是以此为载体来充实学生们的文化素养。我并不想教大家如何赚钱，尽管学习这些东西会有助于把握商机。你既然懂得如何观察农业与宏观经济关系的变化，只要从事跟农业相关的事业，无论做企业，还是做咨询，或者做政策研究，都可以做到如鱼得水。这仅仅是职业层面的考虑。但是我更希望的是以农业与宏观经济之间联系这样一个视角，来进行一种文化的训练。也就是说，我们要站在更长的历史视野来观察世界，观察农业与宏观经济关系演变过程当中所出现的各种利益关系变化。如果没有历史上世世代代农民的努力，没有这几十年农民所做的牺牲，就没有我们今天的工业化成果。当我们了解了农业与宏观经济关系变化规律之后，自然而然地就会养成一种感恩农业、感恩农民和热爱农村的情怀。我们以研讨农业与宏观经济之间的关系为训练，训练什么？训练我们以后做任何事情都应该具备三大视野：历史视野、国际视野和宏观视野。

比如说你从事某一个产业，做一个企业的董事长或总经理，你知道你所从事这个行业的发展历史是什么？今天这个行业是一个上升的产业，还是一个夕阳产业？在全球视角下，你所在的企业处于什么位置？你所在行业和宏观经济关系是什么？是一种主导产业，还是一种其他产业所带动的跟随产业？作为一个人也是一样，你处在人生中的哪一个阶段？你的角色是什么？你应该怎样实现突破或突围，实现自己的价值？

所以我想通过这样一种训练，养成宏观、国际和历史的视野，同时具有感恩的心，感恩农民，感恩农业，关爱农村，这是我这门课最希望能给大家传递的一种理念。

三、课程安排

这门课程主要讲述农业与宏观经济之间的关系及其演变规律。第二章为总体论，概述农业与宏观经济之间的联系及类型；第三章至第五章为阶段论，讨论传统农业经济时期的气候波动与政权更替、农业转型的四个阶段和农业问题的转换；第六章至第十一章为分论，探讨农业增长源泉、经济周期与农业、农业与通货膨胀、货币政策与农业、环境宏观经济学和开放经济与农业等六个方面专题；第十二章为主体论，阐述宏观经济的农业微观基础，重点分析农业经营的边界和饮食文化。

第二章　农业与宏观经济的联系

今天我们来讨论第二章，题目叫作"农业与宏观经济的联系"。这一章相当于是对整个课程的一个浓缩。主要讨论三个方面，即关联机制、关联类型和测度方法。这一章的逻辑框架和主要思路来源于《农业经济学手册》第28章，但是在具体内容上又加入了一些我自己的思考。

第一节　关联机制

为什么要讨论关联机制？因为这是研究关联的核心。从关联的角度来看，农业宏观经济学更应该像中国的传统文化一样，关注并强调事物与事物之间的平衡。就像中医所强调的各种器官之间以及天人之间的平衡，平衡就不会生病，失衡就会得病。目前的经济学理论存在一个严重的问题，就是大家更多谈到的是均衡而不是平衡。我们观察农业与宏观经济之间的关系，其实是为了确保这种关系在事物发展的运行方向上能够保持一种平衡。我们需要了解在向着一个确定方向运行的过程当中，是否出现忽左、忽右、忽上、忽下、忽高、忽低，通过不断的纠偏来保证事物运转的平衡，只不过不同时期纠偏的着眼点不太一样。这就像我们每一个人，非常渺小，只不过是天地之间的一粒微尘，都应该找准适合于自己的位置。遵循客观规律，位当则生，不当则灭。找不准位置，就会出现各种各样的状况。

讨论农业宏观经济学，要从新石器时期农业起源开始。正是因为农业的起源，使我们人类从过去的蛮荒走向了文明。定居下来的人们，随着食物剩余越来越多，终于可以让一些人腾出手来从事农业以外的事情。这些人首先是作为沟通人与自然之间信息的巫者，还有一些是协调人与人之间关系的组织者，再后来是手工业者，乃至近现代工业革命之后从事各种非农业工作的人。

在工业革命之前，解决食物问题当然是天大的事情。那个时候，不管是城里人还是农民，不管是治国者还是普通人，对于"民以食为天"这句话其实都是感同身受。所以对农业的重要性从来不会有任何的怀疑，农业就是一切，甚至农业跟战争具有相同的地位。但是，随着在农业基础上逐渐分工演化出第二产业和第三产业，农业在国民经济中的比重不断下降，在总就业中的比重也不断降低。特别是随着农业劳动生产率的不断提高，一个劳动者可以向更多人提供食物，就出现了一个无情的现象，那就是农业生产者和食物消费者之间，无论空间距离还是情感距离都越来越远了。现在城市里的任何一个人，你只要有钱，手机一下单，很快就能享受到自己喜欢的美食。我们不需要去理会这些美食究竟是怎么样经由农民，再经过一系列加工、餐饮和流通等诸多努力，最后到达我们的手里。消费者对农业生产过程的直接感觉没有了，对农业作为天地之间维系人类文明存续的一个重要纽带作用的感觉麻木了。为什么在讨论农业与宏观经济关系的时候，啰里啰唆说这么多？因为当我们把一切都赋予货币价值之后，用钱来衡量、来计算农业的时候，历史上长期以来我们曾经有过的那种对农业重要性的体认渐渐消失了。在国内生产总值当中，你用货币来计量农业的时候，比重会越来越低，这恰恰又是现代化的一个重要标志，好像农业不重要了。农业与宏观经济联系背后所包含的这样一个人与天之间的这种沟通，或者维系人类文明的这样一种纽带作用，大家没有感觉了。

这就像我们计划明天要做一些事情，其实都暗含了一个假定。这个假定就是明天我还活着，活着才是一切活动的基础，是讨论一切问题的前提。农业与宏观经济关系背后所包含的逻辑道理是一样的，农业是基础、是前提。最最重要的是物质能量关系，只有当农业与宏观经济之间的基础关系稳定平衡的时候，货币价值才有意义。因此，我们需要从两个层面来讨论农业与宏观经济关系的关联机制：一是基础的物质能量层面；二是在这个基础之上的货币价值层面。

一、物质能量流

物质能量流是关联机制的第一个层面。农业作为国民经济的一个组成部分，与其他部门竞争劳动力、资本和自然资源等生产要素。同时又向其他部门提供原材料，向消费者提供食物和纤维，向自然环境释放各种有益或者无益的废弃物。农业在生产过程当中所发生的这种实实在在的物质能量关系，是农业与宏观经济发生联系的基本路径。

从实物量角度需要关注的是农业与国民经济各个部门之间产出量和投入量的关系。从早期的魁奈经济表到现在广泛使用的实物型列昂节夫投入产出表，都是很好的分析工具。实物型投入产出表，把国民经济各个部门之间的物质能量流动，以一种非常完整的网格形式表现出来，为分析农业与其他部门之间的关系提供了方便。农业与宏观经济联系在物质能量层面上的重要性，集中体现在三个安全，即粮食安全、食品安全和生态安全。

粮食安全（Food Security）是从量的角度观察农业与宏观经济关系中最重要的一项，它事关国家安全和政权稳定。只有当一个国家所有的国民都能获得最基本的食物供应保障的时候，才谈得上其他的正常经济和社会活动。1974 年 11 月，联合国粮农组织（FAO）在世界粮食大会上提出了粮食安全概念，并定义为"任意人在任何时刻足够获得所必需的粮食用以保证生命健康"。1983 年将粮食安全界定为"确保所有人在任何时候能够买得到也能够买得起他们所需的基本食物"。1996 年进一步将粮食安全概念更新为"所有人在任何时候都能在社会物质上和经济上获得足够、安全和富有营养的食物以满足其健康而积极生活的膳食需要"。可获得性、可用性、稳定性和利用率是衡量粮食安全水平的主要变量。在新冠疫情暴发的时候，很多国家都采取了限制粮食出口的措施。我们一些学者和政府官员在发言中也谈道，大家不用担心粮食安全问题，没必要去抢购粮食。但是消费者为什么还担心？因为实际的安全和大家感觉到的安全，或者说实际的危机和心里感觉的危机是不太一样的。粮食安全标准通常包含两个层级：第一个层级就是确保我们每一个人能活下来而不致被饿死所对应的物质能量要求。这个最基本的生存标准，是一个最底线的东西。我们把一天中所摄取的食物，比如说肉、蛋、奶、菜等，按照每种食物所含的能量、蛋白质、脂肪和微量元素等进行加总，就可以得到一个人一天通过饮食所获取的能量、蛋白质、脂肪和微量元素的总量。以能量摄入为例，每人每天通过食物摄取的能量必须达到 2200 千卡才能够保证基本的生存而不会被饿死。当然如果回顾历史的话，这个标准可能还会再低些，比如说至少也要达到 2000 千卡。如果日摄入量仅仅为 1400 千卡，肯定是半饥饿或者死亡状态。2200 千卡的能量摄入，所对应的食物消费组合在不同地区是不一样的，需要根据各个地区的代表性食物消费组合来确定，这是一个最基本的粮食安全标准。

　　第二个层级的粮食安全标准是跟各个国家或地区经济发展水平相适应的一个常态的生活标准。也就是说，在正常情况下，在现有人均收入水平和消费习惯下，我们日常食物摄入的一个标准组合是什么，它背后所对应的谷物、肉、蛋、奶、菜、果等，提供了多少能量、蛋白质、脂肪和微量元素。以这些为基础测算的日均能量摄入需求等则是常态粮食安全标准。它所对应的粮食需求量比 2200 千卡要高。这个标准是指我们正常的生活状态没有被打破。刚才谈到抢购粮食，其实老百姓担心的是打破正常生活的这样一种状态。从国家安全角度来讲，两个层级的粮食安全都必须考虑。以粮食安全标准为基础，各个国家要根据人口规模、农业资源禀赋特点、购买力水平和国际贸易中物流体系的控制能力，确定适合本国国情的谷物自给率和库存消费比。从国际经验来看，谷物自给率跟农业资源禀赋密切相关。人均耕地越少的国家，不管是发达国家还是发展中国家，谷物自给率都会很低。而库存消费比则跟人口规模密切相关。人口规模小的国家，从国际市场上调剂农产品相对容易。人口规模大的国家，当危机发生时想调动国际资源就非常困难，因此需要较高的库存消费比。谷物自给率和库存消费比是衡量一个国家粮食安全水平的重要标准。我们从农业与宏观经济关系角度来讲粮食安全，就是要设法确保粮食安全底线不会被突破。我们知道，粮食是由农业部门提供的，随着产业分工的细化，为了确保粮食安全，就必须充分考虑农业生产所需各项投入要素的可获得性。为此，既需要国内农业与国民经济各个部门之间的协调配合，也需要在中国农业、中国经济与全球农业、全球经济之间建立良好的分工协调关系。协调得好，就能保证安全，协调不好就会出现粮食安全风险。农业政策就承担了这样一种协调机制的作用，当农业与国民经济其他部门之间出现不平衡的时候，就需要进行阶段性和针对性的农业政策调整。

食品安全（Food Safety）是从居民营养和健康角度来考虑农业与食物系统所提供的食品在质量上是否安全可靠。随着农业和食品产业链条不断延长，土壤质量、化肥和农药投入量与质量、畜禽生产过程中兽药与抗生素使用量、动物饲养环境、食品加工制造过程中各种添加剂的使用、餐饮业环境质量、物流配送过程中的卫生状况等，都会影响最终消费者摄入食品的质量安全。这种质量安全的好坏，又通过营养不平衡和疾病等因素来加剧患者和整个社会的医疗负担。也就是说，出现重大食品安全问题的时候，会带来一系列延伸的负担，严重者可导致社会不稳定。因此，需要通过《食品安全法》和食物政策来预防和控制食品安全风险的形成和传递。这一点大家感受得越来越深刻。过去的农业经济学更多强调农业政策，现在则由农业政策转到食物政策。国际食物政策研究所（IFPRI）在这方面做出了非常大的贡献。2020 年回国加入中国农业大学的樊胜根教授，此前担任了很长时间的国际食物政策研究所所长。在任所长期间，他积极推进了全球食物政策的研究。也就是说，过去大家一直研究农产品的数量，研究相应的农业政策。从他开始，从国际食物政策研究所开始，国际农业经济学界才开始在关注量的安全基础上转向关注食品营养与健康安全问题。在居民营养与健康问题解析基础上，重新审查农业食物系统，研究采取有针对性的食物政策。比如说，发达国家的肥胖问题，源于营养不平衡，有些东西摄入过量。低收入国家的营养不足，则源于关键性营养元素缺失。也就是说，要站在居民健康角度来考虑农业食物系统的运转是否合理。食物政策的范围则远远大于农业政策。

生态安全（Ecological Safety）是物质能量流层面的第三个重要机制。我们知道，人类仅仅是生态系统中的一员，各项经济活动只有跟生态系统保持协调平衡的时候才可持续。一旦经济活动超过了资源承载能力，超过了生态极限，经济不仅仅不能增长，反而通过巨灾方式发生倒退，甚至把我们的生产可能性边界倒退回来。农业是联系人与自然的最重要纽带，在生态系统的建设和保护中具有独特的作用。为了确保生态安全，需要环境政策来调节相关各方参与者的利益和行为。只有生态安全了，人类才能够真正享受到人与自然和谐所带来的幸福和美好。

二、货币价值流

货币价值流跟物质能量流的流向正好相反，在以货币为交换媒介的情况下，买方支付货币，获得商品和服务，物质能量流向买方，货币则流向卖方。刚才我们讲物质能量流的时候，如果站在实物角度来讲，它是非常清楚的。但是物质能量流的流向、流速和流量是否合理，跟价值体系密切相关。如果价值体系合理，它就正常流动，如果价值体系不合理，就会导致乱流和失衡。

这个价值体系是什么？就是如何为商品和服务赋予货币价值。交换活动是通过计划调配机制，还是通过市场机制？计划经济和市场经济，同样都可以调配资源，都可以调节物质和能量的流向。在市场机制下，是完全竞争还是完全垄断，抑或是具有不同程度的寡占？这些都决定了交换双方是否具有平等的议价能力。竞争程度不同，直接影响物质流与价值流的流速和流量，最终影响国民经济增长和福利分配，乃至于人与自然之间的关系是否和谐，是否可持续。价值评估体系确定之后，农业与宏观经济关系在货币价值层面，就可以通过价格、收入、利润、税收、增加值等指标来进行分析。价格当然包括产品价格、要素价格、工资、汇率、利率、生产者价格指数、消费者价格指数等。

由于农业宏观经济学所讨论的主要内容，几乎都站在货币价值流层面，这里就不赘述。

第二节　关联类型

一、从简单到复杂

农业与宏观经济联系经历了从简单到复杂的历史演变。复杂程度跟产业分工程度以及人类对农业功能的普遍认知密切相关。

在原始农业和传统农业时期，农业是国民经济最主要组成部分，占主导地位，以手工业和传统交通运输业为代表的第二、第三产业所占比重非常小。这个时期农业和整体经济联系就非常简单，为什么？因为农业经济，几乎就代表了整个国民经济。农业生产状况的好坏，直接关系国家命运。但是，随着现代工业和现代服务业的兴起，不仅仅农业占整个国民经济比重越来越低，农业产业的链条也会越来越长。现代经济时期，农业本身的发展已经离不开农业科研服务业、农业生物技术产业、农业生产资料工业、农产品加工制造业，乃至于餐饮流通业的支持和配合，农业与国民经济的联系变得更加复杂，牵一发而动全身，这是从产业分工的角度来讲，由简单到复杂。

另外一个角度就是人们对农业功能的认识不断深入。过去我们主要关注的是农业在提供食物、服装原料、医药原料、薪炭林、家具材料等方面的传统功能，现在则拓展到以现代制造业和服务业为基础的饲料原料、生物医药原料、生物能、生物质、生态环境价值、休闲养生价值，乃至于文化遗产价值等多种功能。农业在提供优美自然环境、陶冶人的情操、承载人类文明延续等方面的功能，其实一直都存在，从来都没有消失过。但是作为一种人类集体的显示性意识，我们原来享受到这种大自然的恩惠，但是并没有意识到。当发生危机的时候，因为快速工业化过程中我们破坏了环境，得到了一些惨痛教训之后，或者付出惨痛代价之后，我们才觉醒，才意识到农业还有这么多功能。

农业的功能虽然有各种各样的说法，但是其核心就是一个，即农业永远都是联系人与大自然的核心纽带。人类应该在天地之间找准自己的位置，使文明得以延续，这就需要农业。找准农业的位置，位当则文明存，位不当则文明亡。如何充分发挥农业在维系人类文明不断延续方面的作用，这项任务十分艰巨而复杂。

二、从地区到全球

从空间范围来看，农业与宏观经济联系，从一个局部或从一个地区走向了全球，这是一个趋势性的东西。

人类历史上先后有两次巨大的农业文化交流，彻底改变了世界。第一次就是新石器时期农业起源之后，西亚和北非的农业向欧洲的迁移。从农业起源角度来讲，西亚、北非的农业向欧洲的迁移，使欧洲从蛮荒走向了文明，也才有了后来欧洲的历史。第二次就是经济史学界所谓的"哥伦布大交换"，即哥伦布发现美洲大陆之后，新旧大陆之间，或者说新世界和旧世界之间出现了农业品种之间的跨区域大交流。一方面是来自美洲的作物流向欧亚，另一方面亚洲大陆和欧洲的一些作物流向美洲。这样一种作物品种在美洲和欧亚之间的相互交流，为西欧的工业革命提供了一个重要的农业基础。美洲作物引入和其他一些条件共同导致了近代欧洲的农业革命。欧洲农业革命成为工业革命的一个必要条件。同样，明清时期美洲作物向中国的引入，也促进了我们的农业发展。中国人口从1个亿迅速攀升到3个到4个亿，虽然有很多因素发挥作用，但是其中最重要的因素之一就是美洲作物的引入，促进了粮食产量大幅度提高，从而使人口能够攀升到一个大的台阶。

人类历史上这两次大的农业文化交流，彻底改变了世界。站在大历史角度来看，虽然短期内可能会面临各种困难和限制，但是人类文化交流日益加深的趋势是不可逆转的。今天，随着世界经济一体化进程的日益加快，任何一个国家都不可能独立地孤身事外。也就是说，我们不能仅仅考虑本国的农业与宏观经济之间的联系，还需要考虑国家与国家之间，即一国农业与其他国家的宏观经济乃至于农业之间的关系。从历史来看，贸易开放和贸易保护总是存在着往复波动，但是开放的大趋势是不可逆转的。由于各个国家处在不同的经济发展阶段，贸易开放程度也不完全一样。这时候，同样一种没有预见到的外生冲击，对不同国家的影响程度和意义就不太一样。当我们讨论农业与宏观经济关系的时候，必须要考虑各个国家的发展阶段和政策难点。比如说，美国鼓励发展玉米燃料酒精的政策，是在石油价格高企背景下为了减轻对石油的依赖，同时也是为了帮助美国玉米种植者开拓新的市场。但是当玉米做成燃料乙醇之后，农产品市场的运行就发生了根本性的变化。农产品在过去作为食物和纤维等用途基础上，现在又增加了一个新的能源方面的需求。过去农林业也存在传统的能源用途，如秸秆和薪炭林。但现在食物变成了酒精，玉米市场就跟石油市场更紧密地联系在一起。玉米价格跟汽油价格乃至其他资产价格之间产生了一种关联。当玉米供求失衡导致价格暴涨的时候，对低收入发展中国家而言，可能就意味着农业的通货膨胀，不仅仅会影响经济治理，甚至会影响低收入群体的基本生存条件。

农业与宏观经济之间的相互影响程度和后果，在不同国家之间的表现十分复杂，原因就在于大家所处的发展阶段是不一样的，所面对的经济和社会矛盾也不尽相同。正因为如此，一个国家的农业政策制定，特别是农业贸易政策的制定，需要在建设人类命运共同体的理念下，充分考虑对低收入国家可能的影响，要预先留出产生不利影响的补救措施。平衡本国农业与宏观经济关系必须站在全球背景下，不能像过去那样只考虑自己。

三、从后向到前向

从作用方向角度来看，农业与宏观经济联系分为后向与前向。后向联系是指农业对宏观经济的影响，前向联系是指宏观经济对农业的影响，两者之间也存在反馈联系。

从历史发展趋势来看，农业经济占比越高的低收入国家更多地需要关注后向联系，而农业经济占比较小的高收入国家更多地需要关注前向联系，处于中间转型阶段的那些国家前向、后向关注点较为复杂，需要根据当时经济发展阶段的主要任务来寻求一种政策平衡。陈希和孟令杰（2006）的研究结果表明，中国农业对宏观经济的影响逐渐减弱，宏观经济以及国际市场环境将成为中国农业产出的重要决定因素。针对农业与宏观经济联系的作用方向，在这一节，我想就大家所关注的话题做一些概括性梳理，详细内容将在本课程后面各章中讨论。

（一）后向联系

所谓后向联系，英文叫 backward linkages，是指源于农业部门所发生的各种变化，究竟会对其他部门乃至整体经济产生什么样的影响。对于这种影响的评价，需要根据各国经济发展阶段和当时主要任务来判断，据此决定是采取抑制还是促进性质的政策措施。关于后向联系有六个常见的话题。

第一，农业商业化与农业产业链条延长。我把商业化和链条延长放在了一起，因为从实际历史来看，两者是交织在一起的。自给自足向商业化的转变是传统农业向现代农业转变的一个初始和必要阶段。传统农业时期，农业基本上是自给自足的，后来慢慢向商品化演化，现代农业则完全是一种商业化的农业。早期，农民所生产的东西还不够自己吃，没办法给更多的人，所以大家只能从事农业。有了粮食剩余，才可以让一部分人从事非农业活动。随着商业化程度越来越高，农民所生产的农产品就主要用于销售来获取利润，而不是自己用，农业生产的专业化程度也相应地逐步提高。随着专业化程度的提高，农民为了满足市场需要，从原来自给自足的多样化种植，转向专门生产一种或者几种农产品。为了生产这些农产品，又需要从市场上购入所需要的其他工业品。当然，为了满足生活需要，农民也会从市场购买所需的各种农产品。这样一个自给自足到商业化的过程，加强了农业部门与其他部门的联系。特别是随着工业化的发展，农业产业链条不断延长，农民所生产农产品直接进入居民消费的比重越来越低，更多的是作为下游加工制造业乃至餐饮业的中间投入品。与此同时，农业生产所需要的各种来自现代生产资料工业和现代生物技术产业所提供的机械、化肥、农药、兽药、饲料、种子等，也越来越多。产业链的延长把农业跟国民经济其他部门紧密联系在一起，农业部门所发生的波动对这些关联产业带来的冲击就会越来越强烈。这些产业受到冲击之后，又会波及其他相关产业，最终形成对整体经济的冲击。也就是说，随着产业关联程度的加深，农业部门发生波动以后，其冲击影响的速度更快，范围更广。

第二，农业经济波动。农业经济波动对宏观经济影响程度到底有多深，跟一个国家所处的经济发展阶段密切相关。发展水平越低，关联程度越弱；发展水平越高，联系越紧密。从物质能量流的角度来看，其最本质特征就在于是否构成粮食安全的风险冲击。从表面上看，是农产品价格与物价总水平之间的波动关系。但从实质来看，最大危害是物质能量流层面的粮食安全冲击。比如说，突发的自然灾害或畜禽疫病，会直接导致农业或者畜牧业减产。这时，如果库存充裕就没有大问题，但如果库存水平比较低，就会导致农产品价格急剧上涨，从而带动整体物价指数的上升。从物质能量来讲，粮食数量不够，就会影响整个社会的稳定。在一个以农业经济为主的低收入国家，中国历史上基本都是这种情况，因为气候异常所带来持续多年的自然灾害，造成作物减产和绝收，常常会直接导致粮食安全危机。表面上是粮食价格暴涨，农民变成了灾民，这个时候如果再赶上官员腐败或者社会贪腐严重，即天灾加上腐败，最终将导致社会动乱，直至改朝换代。这是中国历史循环的一个教训，是极端的情况。

即使是到了 21 世纪的今天，我们看一看世界，因为农产品价格暴涨所带来的社会骚乱依然比比皆是（Bellemare，2014）。例如，2007 年 1 月至 2008 年 12 月，联合国粮农组织（FAO）的食品价格指数上涨了 51%，导致亚洲、非洲、拉丁美洲等一些发展中国家出现食物骚乱，当时的海地总理被迫辞职。接下来 2010 年 1 月至 2011 年 2 月，仅仅一年时间，FAO 食品价格指数又上涨了 40%，非洲之角再次发生饥荒，人民生活异常艰难。

对于那些处于结构转型过程中的中等收入国家而言，农业经济波动对宏观经济影响也不容忽视。回顾我们在 20 世纪 80 年代和 90 年代所经历的过程，农业经济波动对宏观经济的影响十分明显。由于农产品供给弹性和需求弹性比较低，相对于工业品来说，价格又比较灵活，这些因素就导致从农产品收购到食品零售市场，乃至于向农业生产资料市场的价格传递影响程度不太一样，最终也影响到物价总水平。即使是发达国家，恩格尔系数比较低，但是食品在整个 CPI 构成值的权重也接近 20%，农产品价格上涨一定程度上也会导致成本推进型通货膨胀，特别是对低收入群体的生计依然会造成冲击，需要专门的食物政策来加以应对。我们会有专门一章来讨论传统农业或者农业经济时期农业经济波动所带来的社会影响。

第三，农业技术进步。在经济学家对全要素生产率构成做出清晰分解之前，农业技术进步就相当于全要素生产率变化的代名词。在全要素生产率概念出现之前，人们主要关注的是土地生产率和劳动生产率。由于现代农业生产中加入了土地和劳动之外的其他投入，在以产量或者总产值为计量单位来研究农业增长的时候，就需要考虑土地、劳动和资本三个要素。当然，如果研究农业增加值，仅需要考虑劳动和资本，不需要考虑土地。全要素生产率相当于除了各项投入对产出的贡献之外，所有其他因素对产出贡献的总和。这是经济学家为了更好地解释产出增长所做的一个分解。虽然全要素生产率概念的提出有助于更好地揭示产出增长的源泉，但是却转移了学者的注意力。我个人认为，还是应该关注劳动生产率。全要素生产率概念很完整，可以全面揭示除了投入之外的其他因素对增长的贡献。但是，其计算和进一步分解较为复杂。更重要的是，对全要素生产率的关注使我们偏离了研究目标，即一个国家或地区创造财富的能力。无论是亚当·斯密还是马克思，都提醒我们社会劳动生产率才是衡量一个国家创造财富的关键能力。虽然财富增长的确来源于多要素投入和全要素生产率提高，劳动生产率仅仅是全要素生产率的一部分，但是在国家之间进行财富创造能力比较的时候，最核心的还是看一个劳动者所能够创造价值的多少。劳动者是主角，其他投入仅仅是劳动的手段，都是为劳动者的劳动提供帮助的工具或者媒介。劳动生产率的测算相对于全要素生产率而言更为简单明了。在工业革命之前的农业社会，没有现代机械工具，每一个劳动者所能够驾驭的耕地面积在很长时间内没有大的变化，国家之间没有太大差别。这个时候，土地生产率就成为衡量劳动生产率的重要指标。劳动生产率等于土地生产率乘以劳均耕地面积，劳均耕地面积没有变化或者说国家之间没有区别，那么反映国家之间劳动生产率区别的就是土地生产率，单位面积产量越高，劳动生产率越高，能够养活的人口也越多。哥伦布发现美洲大陆之后，随着美洲作物向欧洲的引入，加上从三圃制向四圃制耕作制度转变，英国农业单产和粮食总产量都大幅度提高。这一农业内部的技术革命为英国工业革命的发生创造了必要条件，随之工业革命席卷全球。大家想一想，从历史来讲，这个农业技术进步的贡献有多大！

随着工业革命的发生，农业技术进步则越来越依赖于来自非农业部门所提供的现代生产要素和技术革新。在没有工业革命之前，农业技术进步非常缓慢，主要依靠农业内部，依靠世世代代农民的努力，农业革命的发生促成了工业革命。一旦工业革命发生，工业化的成果就可以用来改变农业生产条件。农业生产领域有关的技术进步，特别是近代工业革命以来，常常是由公益性的研究和发展促成的，技术进步的方向也常常是偏向于或者有助于大规模经营，它是一种节约劳动型的技术。从长期来看，农业生产力的提高有助于国民收入水平的提高，特别是在经济起飞的阶段。

但是农业技术进步却存在着一个悖论，也就是说，农业技术进步虽然导致增产，在短期内给新技术采用者带来了额外的利润，但是随着越来越多的农户陆陆续续模仿和采用这种技术，最终会导致产量大幅度增加，价格下降，农民在总体上的利润不仅没有增加，反而出现下降。农业技术进步从长期来看都是有利于消费者，而不是生产者。也正因为这样一个规律，农业技术进步所需要的研发确确实实都应该是公益性的，因为它的外溢性太强了。

农业技术进步，对于一个恩格尔系数较高的发展中国家而言有利于解决粮食问题，从而促进工业发展。但是到了高收入阶段，就需要调整农业技术进步的方向，从构建大健康产业链的角度，由原来关注于如何促进农业生产，转向研发那些消费者和生产者都可以受益的项目。这种研发就不仅仅需要公益性，对私人的可以获利性研发投资也应该给予一定的政策支持，这样才可以促进整体社会福利水平的提高。

第四，结构转换。这是一个特别大的概念，整个工业化就可以理解为结构转换，即由以农为主的这样一种经济结构向包含现代制造业和现代服务业在内的一种新的经济结构的转换过程。结构转换既是经济发展的目标，也是经济发展的结果。站在结果的角度来看，在结构转换发生以后，它会对宏观经济和农业带来一系列的影响。从西欧工业革命开始，世界各地先后开启了从农业国向工业国的一个转变进程。这个转变过程受各个国家历史和资源禀赋等多种因素制约，步伐不太一样，有快有慢。在结构转型的不同阶段，农业对国民经济发展所发挥的作用是不一样的。对于那些工业化刚刚起步，农业就业占比依然高达50%以上甚至80%以上的发展中国家而言，这些阶段需要农业部门做出巨大的牺牲和奉献，农业部门在确保粮食安全的基础上，还要向非农业部门提供劳动力，提供土地，乃至于提供资金，甚至以赚取外汇的方式等来支持工业化的发展。

当工业化进入中后期之后，农业部门才得以依靠非农产业发展的一系列成果来改造自身的体制。加快缩小农业和非农业之间的劳动生产率差距，最终使得农业与非农业在高水平上达到劳动生产率一致，是结构转型完成的一个重要标准。结构转型完成后，城乡差别消除了，农工差别消失了。在不同阶段，农业与宏观经济的关系不断发生变化，详细内容将在第四章进行讨论，这里不再赘述。

第五，农业政策。农业政策跟结构转换紧密相关。传统农业国在没有任何其他资本积累来源情况下，只能依靠农业部门来支持工业化。但是如果对农业部门只是索取而没有一点支持，就容易出现经济失衡，甚至导致国民经济崩溃。20世纪50年代末期，为了强调工业化发展，搞重工业，我们忽视了轻工业，忽视了农业，国民经济出现严重失衡。后来经过调整，对农业和轻工业也进行一定的支持，才避免了经济崩溃。也就是说，为了避免出现国民经济的不平衡和崩溃，农业政策承担了在不同经济发展阶段调解农业与宏观经济关系的作用，其主要任务就是确保这种关系的动态平衡，确保结构转型任务的完成。

在农业部门占有较高份额的情况下，农业收入的季节性波动还会对农业中间投入品需求以及投资和消费产生多种影响，从而影响国内生产总值。为了平稳这种波动，常常需要采取灾害补助和价格稳定等措施。此外，一些低收入国家在没有石油等资源的情况下，只能靠农业来换取外汇。农业贸易的波动直接关系贸易平衡和汇率稳定，这时候也需要宏观经济政策和农业政策的合理配合。总之，不管名目如何繁多，方式如何多样，农业政策大体就两大类：一类是在工业化初期对农业进行索取的农业榨取政策；另一类就是工业化中后期对农业进行支持和保护的农业支持政策。究竟应该采取哪一类农业政策，这需要根据经济发展阶段来确定。

第六，环境外部性。良好的农业生产方式在提供粮食安全保障的同时，也会创造优美的生态环境，让大家能够充分享受人与大自然相和谐所带来的身心健康与快乐。但是，历史经验表明，几乎所有国家的现代农业增长常常是以资源浪费和环境污染为代价的，特别是面源污染。化肥农药的过度使用、畜禽粪便的排放造成了土壤污染、水体污染，严重威胁城乡居民的健康，增加医疗服务系统的负担，同时又制约人力资本的发展。这种不合理的土地利用方式所造成的生态环境破坏不仅仅消耗一个国家的自然资产，甚至会带来政治冲突，更严重者会导致文明的消失。所以在研究农业与宏观经济关系的时候，必须充分考虑环境问题。我们不仅仅要考虑国民财富增量即 GDP 的变化，还必须考虑经济活动所带来的存量变化，也就是各种资产组合的变化。比如说我们破坏了环境，虽然带来了 GDP 的增加，但环境总资产是在减少的。这边是增加了 GDP，在资产盘子里边增加了一些东西，但同时因为人为破坏了环境，资产总盘子中减少了一些环境资产。在环境宏观经济学这一章将会就此做详细讨论。

(二) 前向联系

前面六个话题是关于后向联系，是研究农业对宏观经济影响的时候大家常常谈到的。接下来讨论第二个联系，即前向联系，关注的是宏观经济对农业的影响。宏观经济结构变化以及宏观经济政策变化对农业部门的产出、价格、收入等的影响非常复杂。迄今为止，虽然学者们做了大量探讨，但依然不完善，还需要继续探索相关规律以及解决问题的办法。影响可以从两个角度来看，一是长期影响，二是短期影响。长期影响主要是两个方面，即人均 GDP 的提高和结构转型。人均 GDP 的提高和结构转换会对农业部门发展带来长远影响。从短期来看，为了应对短期经济波动所采取的一些宏观经济政策，同样会对农业部门造成冲击。

先来谈长期影响。农业与宏观经济之间的长期关系是一个不断演化的过程，不同历史时期农业的角色不一样。农业与整体经济之间就是一个相互适应、相互改造的动态过程。在工业化的初期和中期，农业经济所占比重较大，它的角色就是支持工业化的发展，主要任务就是为了实现工业化而在确保粮食安全基础上释放更多的资源。当工业化基本完成，现代工业、现代服务业成为国民经济主体的时候，就需要在确保粮食安全基础上，充分利用经济结构转型的成果，利用现代制造业、现代研发体系的成果来改造农业系统，提高农业劳动生产力，充分满足城乡居民对农业的多样化需要。这是一种相互促进的过程。长期经济增长对农业部门产生的影响非常深远。由于农产品供给弹性和需求弹性都比较低，经济发展必然伴随着农业份额的下降。人均 GDP 的提高从需求角度对农业提出了更高的要求，促进农业生产结构的转换，导致肉、蛋、奶、菜、果、加工食品以及在外就餐等高附加值农产品的快速增长。蓬勃兴起的现代非农产业又从竞争土地和劳动力的角度加快农业资源向非农部门转移，相当于提高了农业生产的机会成本。在经济发展的不同阶段，农业资源向外转移的压力不一样。随着经济发展和国际化进程加快，各个国家的农业生产所具有的比较优势会不断发生变化，必须根据这种比较优势变化，结合资源禀赋特征来调整农业结构，调整粮食安全战略。在比较优势发生变化的情况下，农业结构和粮食安全战略不做出相应调整，农业与国民经济就会失衡。已经完成工业化的国家，可以充分利用农业支持政策来实现农业自身发展和现代化。这是从长期来看，人均 GDP 提高和结构转换对农业发展的影响。

农业发展长期目标的实现是以一个又一个连续不断的短期成果为基础的。为了应对短期宏观经济波动所采取的财政政策和货币政策常常对农业部门经营状况产生独特影响。比如说 20 世纪 70 年代石油危机、1997 年亚洲金融危机以及 2007 年和 2008 年次贷危机等，都对各国宏观经济产生了严重影响。为了应对这些危机，所有国家都采取了一系列的宏观经济政策。虽然这些政策是针对整体经济的，但是对农业也带来了影响。宏观经济政策对农业影响的核心就是价格困境，主要是食品价格困境。农产品价格高，对生产者有利，但是不利于原料使用者扩大投资，不利于消费者，价格低又不利于农业生产者增加供给。如何做到宏观经济政策与农业政策和食物政策的有效配合，是一个非常困难而重要的政策安排。只有各种政策做到良好配合，才能够确保农业经营的稳定和可持续。

从一般意义来讲，财政政策和货币政策不同组合会直接影响总体经济的就业和价格水平。宽松的扩张型财政与货币政策会导致物价上涨，而紧缩的偏紧型政策会导致通货紧缩，这些当然都会对农业产生影响。我们从四个角度简要讨论宏观经济政策对农业的影响。

第一是财政政策。无论是整体上的财政政策还是专门针对农业的财政政策，对农业部门的影响都是非常深刻的。扩张型财政政策的目的在于促进实际产出和就业增加，但是由于中高收入国家的居民具有较低的农产品收入需求弹性，因此对于增加农业产出的效果意义不大。然而由于扩张性财政政策会导致需求拉动型的通货膨胀，通过需求拉动型的通货膨胀，使得农业在短期获益。也就是说，直接促进产出的效果不大，但是它会通过超调机制使农业短期获益。反过来，紧缩型财政政策对农业具有相反的影响。当然，那些专门针对农业部门所设计的各种税收和补贴对农业部门的收入产生的影响非常直接。有些财政政策虽然短期对农业影响比较小，但是从长期来看，有可能会通过改变农产品流通方式等而使更多的农民能够参与更广阔的国际和国内市场。比如说，我们国家长期以来在财政政策支持下，进行了农村道路网络建设、农村电力网络建设、通信网络建设、物流网络建设，短期内对农业影响不大。但是农村基础设施的建设，为后来农村电子商务的兴起提供了可靠的基础支持。电子商务兴起之后，农产品市场就打开了，各具特色的农产品就可以通过电子商务的方式运往世界各地，通过差异化的策略获得增值收益。过去只有通过大规模经济降低成本的方式才能够占领市场，但是现在通过这种差异化策略，农民依然可以进入市场并获得一定的增值收益。如果没有这么多年的基础设施建设，我们的农产品市场将是非常有限的。

　　第二是货币政策。货币政策在短期内对农业的影响非常明显，长期内应该是一种货币中性。一般来说，宽松的货币政策常常伴随着货币供应量的增加和基准利率的降低，从而促进产出增加和通货膨胀，反之则反是。在诸多货币政策工具当中，利率和货币供应量对农业影响是最明显的，应该引起关注。利率对农业影响主要通过两个途径，一是对资金成本的影响。随着农业资本有机构成的提高，农业经营规模的不断扩大，利息率变化会影响农业部门所使用资金的成本，会影响地租地价。大型农场和畜禽养殖场对资金使用成本变动非常敏感，其经营状况好坏跟利息的变动息息相关。在经营规模很小、资本有机构成不高的时候，利率对它就没有太大的影响。二是对于金融市场资本投机程度的影响。也就是说，利率变化会影响资本市场投机的程度。比如说降息就可能刺激资本市场和大宗商品市场的投机，从而影响期货市场价格，最终传导到现货。随着期货市场农产品上市品种不断增加，农产品现货市场与期货市场之间的价格联动，农产品期货市场与其他金融产品市场之间的联动，使得包括农产品在内的大宗商品具备了金融属性，农产品市场的定价机制就会发生根本变化，这个是最重要的。定价机制发生变化之后，利率变动通过金融投机机制影响农业的程度就会不断增强。此外，随着工商资本对农业领域投资的日益深化，农业及其关联产业中股份制企业和股份合作社越来越多，资产存量会越来越大，更广意义上的农业金融化程度不断提高，利率作用就会更加突出。

　　货币政策工具中的货币供应量变化也会导致利率变化和物价总水平的波动。在其他条件不变的情况下，货币供应量的增加在长期内可能导致国民经济各个部门的产品价格以相同的幅度发生变化，呈现出货币中性。但是在短期内，由于农产品跟工业品不太一样，农产品价格非常灵活，工业品则存在一定黏性，这个时候同样是货币供应量增加，农产品价格就会做出过度反应，涨幅超过其他产品，出现一种对均衡值的短期偏离，之后又跟随一个反向过程而回到均值。这种短期偏离会导致农产品价格波动加大，暴涨暴跌，使得农业经营面对货币供应量变化时出现严重不稳定。这样一种农业经营的不稳定，在短期内看起来是一种收入的变化。但是从长期来讲，农业经营总是不稳定，农业经营者就会对未来产生悲观判断，或者不稳定的预期。从粮食安全、食品安全和生态安全角度来讲，这种不稳定非常危险。需要采取相应政策来平抑波动，避免农业经营出现大起大落。各国农业政策应该与宏观经济政策，特别是货币政策保持一种匹配或协调。

第三是通货膨胀。后面会有专门章节来讨论，这里做一个简单的介绍。农业与通货膨胀之间的关系是双向的，只不过不同发展阶段关注点不太一样。低收入国家更多关注的是农业对通货膨胀的影响，到了高收入阶段则反过来更多关注通货膨胀对农业的影响。其原因在于，通货膨胀形成的机理以及不同国家在经济发展不同阶段的政策目标不一样。

第四是汇率。在开放经济与农业一章将就汇率对农业的影响做详细讨论。汇率高低是由国际贸易平衡和资本流入流出等综合决定的。发展中国家常常高估本国货币，容易导致本国农产品价格的低估，农业贸易条件恶化，不利于农产品出口。这相当于对本国农业进行苛税，不利于农民而有利于消费者。与此相反，有些发达国家常常为了提高本国农产品国际竞争力而低估本国货币，当然这会存在国际压力和风险。从世界经济发展历史来看，虽然总是会出现贸易保护主义的回头，但是一体化和自由化是大趋势，这个趋势不断加强。在一个一体化的世界里，各国农业经济彼此相互联系，作用十分复杂。每一个国家的农业政策就不能只顾自己，必须通盘考虑贸易伙伴国的经济发展阶段和农业比较优势的变化。汇率变动对各国农业的影响取决于农业参与全球化的程度以及贸易方向。

（三）反馈联系

农业与宏观经济联系从作用方向来讲，除了上面谈到的前向联系和后向联系外，还有一个是反馈，也就是双向联系。双向的反馈联系也是客观存在的。大多数情况下，农业与宏观经济彼此间的作用不管前向还是后向常常是一次性的，但有时候这种作用会发生反馈，也就是说，你影响我之后我再影响你，这样就形成二次冲击。农业与宏观经济的联系看似简单，但是要从逻辑上考察得很细，就会显得非常复杂。比如说自然灾害导致农业减产和农产品价格上涨，很容易导致成本推进型通货膨胀，这种情况下常常诱发很多国家采取紧缩性的财政货币政策，而这种紧缩性政策一出来又会整体减缓通货膨胀的效果。也就是说，初始的通货膨胀对农业部门影响有可能被货币贬值全部或者部分地抵消。又比如说，农业生产常常会出现时滞以及库存调整，使得养殖业生产因应宏观经济环境变化而做出的反应非常复杂。因为利率降低和价格上涨所导致利润状况的初始改善，可能会诱导减少供应量，而不是增加。因为农户可以继续饲养这些牲畜而不屠宰，以期获得更高的价格和利润。但是这样一种等待会导致下一期或者下下期过多的产品投放，使得价格又下来了，这种反馈效应最终的结果比较复杂，需要具体评估。

作为世界上第二大经济体，随着改革开放的步伐不断加快，中国的宏观经济当然会对其他国家产生影响，这些国家也会针对中国的变化做出一些政策调整。这种调整当然也会反馈到我们国家的农业上。在全球各种产品供应链交互密布的世界里，反馈机制非常复杂，需要各国各项政策之间的协调。只管自己、我行我素的鲁莽行为肯定会受到制约。

第三节　测度方法

从科学研究角度来讲，对事物之间发生的关系和作用规律等需要进行测度，测度就是科学。尽管经济学在所有社会科学里边最接近科学，但是离科学还是有一定的距离。如果能够对经济现象做一定的数理统计和评估，则更有助于把握经济运行的"度"。

经济学界有很多较为成熟的分析方法，都可以拿来进行农业与宏观经济关系的研究。这些分析方法的具体知识和估测流程，有专门学科和相应教材进行阐述，本课程不做详细讨论。这里仅仅就研究农业与宏观经济关系时需要具体考虑的一些问题，以及相关变量选择做一个简单介绍。从测度方法来看，大体分为三类：一是结构模型，即 Structural Model；二是可计算一般均衡模型，即 Computable General Equilibrium Model，简称 CGE；最后一个是时间序列分析模型，即 Time-Series Analysis，我们分别做一个讨论。

一、结构模型

结构方程模型在农业与宏观经济关系研究上有着广泛应用，主要分为两大类。

一类是研究农业与宏观经济之间关系的单向作用。或者我影响你，或者你影响我，只研究单一的，作用方向是单向的。比如说在研究农产品供给、农产品需求、农产品库存决策、农产品价格、农业净收入等影响因素的时候，可以把宏观经济的一些变量纳入进来作为它的外生变量。比如说人均国民收入、物价总水平等通常是解释农产品需求的一个重要变量。另外，利率又是研究农产品库存决策的一个重要变量。海外市场的价格和汇率，是在研究国内农产品价格时必须考虑的一个重要外生变量。另一方面，在研究宏观经济模型的时候，可以把农产品价格做一个重要解释变量。比如说宏观经济模型当中有关工资与价格的方程中，农产品通常是作为一种外生变量，或者作为物价指数的重要组成部分来加以处理。也就是说，不管是研究农产品还是研究宏观经济，都需要把另外一个方面作为单一因素加进来，这是第一个应用，即单项作用。

另外一类就是研究农业与宏观经济之间的双向作用，既研究宏观经济对农业的影响，同时也研究农业对宏观经济的影响，相当于研究局部与整体之间的关系。结构方程模型为此类研究提供了很大方便。但是在具体处理过程中需要考虑解决以下两方面问题：

首先是要确定所研究问题的系统的边界，从而确定系统内部彼此发生相互作用的这些变量，它是一种内生变量。那些来自系统外部的因素，只影响内生变量，但不受内生变量影响，这些都属于外生变量。假如说我影响所有变量，而不受这些变量的任何影响，我就是外生变量。

第二要确定具体的方程形式和结构，然后进行估计。在做估计的时候，除了计量技术层面的难点之外，最重要的是究竟用什么样的理论思路来确立农业与宏观经济之间的关系。也就是说，在我们确定宏观经济模型时必须考虑采取哪一种理论。结构模型背后，作为支撑的理论框架非常重要。宏观经济模型太多了，经济学里有很多流派。在采取宏观经济模型时，是古典主义还是新古典主义？是理性预期学派还是供给学派？是凯恩斯主义还是后凯恩斯主义？是马克思主义还是新马克思主义？这些理论的选择决定和影响了结构方程的具体形式。

如果说以希克斯的 IS-LM 模型为基础，IS 代表储蓄等于投资，LM 代表货币供给等于货币需求，以此为基础，我们对 IS 储蓄等于投资这个方程进一步分解，把农业和非农业分开，LM 没有变化，这时候就可以很好地揭示农产品价格在货币供给发生变化时超调的程度。又比如说以劳动价值论为基础建立的工农业产品价格剪刀差模型，是讨论农业与宏观经济关系时经常用到的，可以很好地揭示农民在工业化过程当中所做出的牺牲具体有多大。20 世纪 80 年代，国内很多研究就是通过研究工农业产品价格剪刀差来测算农业和农民为工业化所做出的牺牲和贡献。

理论模型的选择直接关系估计结果是不是合理，是否能够真正地揭示现实的经济运行状态。也就是说，看似简单，工具成熟，但是真正测算的时候非常复杂，要非常小心，这是对研究人员的一种挑战。既考验研究人员的理论功底，也考验抓准现实经济问题关键点的能力。

二、可计算一般均衡模型

可计算一般均衡模型，是一个非常有效的政策分析工具，可以用来模拟各种外生冲击对国民经济各个部门的产出、价格乃至福利水平的影响。模型的基本经济单元包括生产者、消费者、政府以及贸易。在实证分析过程中可计算一般均衡模型的构建，首先离不开投入产出表，需要根据投入产出表中给出的国民经济各个部门关系的数据，构建社会核算矩阵，即 Social Accounting Matrices，从而获得商品及服务、居民、政府、资本和世界其他地区等的账户资料。以社会核算矩阵为基础来编制可计算一般均衡模型，编好模型之后，就可以对各种可能的外生冲击所导致的国民经济各部门变化程度进行评估和模拟，这是基本的分析流程。

这些冲击可以是农业领域的自然灾害，疾病的发生以及政策变化，等等。有了可计算一般均衡模型，就可以研究这些冲击对整体经济的影响。也可以研究汇率变动、石油价格变化和其他行业政策变化等对农业部门所带来的影响。运用一般均衡模型来研究农业与国民经济其他部门关系的时候，主要采取的是这样一种逻辑模式或者范式，即如果某方面怎么样，将会导致其他方面发生什么样的变化。它是一种情景模拟，通过这种情景模拟给出评估的结论。

可计算一般均衡在研究时分为两大类：一类是短期的比较静态分析，另外一类就是真正的动态的可计算一般均衡分析。短期的比较静态分析仅仅是比较两个时点之间的变化，甚至仅仅以某一个时点的参数为基础固定不变，从而模拟那些外生冲击发生的时候各个部门将会发生怎样的变化。比如说在加入世界贸易组织前，国内很多学者根据入世的各种假想政策组合，模拟了中国农业乃至整体经济在不同方案下将会发生哪些变化。这类研究是以最近的历史数据为基础来测度相对比较近时间段内可能发生的变化，所以只能用来进行短期的政策模拟。

另外一类是动态可计算一般均衡。这类研究关注的是经济变量长期动态变化过程中，变量之间相互关系的演进。比如研究农业在经济周期中作用的时候，就要考虑经济发展过程中的结构差异。是农业经济占比较高的阶段？还是农业经济占比较低的阶段？还是处在中间转换的一个转折阶段？只有从动态关系角度，才能够厘清不同经济发展阶段农业经济周期和整体经济周期之间运行节奏的异同，不能用一个模型或者说简单的一个比较静态做分析。这是可计算一般均衡在研究农业宏观经济关系时需要考虑的两个角度，一个是短期静态，一个是长期动态。

这种方法在具体运用时也存在一些局限，也就是说，在做数量评估的时候，任何一种方法都不可能达到最完美，都会有它的好处和局限。可计算一般均衡模型的优点是可以估计某一方面变化对所有部门产生的整体影响，但是其缺点也非常明显，主要体现在两个方面：

第一个是因为 CGE 模型建立在投入产出表基础之上，而投入产出表的编制是以生产者价格为基础，所以可计算一般均衡主要揭示的是各个部门生产者价格的变化。但是我们在研究通货膨胀问题的时候，由于 CGE 模型没有考虑到货币市场，它仅仅反映产品或服务市场，不能够反映货币市场的供求关系。因此我们常常用生产者价格来计算物价总水平变化，借此来估测居民消费价格水平变化，这中间就需要对各个部门的权重，以及从生产者向消费者的价格传递状况做若干假设，这种假设的合理不合理，必然会影响到最终结论。

另外一个局限就是可计算一般均衡模型通常是以完全竞争市场为假定的，也就是零利润假设。从 1984 年开始，很多学者已经尝试着把寡占因素考虑进来进行一般均衡分析，虽然模型不断增多，但是有关寡占的类型程度、寡占发生的市场环节等，假设不同，就会有不同的模型估计结果。甚至常常会因考虑不完全竞争，把它考虑进来，在求解一般均衡解时没有解。没有解我们就无法进行预测。这些从研究角度来讲都是需要加以努力的方向。由于现实生活中不完全竞争是常态，因此，研究多部门之间的关系，就需要将不完全竞争结合到可计算一般均衡，在这方面经济研究还存在着严重的不足，是一个值得经济学家们不断探索和开拓的重要领域。

三、时间序列分析模型

面对结构模型和可计算一般均衡模型的诸多缺陷，经济学家们在想，有没有另外一些不需要施加各种假设也能够进行问题研究的一种方法？后来发现时间序列分析挺不错的，因为它不需要施加各种假设。实际生活中有很多经济变量，诸如年度、季度、月度、旬、周、日等观测数值，常常具备相邻观测值的依赖性，有时候也被经济学家用来研究农业与国民经济其他部门之间的关系。

这种研究方法有一个最大的问题，就是它没有背后理论的严格先验性假定，仅仅是根据数据来看它们之间存在什么样的关系。当然，如果这些数据具有随机平稳特性的时候，它能产生很好的预测效果。但是，诸如价格、货币和产量等实际数据本身并不具备随机平稳性，常常是它的一阶差分，也就是说上一年和下一年的比，或者说上一期和下一期的比，这些差额数据大部分具备平稳特征，因此可以用差分来进行时间序列模型估计。目前普遍采用的时间序列分析方法主要包括以下四类：一是格兰杰因果检验，Granger Causality；二是脉冲响应函数，Impulse Response Function；三是方差分解，Variance Decomposition；四是向量自回归，Vector Autoregression（VAR），以及向量误差修正模型，Vector Error Correction Model（VEC），也有人翻译成 ECM 等。比如说在研究农产品价格与通货膨胀之间关系的时候，大家通常采用的是格兰杰因果检验方法，来评估到底是农产品价格上涨引起通货膨胀，还是通货膨胀引起农产品价格上涨。在研究货币供应变动导致农产品价格超调的时候，常常采用的是向量自回归模型，来评估农产品价格是否针对货币供应变化做出过度反应，以及这种反应的程度。

第三章　农业经济时期的气候波动与政权更替

这一章我们讨论农业经济时期的气候波动与政权更替。既然是研究农业与宏观经济的关系，那么在早期，特别是农业经济占主导地位的时期，主要是农业波动影响宏观经济，甚至农业就是宏观经济本身，所以要回到农业起源来讨论农业与经济乃至政治之间的关系。

第一节　农业与人类文明

讨论农业与宏观经济关系，必须从农业起源开始。人类文明肇始于农业起源。从新石器时期农业起源开始，这一期文明又分为两个大的时期，即农业经济时期和工业经济时期。从新石器农业起源开始到 1800 年工业革命之前为农业文明，或者叫作农业经济时期，或者叫农业经济时代。从 1800 年工业革命至今，叫作工业文明。工业文明再向后走，将会演化到什么样子，还不太知道。在工业文明里边，就农业而言，最重要的是农业转型，也就是说，由过去的那样一种农业经营方式转到新的经营方式，这需要一个转变过程，后面将有专门章节来讨论这一话题。农业经济时期或者农业文明这个阶段，又可以细分为两个阶段：第一个阶段是原始农业时期，第二阶段是传统农业时期，划分依据主要看农业生产过程中所采用的核心工具。在原始农业时期，跟旧石器时期相比，人类经过对石头的打磨可以造一些简单的石器工具，用于农业生产，非常原始，持续时间也非常长。传统农业的标志是铁制农具在农业中广泛使用。中国从秦汉时期开始，由于铁制农具的广泛使用，整个农业生产水平大幅度提高。从公元前 200 多年，一直到 1800 年工业革命开始，将近 2000 年的时间，传统农业一直占据支配地位。

一、气候变化与农业起源

新石器时期农业起源于两河流域（西亚和西南亚）、北非、中国（长江流域和黄河流域）、中美洲和南美洲。大约在距今 1 万年前，以及距今 8000 年、7000 年、6000 年和 3000 年前，在上述不同地方都出现了农业，从过去的渔猎和采集转变为作物种植和畜牧养殖。

为什么会在 1 万年前起源？原因一是人口压力，二是气温变化。丹麦哥本哈根大学有一个团队专门研究古气候，他们在格陵兰岛上选择几乎没有人类干预和影响的几个点打冰芯，一直向冰层底下钻，根据不同深度冰层中氧同位素含量，运用专门模型来估测全球气温的历史变化。

这个数据是面向全球公开的，目前已经获得 6 万年的气温资料，大家可以从网上查阅。例如，根据格陵兰岛冰芯（The Greenland Ice Core Chronology 2005，GICC05）数据，可以绘制出气温变化曲线图。

由曲线图可见，在距今 13000 年以前这个时间再往前的相当长时期，气温都非常低，相当于整个地球被冰所覆盖。在距今 13000 年至 12500 年这一时期，气温突然大幅度提升，几乎提高到我们今天这样的气温水平。

在采集和渔猎时期，气温的大幅度升高，为采集更多果实、捕获更多动物提供了方便，相当于自然产量水平显著提高。于是，这一时期的人口大幅度增长。但是，没想到的是从 12500 年前到 1 万年前，这两三千年间的气温又掉头急剧下降，回到了原来的较低气温水平。突然间的持续气温下降，一是造成人口减少，因为没法像以前那样采集捕获所需要的食物。二是为了生存，人类学会了观察植物生长特点和动物的习性，为种植业和养殖业兴起积累了宝贵的经验。距今 1 万年前左右的时候，气温又逐渐攀升，在 8000 年前左右的时候达到高点，这一次的气温回升促成了农业的起源。

二、农业文明的传播

气温变化不仅促成了农业起源，也促进了农业文明在全球的传播。

从整个地球来讲，非洲、亚洲、美洲都有农业起源地，欧洲的农业文明来自于西亚农业文明的迁移。公元前 6000 年到公元前 3000 年，起源于西亚的农业文明开始向欧洲传播。到公元前 3000 年左右，欧洲摆脱了原来的采集和狩猎，进入农业文明阶段。

公元前 2000 年左右，地球进入了一个小冰期，气温突然间急剧下降。在现在高加索山脉以南、里海以北的这片以雅利安人为主的区域，原本水草丰腴、盛产良马，气温持续下降导致草场衰败，雅利安人开启了向北、向西、向南的大迁移。其中向希腊迁移的马拉战车民族，逐渐通过侵略和占领，成为欧洲早期历史的开拓者。同一时期，中国诸多农业起源地的农业文明在气温骤降背景下大部分都消失了，只有中原的庙底沟二期文明存留下来。散在各地的农业文明，通过厚土重迁，通过内聚和融合的方式，开启了夏、商、周。到了公元前800年左右，人类开始了有记载的文明，如欧洲的古希腊和中国的周朝。由此可见，气候变化对人类早期历史的形成起到了至关重要的作用。

第二节　马尔萨斯均衡

一、大分流

就人类总体而言，从农业起源到1800年工业革命之前为农业经济时期，农业占总体经济比重高达90%甚至更多，可以说农业经济就是宏观经济。那么，这个时期的经济运行规律是什么？马尔萨斯在1798年出版的《人口原理》中做了开创性的解析，马尔萨斯均衡是揭示农业时期经济运行规律的根本理论。

经济史学家以1800年为时间点将文明划分为两个时期，即1800年之前的农业文明和1800年之后的工业文明。1800年之后，出现了大分流（Great Divergence）现象。什么叫大分流？从人均物质生活水平或者人均收入角度来看，如果画一条曲线的话，在1800年之前，它的均值是一条直线，也就是说以1800年为100或为1的话，画一条直线，从农业起源一直到1800年，我们整个地球人均的物质生活水平或者人均收入一直围绕着这样一条横的直线上下波动，没有大的变化。但是1800年工业革命之后出现两种完全不同的走向。一方面是向上的巨幅提高，即以西欧为先导的工业化国家，人均收入快速提升。另一方面是包括一些非洲国家在内的传统农业国，人均收入不升反降，这就出现一个大的分叉。这是经济史学家发现的一种现象，他们称之为大分叉或者大分流。这意味着，在1800年之前的农业经济时期，人均收入水平长期没有发生变化。虽然人口不断增长，但是人均收入水平和人均物质生活水平基本上处在一个平稳状态，尽管有短期的波动，但长期来讲没有太大的变化。

二、马尔萨斯均衡

农业经济时期人均收入水平长期停滞不前的这种状态，相当于掉进了所谓的马尔萨斯陷阱。马尔萨斯认为有三方面因素共同作用决定了农业经济时期人均收入水平长期处于生存收入状态：第一，每一个社会的出生率是特定的，由该社会当时的生育习俗来决定，随着社会物质生活水平的提高而上升。也就是说，人均收入提高将会导致生育率提高，这是一条线。第二，各个社会的死亡率随着社会物质生活水平的提高而降低。也就是说，随着人均收入水平提高死亡率会降低，这是第二条线。一条是上升的线，一条是下降的线。第三，人均社会物质生活水平会随着人口增长而下降。这是在农业经济时期，由当时的生产力水平决定的。在这几条线的共同作用下，会形成一个稳定不变的人均收入水平。

假如说在某一时点上出现了超过人均收入均衡值的现象，那么由于这时出生率高于死亡率，就会导致人口增加。随着人口增加，人均收入水平逐渐下降。随着人均收入下降，死亡率提升而出生率下降，最后将达到一个均衡点，即出生率和死亡率相等。与此相对应的人均收入水平，也回到了原来的均衡值状态。这就是农业经济时期人口与经济的运行机制。出生率和死亡率的变化，特别是死亡率，在农业经济时期，起到了一种人均财富水平调节机制的作用。战争、瘟疫、自然灾害等现象，在今天看来是不好的事情，但是在农业经济时期恰恰可以促进人均收入水平的提高。农业经济时期人均收入水平围绕均值不断波动，而波动的形成就来自这些因素的共同作用。

这是关于马尔萨斯均衡的简单介绍，详细可以参考格里高利·克拉克所写的《告别施舍：世界经济简史》[①]。

第三节　农业经济时期的营养水平

农业经济时期，人均收入水平长期以来围绕均值上下波动，没有太大变化。那么，这种长期不变的人均收入水平所对应的物质生活水平或者营养水平究竟是什么情况？结合《告别施舍：世界经济简史》以及其他的一些史料，我们可以对农业经济时期的营养水平有一个基本的了解。那就是，在 1800 年之前，包括欧洲和亚洲在内的整个世界几乎都处于一种生存状态的营养水平。

---

① 这部著作有两个译本，还有一个版本为《应该读点经济史：一部世界经济简史》，李淑萍译，中信出版社 2009 年版。

一、婴儿死亡率

诺贝尔经济学奖获得者福格尔（Fogel，1994）曾经对农业经济时期的营养水平进行梳理。在人类有记载的历史上，直到1650年，死亡率和预期寿命都基本保持了稳定不变，预期寿命大致不到25岁，婴儿死亡率大约为30%。1840年的高收入国家预期寿命也只有41岁。18世纪和19世纪较高的婴儿死亡率是由很多原因造成的，其中营养不良是主要的原因。

二、人均能量摄入

1790年法国每天人均卡路里摄入量是1753千卡，英国为2060千卡。法国当时绝大多数人可以获得的是仅仅能够支持有限体力劳动的食物，身材矮小、体格消瘦，欧洲其他地方情况更糟。直到19世纪中叶，欧洲还经常闹饥荒，比如说1846年爱尔兰的大饥荒，1847年法国经历了严重的粮食短缺，1848年澳大利亚也发生了大饥荒，等等。当前，我们在测度绝对贫困时所采用的食物能量摄入标准为人均每天2000千卡或2200千卡，低于这个标准就是绝对贫困。由此可见，在传统农业经济时期，由于粮食供应十分紧张，平均营养水平基本上处于勉强维持生存的标准。

三、身高

跟现在相比，前工业化社会成年男子平均身高也是很低的。19世纪30年代英国大概是169厘米，意大利北部和法国是167厘米。英国在1810年左右为166厘米。根据当时囚犯资料，1800年到1829

年中国南部为 164 厘米，1881 年到 1892 年日本是 159 厘米。也就是说，身高本身也是营养水平的一种体现。

四、预期寿命

从初生儿角度来看农业经济时期的预期寿命。公元 11 年至 257 年，埃及农村预期寿命为 28 岁。中国安徽地区 1300 年到 1880 年预期寿命为 28 岁，北京 1644 年至 1739 年预期寿命仅仅为 26 岁。英国 1550 年至 1599 年的预期寿命为 38 岁，1650 年至 1699 年则降为 35 岁。法国 1750 年至 1789 年是 28 岁。日本 1776 年到 1815 年预期寿命为 33 岁。

人均能量摄入、婴儿死亡率、身高和预期寿命等几个指标综合表明，农业经济时期的人均营养水平是非常低的，仅仅处于刚刚维持生命的状态，相当于今天的绝对贫困水平。

第四节　气候波动与政权更替

一、理论框架

在人均收入水平处于生存状态的条件下，农业生产水平的巨幅波动将会直接威胁人的生命和社会稳定，这是农业经济时期农业对宏观经济乃至社会稳定发生影响的最主要方面。在农业经济时期，气候变动又恰恰是决定农业生产波动的最主要因素，因此气候变化与政权更替之间就形成了高度的内在关联性。为了揭示气候波动与政权更替之间的关系，我们可以建立一个理论分析框架。

气候变化通过对农业生产的影响而对整个社会产生冲击。我们可以把气候变化看作农业经济系统之外的一种外生变量，它影响农业经济系统而不受该系统的影响。虽然当代经济活动会对大气层有显著影响，气候变化已经不是外生变量，但是在农业经济时期，人类的农业活动对外太空影响极为有限，可以忽略不计。那个时候的气候变化，主要源于太阳系几大行星围绕太阳运动而发生的位置变化以及银河系二十八星宿对地球的辐射影响。

我们可以画一个大圆圈来代表农业经济系统的边界。边界外是气温，代表外生气候变化。边界内是诸多内生变量，即彼此相互影响的经济变量。在这个圆圈里边，可以放进如下八个变量。第一是自然灾害。第二是作物产量，产量由播种面积和单位面积产量共同决定。虽然在农业经济时期，养殖业也不可或缺，但是其饲料的来源依然是作物或者天然草场，因此，在分析时集中在作物产量即可。第三是技术进步，包含品种、工具和耕作制度等。第四是粮食价格。第五个是战争，包括战役数量、规模、频次等。第六是通货膨胀。第七是人口数量。第八是农民负担程度。在系统边界内的这八个变量，彼此之间相互影响。我们接下来讨论这八个变量之间相互作用关系。

自然灾害主要源于气候变化，在长期历史研究中主要用气温来代表，温度过高和过低都会导致自然灾害。自然灾害会影响作物产量。农作物产量主要受四个因素影响：一是温度；二是自然灾害；三是技术进步；四是人口规模。人口既代表劳动力的多少，也代表消费者的规模。

农业技术进步主要受人口规模的影响，因为在传统农业经济时期，人口压力会决定着技术进步的方向。

粮食价格受粮食总产量、战争、人口和通货膨胀等四个因素影响。产量不足会导致粮价上涨，战争发生也会导致粮价上涨，人口数量增减也会影响粮价，通货膨胀也会导致粮价上涨。反过来，粮价也会对战争、人口和通货膨胀产生影响。

通货膨胀和粮价之间存在相互影响的关系。在农业经济时期依然有通货膨胀，人类的通货膨胀历史长达 4000 多年。《管子》中就讨论了货币数量，粮价和货币之间是互相竞争关系。货币多了，不管货币形态是金、银、铜、贝壳还是纸币，粮价都会上涨。而通货紧缩，例如历史上流通用白银的减少，也会导致粮价下跌。

人口规模既受粮食价格、粮食产量和战争的影响，同时也影响技术进步、战争、粮食产量和粮食价格，其作用是双向的。

农民负担程度高低既对战争产生影响，同时战争也会影响农民负担水平。农民负担过重，可能会导致叛乱。当战争发生的时候，地方豪强包括政府为了征兵或者说为了战争需要征集更多的粮食，又会加重农民的负担。粮价和战争之间也是彼此之间相互影响。

整个农业经济时期基本上是这八个变量交互作用，加上一个外生的气候变化，其背后的运行机制就是马尔萨斯均衡。通过对上述八个内生变量和气温这一外生变量的变化关系进行分析，可以很好地揭示气候变化对政权更替的影响。

二、经验验证

关于气候变化对政权更替影响的历史检验，我想从三方面做简要介绍：一是相关历史数据，二是代表性研究成果，三是葛全胜等学者有关气候变化对中原王朝兴衰影响的研究结论。

　　研究农业经济时期农业与宏观经济关系，有几套非常宝贵的历史资料。在气温方面，除了前面提到的格陵兰岛冰芯数据可用于全球气温数据代表之外，竺可桢1972年发表在《考古学报》上的《中国近五千年来气候变迁的初步研究》开启了中国古气候研究的先河。目前，最完整最权威的成果当数葛全胜等2011年出版的《中国历朝气候变化》。有关中国历代天灾人祸分类统计的第一部大型专著《中国历代天灾人祸表》，由民国时期国立暨南大学史地系教授陈高傭主编完成，1939年出版。2007年北京图书馆出版社又出版了影印版。特别值得一提的是，这部巨著是在日本人轰炸上海的艰难困苦条件下完成的。何炳松在为本书作的"序"中写道："自从八一三事变爆发后，本校舍毁于炮火，图书化为灰烬。学校局促于上海租界的一角，可谓艰苦万状；但全校师生竟能继续着弦歌之声。而高傭先生和文学院几位教授以及史地学系多位学生，仍然计划搜讨，编述校印，埋头于本位的文化工作，不问辛苦，无闻寒暑，真使我百感交集。"这部来之不易的专著不仅为今天和未来研究中国的经济社会史提供了方便，而且更重要的是承载着中华文化和民族精神。2003年解放军出版社出版了由中国军事史编写组编写的《中国历代战争年表》，为了解我国不同历史阶段战争的频繁程度以及各次战争之间的纵横关系提供了方便。彭信威在《中国货币史》中系统整理出宋代以后的粮价序列资料，每十年一个均值，为研究长时期粮价变化提供了宝贵的基础资料。葛剑雄主编的《中国人口史》为了解中国各时期人口变化奠定了基础。

　　上述资料为我们研究中国历史上的气候变化对政权更替的影响

提供了数据支持。2007 年章典等学者（Zhang et al, 2007）在《美国科学通报》（PNAS）上发表了题为"近期人类历史上的全球气候变化、战争和人口减少"（Global climate change, war and population collapse during the recent human history）的英文文章，证明了人口减少跟战争和气候变化之间确实存在着密切关系。2012 年赵红军等在《经济学季刊》上发表了题为"气候变化是否影响了我国过去 2000 多年的农业社会稳定"的经济学研究成果，也印证了传统农业经济时期气候变化的确会导致社会动乱。当然，最系统完整地揭示气候变化与政权更替之间关系的当数葛全胜团队多年研究成果的总结《中国历朝气候变化》。为了使大家能够对气候变化与政权更替之间的关系有一个具体的理解，请允许我摘要地介绍这部著作中第 133 页至 135 页的主要结论：

中国历代中原王朝的兴衰荣枯，北方游牧民族的南进北撤，轰轰烈烈的农民起义和政治疆域的迁移变化，似乎印证了"分久必合，合久必分"这一周期性规律。但如果把中国过去 2000 年来气候冷暖变化与中原王朝兴衰的时期进行对比，就会发现两者之间存在着良好的对应关系。大凡社会稳定、经济发达、国势强盛、人口增加和疆域扩展的大一统王朝时代，恰恰都与气候暖湿或变暖期大体一致；而藩镇割据、农民起义和外族入侵的分裂混乱时期，则都属于中国历史上的气候冷期与变冷期。

气候冷暖是文明兴衰的自然基础。气候条件决定着农业生产水平，而粮食等资源的供给与社会需求之间的矛盾变化即人地关系是气候变化对王朝兴衰影响的实质，左右着历史进程。气候处于温暖湿润的适宜期，社会发展进入良性循环，粮食产量大幅增加，带动人口数量上升。土地和劳动力增加之后，又会继续扩大耕地面积，促进粮食增产，促进文明的兴旺。当气候处于又冷又干的不适宜期，社会则转向恶性循环，农业歉收，人口与粮食的矛盾导致人口南迁、农民起义和外族入侵等影响社会安定的重大事件发生，国家财政收入难以为继。再加上镇压和作战迅速消耗国家积累的财富，动摇统治根基。为解决军需而增加农民的负担又会激起更大的社会矛盾，最终导致王朝的衰败。

公元前210年至公元180年为第一个暖期，大致对应于中国历史上的秦汉时期，气候相对温暖，中国东中部地区冬半年均气温较今高0.27摄氏度，穿越沙漠地带的丝绸之路就是在这个时期建立起来的。在这样的气候背景下，出现了"文景之治"、"武昭宣盛世"和"光武中兴"等太平盛世，疆域范围也有效地扩展到了西域与中亚地区，中国的政治、经济、文化发展达到了中国封建社会的第一高峰。公元541年至810年为第二个暖期，大致对应于隋唐至唐中期，冬半年均气温较今高0.48摄氏度，冷暖波动幅度较小。在暖湿气候下，中原地区水利发达、农业丰收、经济繁荣、政局稳定，达到了中国封建社会中历史最鼎盛时期。公元931年至1320年为第三个暖期，对应于五代后期、两宋至元代中期，中国东中部地区冬半年均气温较今约高0.2摄氏度。虽然宋与辽、金及西夏等几个政权并存，未统一全国，但是从经济水平来看，宋朝的富裕程度并不亚于汉唐，这与气候的相宜不无关系。元明清的大一统时期，虽然处于气候的第三个冰期（1321—1920），然而进一步分析该时期冷暖波动过程可以发现，国家兴旺发达的阶段均对应于冷期中相对温暖的阶段。例如，1381—1410 年、1501—1560年、1711—1770 年，中国东中部地区冬半年均气温与今相近或略高，对应着"洪宣盛世"和"康乾盛世"等繁荣期。

与暖湿气候期相间隔，自秦汉以来中国气候共经历了三个冷期。第一个冷期（公元 181—540），中国东中部地区冬半年均气温较今低 0.25 摄氏度，恰好对应着历时最长的动乱岁月——魏晋南北朝。东汉末期灾害频繁，水旱蝗灾接连不断，仅安帝一朝十九年中，水灾 11 次，旱灾 7 次，蝗灾 7 次，受灾范围遍及全国。西晋统治下的公元 281—290 年间，中国北部和中部大面积干旱，饥荒引起大量饥民死亡，甚至出现人吃人的现象，并在 309 年即晋怀帝永嘉三年达到顶峰。气候环境的持续恶化，导致了"黄巾起义"和"永嘉之乱"等战乱爆发。中原王朝最终被来自北方的入侵者所推翻。第二个冷期（公元 810—930），东中部地区冬半年均气温较今低约 0.28 摄氏度，东北地区年平均气温较今低 0.8 摄氏度，对应于唐后期至五代前期，是中国历史上相对混乱的时期。唐中期的"安史之乱"就发生在第二暖期向第二冷期的过渡阶段，而进入冷期后，唐王朝几乎处于名存实亡状态，各地叛乱不断。唐亡之后的五代十国更是如此，导致中国历史上出现了第二次大规模人口南迁。

北宋的"靖康之难"也发生在第三暖期当中一个长达近百年的相对寒冷阶段（1111—1200）。在第三暖期向第三冷期转变时，强降温阶段（1261—1290）与蒙古族人南征最后统一中国相一致。而元末明初和明末清初这两个朝代更迭期对应的气候更是第三冷期中的冷谷。明崇祯年间黄河流域连续十年（1632—1641）干旱，蝗虫遍地，粮食经年绝收，以致父子夫妻相食。在这种情况下，李自成率领农民揭竿而起，势如破竹，推翻了明王朝几百年的统治。

总之，农业经济时期的气候变化对整体经济和社会稳定具有重要甚至决定性的影响。在工业革命发生之前，人类历史基本上遵循马尔萨斯均衡的规则在运行。在1800年之后，工业革命改变了世界，也改变了农业与宏观经济之间的联系路径。

第四章　农业转型的四个阶段

　　农业转型的四个阶段，是农业宏观经济学最重要的一章，也可以说是农业宏观经济学的一个核心，它包含了从农业起源一直到今天我们人类所走过的主要历程。

　　所谓农业转型，是指从农业文明状态下的农业生产方式转为工业文明状态下的农业生产方式，这个转换过程需要很长的时间。由于各个国家的工业化步伐不一样，有先有后，必然会出现农业转型的阶段性差异。

　　就像一年有四季一样，春生，夏长，秋收，冬藏。农业转型四个阶段也类似于这样一个过程，先有生和长，之后有收和藏。所谓春生，是指传统农业部门在确保自身健康发展的基础上孕育出非农业的种子与禾苗，开始出现农业与现代制造业的产业分工。所谓夏长是指农业部门释放出大量资源来支持和加速现代非农部门的成长。所谓秋收是指工业化初步完成后开始向农业部门提供现代农业生产要素，运用工业化成果来加速传统农业的改造，农业部门通过收获工业化成果而转向现代农业。所谓冬藏是指农业部门充分吸收来自现代非农业部门的回哺，农业转型接近完成，现代农业体质得到充分加强，在新的更高劳动生产率水平下与整体经济重新融合在一起。由于各个国家孕育出现代非农产业的时间有早有晚，虽然都要走春生夏长秋收冬藏四个阶段，但是在步伐上是不一致的。有的率先走完全程，有的处于冬藏，有的处于秋收，还有的仍然处于夏长阶段。

第一节　农业革命是工业革命的必要条件

从过去的农业文明状态转到工业文明状态，首先需要了解工业文明是如何诞生的。经济史学界和科技史学界有一个非常有名的说法，叫"李约瑟之谜"。也就是说，为什么西欧发生了工业革命，诞生了资本主义，而中国没有。当然，对此解释有各种各样的说法，迄今为止依然是一个值得继续挖掘的学术金矿。不过，我们这门课的重点不在这个地方，而是重在讨论农业对于工业革命的出现，或者工业文明的兴起，从历史发展的逻辑来讲，它究竟发挥了什么作用？率先把这个问题讲清楚的是美国著名经济学家约翰逊（D. Gale. Johnson）教授，他 1997 年在《美国经济评论》（AER）上发表了一篇文章，题目叫"农业与国民财富"。在这篇文章里，他提出并证明了农业革命是工业革命的必要条件。他总结指出，工业革命的发生依赖于两个重大的农业进步：一是劳动生产力的迅速提高，这使劳动力可以从农业中游离出来，用于生产其他的产品。另一个是同时发生的粮食产量增长，以养活增长的人口。也就是说，只有农业劳动生产力的提高，使得粮食生产增加，以及农业中所必需的劳动投入减少，才使得工业革命成为可能。当然，工业革命一旦发生，它反过来在将近两个多世纪里，又促进了农业生产力的进一步发展和迅速提高。

一、西欧的农业革命

既然农业革命是工业革命的必要条件，那么先于工业革命的农业革命究竟是什么，它包含哪些内容？约翰逊教授在 2000 年发表的另一篇题目为"人口、食物与知识"的文章中，对西欧的农业革命做了较为完整的阐述。结合他的总结以及经济史学界的其他研究成果，近代欧洲的农业革命概括起来主要包含以下几方面内容：一是耕作制度的变化，由原来普遍实行的三圃制变为四圃制。所谓三圃制就是夏作、冬作加休闲，有休闲地，土地分三区依次种植，通过休闲来培肥地力。所谓四圃制，就是四区轮作制。土地分成四块，每一块分别种植芜菁、小麦、三叶草和大麦，通过豆科作物和饲料作物引入而取消休闲同时培肥地力，由过去粗放经营向集约经营转变；二是借鉴历史上中国框形犁技术开发出播种机和中耕机，大幅提高生产力；三是美洲作物向欧洲的引入；四是畜产品种改良，比如说我们现在大家通常知道的约克夏猪，等等。这样一种包含上述诸多内容在内的农业革命大幅度提高了近代欧洲的农业劳动生产力，使得粮食总产量大幅度提高。

英国工业革命的发生，农业是一个先决的条件。而农业革命的发生，其实经历了很长时期的历史准备过程。马克思在《资本论》中明确指出，英国的圈地运动是资本原始积累的一个重要途径。当然，后面我们还会谈到另外一项资本积累的重要途径，那就是哥伦布发现美洲大陆后，从 1500 年至 1800 年将近 300 年的时间，欧洲列强通过殖民地掠夺积累了大量财富。

英国为什么会发生圈地运动？在圈地运动发生之前，中世纪的欧洲农业，跟中国相比，生产力水平是非常低的。中世纪的欧洲农业有两个特点：第一个是共同体的强制。也就是说，从土地利用来讲是共同体所有，共同体使用。第二个特点是领主制。农民是没有人身自由的，婚丧嫁娶等一切安排都必须听领主的，农民只是在领主的土地上做事，当然也分享一部分成果，这是欧洲中世纪的一个特点。而中国农民，早在秦汉时期就已经获得解放，成为自由的小农，彻底摆脱了分封制下的人身束缚。

这样一种中世纪的领主制度和土地制度，率先在英国被打破。在欧洲中世纪时期，英国只是一个很偏远的地方，处于欧洲西部的边缘，领主制条件下的人身束缚不像欧洲大陆其他国家那么强烈，也就是说，比较薄弱。导致人身束缚解除的一个最重要契机，就是14世纪中叶欧洲发生的鼠疫。1347年到1357年鼠疫导致欧洲人口减少了将近1/3，劳动力非常紧缺。领主们为了吸引农民来自己田地从事农业生产，就慢慢放松了对农民的人身束缚，相当一部分农民就解放为自由农。这是一个最重要的原因，人身束缚解除了。接下来是共同体的土地所有和使用，经过圈地运动被打破。从15世纪末到19世纪初期的圈地运动分成两个阶段。

第一次圈地运动是在15世纪末到17世纪。随着重商主义的兴起和全球贸易的昌盛，毛纺织品成为世界贸易的一个核心商品，英国伦敦成为世界毛纺织品的贸易中心。毛纺织业繁荣带动羊毛价格上涨，而羊毛价格上涨刺激豪强们，包括商人和一些有实力的领主，去农村抢地。因为过去有大量的开放地，虽然有简单的林木做分界，但是并没有栏杆。于是这些抢地者把自己抢到的地用围栏保护起来，形象地称为圈地。最开始圈地的时候，主要是开放的共有地，后来则发展到非开放地。他们在圈起来的土地上养羊，以获取巨大的利润。第一次圈地运动大概圈占了近1/5的耕地，其最主要结果是导致土地制度变革，从共同体所有这样一种土地制度转变为私有制，土地制度上发生了根本变化。

第二次圈地运动是在1760年到1815年。随着全球贸易的发展，英国变成毛纺织业中心，工业革命已经发生，现代制造业开始出现。随着劳动力向非农业的大量转移和城市人口增加，食品需求激增，导致农产品价格上涨。粮食价格上涨刺激了对土地的需要。于是就出现了一轮新的圈地运动。这次圈地跟上一次不太一样，上一次叫羊吃人，把人赶走来养羊。这一次圈地相当于农业生产方式的变革，而且是以议会许可的形式固定下来。在圈占后变为私有的土地上从事谷物生产，导致了农业生产方式的变革，这是第二次圈地。

农业生产方式怎么变革？就是刚才所谈到的几个方面。在欧洲近代农业革命的时候，大家普遍认为最合理的农业应该就是从三圃制变成四圃制，即四区轮作制，废除原来的休闲地。这在当时的欧洲是最先进的农业生产方式，因为它确实带来了单位面积产量提高和粮食大幅度增产。从三圃制到四圃制，是近代欧洲农业革命最具标志性的农业生产方式变革，导致欧洲农业生产上了一个巨大的台阶。

二、哥伦布大交换

近代欧洲的农业革命还包括美洲作物引入欧洲所带来的生产力

提高。当然，美洲作物引入源于哥伦布发现美洲大陆。当时把美洲大陆称为新大陆或者新世界。经济史学界有一个说法，把哥伦布发现美洲大陆之后，1500年至1800年这300年间发生在全球跨区域之间的贸易，叫作"哥伦布大交换（Colombian Exchange）"。这个大交换给人类带来了一系列的变化，一直影响到今天（Nathan Nunn et al，2010）。

第一个是疾病的交流。当欧洲人到了美洲之后，把旧大陆的天花、疟疾、黑死病、霍乱、猩红热、伤寒和水痘等疾病带到了新大陆。当时美洲地区土著人从未接触过这样的人种，也没有对这些疾病的免疫，所以导致当时90%的土著人口死亡。为了弥补美洲大陆劳动力严重不足，开始了从非洲向美洲的黑奴贸易。尽管具体人数还存在争议，但是学术界有一个初步估计，非洲黑奴贩卖到美洲海岸的累计约2000余万人。考虑到当时的航海条件，也有人估计中途死亡大约4000万人。在人类历史上这次大交换过程中，首先是美洲土著人的死亡，然后是非洲黑人的死亡。当我们看到工业革命成就的时候，其实不应该忘记这一段历史。没有这些人所作出的牺牲，后来的工业革命是不可想象的。另一方面，从新大陆带到旧大陆的是梅毒，逐渐遍及欧洲和亚洲。

第二个是药物交流。新大陆发现的奎宁，为欧洲人在非洲开发殖民地提供了方便。有了这样一种药物之后，就可以有效地医治疟疾之类的疾病。

第三个是贵金属交流。这个交流主要是单向的，也就是说，欧洲人发现美洲大陆之后，通过掠夺殖民地贵金属以及开发种植园等方式，将大量的美洲黄金和白银回流到欧洲。这种回流为欧洲搭上当时亚洲经济的列车提供了可能，也为后来的欧洲工业革命提供了巨大的原始资本积累。许倬云在《中西文明的对照》中有一段话讲得特别好。他说："假如没有这一大批从美洲掠夺来的财富，单单靠旧大陆稳定的经济状态就不可能积累这么大的能量，造成影响如此久远的巨大转变。西方学者们讨论西方的经济史和现代发展，很少愿意强调这一点，大批从美洲掠夺来的资金对欧洲发展的影响，但是我们必须还历史一个公道，这一篮从天上掉下来的黄金，在世界历史上造成了史无前例的大转变，也造成了白人统治世界的近代史。"这是关于贵金属，黄金和白银向欧洲的一种流动。

究竟有多少黄金白银流到了欧洲，经济史学界一直在探讨。弗兰克在《白银资本》一书中做了较为清晰的估计。他估算了 16 世纪、17 世纪和 18 世纪世界白银的流向情况。当时的白银产地主要在美洲，日本和中国也有少量生产。16 世纪 100 年间，美洲生产了 1.7 万吨白银，几乎都运到了欧洲。17 世纪 100 年间，美洲累计出产白银约 3.7 万吨，其中 2.7 万吨流到欧洲。这 2.7 万吨里有 1.3 万吨从欧洲流到了亚洲，主要是中国。18 世纪 100 年间，整个美洲生产白银约 7.5 万吨，其中 5.4 万吨流到了欧洲。这 5.4 万吨中有 2.6 万吨从欧洲流到了亚洲，主要是中国。美洲生产的 7.5 万吨白银中还有最高不超过 2.5 万吨左右从美洲经过太平洋直接流向了菲律宾的马尼拉，通过贸易流到了中国。也就是说，仅仅 18 世纪这 100 年，流向中国的白银累计约 5 万吨。

在哥伦布大交换过程当中，欧洲人通过掠夺殖民地获取大量黄金白银，然后从中国购买瓷器、丝绸、茶叶等，大量白银流向了中国。按道理讲，中国有了这些钱，应该可以为工业革命创造条件。

但是，在这一交换过程中，近代中国一直处在农业社会，不仅没有率先工业化，反而演变成一个屡遭欺负的弱国。大量白银流入中国之后，欧洲人发现他们从美洲掠夺来的白银通过购买东方优质品又都流向了中国，觉得不对等，也想卖东西给中国人来赚钱。但是，他们发现找不到中国所需要的产品，因为当时农业社会的中国相当富裕。怎么办？就想到了鸦片，既可以赚中国人的钱，又可以削弱这个国家的国民战斗力。经过鸦片战争，中国开始进入半殖民半封建社会。我们看一下清末割地赔款资料。从 1842 年《南京条约》开始，到 1860 年《北京条约》，1874 年《北京专项条约》，1875 年《烟台条约》，1881 年《伊犁条约》，1895 年《马关条约》，到 1901 年《辛丑条约》。所有这些条约，都有大量赔款的条文。虽然后来美国免除了一些赔款，但是总体看应该非常少。按照可比价加总折合起来，1842 年到 1938 年，清末包括民国初期，我们实际上累计支付了大约 13.3 亿两海关银，按照每一两 37.42 克计算，折合现在的吨数应该接近 4.97 万吨。也就是说，清末赔款累计白银接近 5 万吨，正好差不多跟 18 世纪 100 年间我们通过贸易所赚来白银的数量相当，一下子就被掠夺掉了。

第四个交流跟农业密切相关，即食物交流或者作物品种交流，它是促成近代农业革命的重要内容之一。旧大陆的甘蔗、大豆、咖啡、高粱、香蕉等，恰恰适合在美洲种植，于是欧洲人就在美洲开发了种植园，如甘蔗种植园、咖啡种植园。为了弥补人力不足，促成了来自非洲的黑奴贸易。新大陆的薯类、玉米、木薯、番茄、辣椒、可可、香草、古柯、菠萝、茄子、烟草和橡胶等品种开始向欧洲和亚洲进行交流。明清时期，美洲作物向中国的引入，促进了中国粮食产量的大幅度增长和人口的增加，导致这一时期中国人口由原来1亿快速上涨到3亿乃至4亿，如果没有美洲作物特别是薯类和玉米的引入，是绝对不可能的。同样，美洲作物向欧洲的引入，既提高了粮食单产，拓展了耕地面积，还改善了营养条件。薯类和玉米可以在原来条件较差的土地上种植，从而促进了土地的充分利用。番茄、辣椒和茄子的引入极大改善了旧大陆居民的营养条件，例如西红柿所提供的各种维生素和番茄红素对人体健康尤为重要。

哥伦布发现美洲大陆之后跨300年的全球物种大交流，导致粮食产量大幅度提升，人口激增，营养得到改善，为近代欧洲的农业革命创造了条件。新大陆的种植园以及欧洲产品同时找到新的市场，这些利润都回流到了欧洲。加上对美洲和非洲殖民地掠夺的大量黄金白银回到欧洲，为欧洲的工业革命积累了巨大的原始资本。

三、中国传统农业的优势

近代欧洲的农业革命，在生产力上究竟处于什么样的水平？通过与中国传统农业相对比，就可以看得更清楚。其实，中国传统农业具有无比的优势，中国的农业革命也比西欧要早一千几百年，但是却没有发生工业革命。

我们先来看看近代欧洲农业革命前后的劳动生产率对比。我们知道，在没有现代工业之前，农业生产基本上都靠传统工具，没有与现在大规模经营相应的拖拉机和耕作技术。也就是说，在相当长历史时期内，一个农业劳动者所能够驾控的耕地面积是固定不变的，或者说国家之间没什么太大差别。劳动生产率等于土地生产率乘以劳均耕地面积，在劳均耕地面积没什么差别的情况下，土地生产率越高，劳动生产率就越高。所以，我们在比较传统农业社会条件下劳动生产率高低的时候，主要指标就是看土地生产率。

在近代之前，大家如何来衡量土地生产率？不像现在我们说亩产多少，那个时候更多的是用撒下一粒种子能够生产出多少粒新种子来衡量。也就是说，用籽实收获量与播种量之比来代表单产。1200年至1465年，英国温切斯特和格兰彻斯特的这一比值为4，投下1粒小麦能够生产出4粒。这是在农业革命发生之前。1895年至1914年，英格兰平均小麦收获量与播种量之比为11，投下1粒种子能生产出11粒，这已经是近代农业革命和工业革命发生之后的水平。1339年至1340年，法兰西的高斯累的比值为16，虽然还没有农业革命，但是水平还是比英格兰要高。1716年的时候，法兰西的法兰达斯的比值依然处在13至16的水平。

中国的亩产水平如何呢？据《齐民要术》记载，这个时期大概是532年至544年，山东的粟种植最高达200，有的是80，最低是24。华北裸燕麦达44，瞿麦达200。据《补农书》记载，1640年太湖南岸水稻为30。而《海盐图经》记载，1640年太湖南岸水稻种植最高水准达到60。据《补农书研究》记载，太湖南岸水稻种植，1928年为20，1952年为25，1956年为30。据《云梦秦简》记载，秦朝的时候，粟的收获量与播种量之比高达十几倍到几十倍（董恺忱，1983）。

通过资料对比就可以发现，如果以欧洲近代农业革命的农业生产力水平为标准来界定农业革命，那么中国早在秦汉时期就已经实现了。也就说，中国的农业革命要比西欧早一千多年。但是工业革命却没有率先发生在中国。学术界对此原因的解释非常多，没有定论。我想列出主要的几个方面，供大家参考。第一，工业革命需要庞大的原始资本积累。无论是掠夺来的还是自己积累起来的，没有原始资本积累就没有工业化。第二，工业革命需要有充分的工业品消费市场。英国作为世界纺织品贸易中心，为精研纺织业的工匠们提供了市场的激励。第三，工业革命的发生需要有一种对创新激励的文化土壤。中国历史上传统农业非常领先，但是在对待新的工业设备和制品的时候，缺乏欣赏和激励。我觉得最主要是文化原因，从皇帝到民众，不太看重这些被称之为奇技淫巧的东西。这跟儒释道文化的追求有关。无论是儒家的圣人，道家的真人，还是佛家的菩萨，强调的都是自觉觉他、觉行圆满。首先是强调个人的修行，只有通过内证的方式明心见性，大彻大悟，才有能力去帮助他人、更好地服务社会。而要想达到明心见性和大自在的境界，首先必须要少欲，不是向外追求，而是在外息诸缘的基础上体证到无我的大光明境界。作为个人的追求没有什么坏处，但是如果在治国上不考虑普通人的欲望满足和提升，就会抑制整个社会的物质财富增长乃至国力的提升。满足于吃饱穿暖，不在意其他的物质服务追求，社会就只能停留在农业社会。这是我们跟欧洲那种掠夺性文化的本质差异。第四，工业革命的发生需要有保护私有产权的法律制度。诺贝尔经济学奖获得者诺斯研究了西方制度的兴起，他发现300年的全球贸易过程，既需要也形成了对私有财产的保护制度。而私有产权保护制度的确立又进一步刺激了产品的创新。第五，工业革命的发生需要一个前提，那就是整个社会普遍存在着降低劳动力成本的技术需求。第六，工业革命的发生还需要有强有力的政府，这一点非常重要。我们都知道工业革命率先发生在英国。但是不要忘记的是，包括私有产权保护制度在内的很多新生事物最早并不是发生在英国，欧洲其他国家早就有了。但是，在当时只有英国的政府能力最强，才能够为工业革命创造一些必要的条件。当然，我们重点不在讨论工业革命为什么一定能够兴起，只是在讨论农业革命是工业革命必要条件的时候，顺便思考一下除了农业革命以外，还需要什么条件，这样才能理解为什么中国农业革命比西欧早一千多年，但是却没有发生工业革命。

我们回过头来再看农业革命。近代欧洲农业革命的核心特征之一是从三圃制转向四圃制，即从存在休闲地的耕作制度向完全没有休闲的轮作制度的转变。这种发祥于诺福克郡的四区轮作方式，大幅度提高了土地利用率和产出水平。这样一种集约经营的土地利用方式，在中国的秦汉时期就已经非常成熟了。中国传统农业的技术体系，主要包含以下几方面特点，概括为四个字就是精耕细作。第一是多肥，主要是农家肥，以确保地力不衰竭。第二是多熟种植，也就是复种指数比较高，没有休闲地。第三是深耕细耨，主要是通过铁制农具和牛耕，充分利用土壤系统。第四是灌溉排水，主要是防旱涝。这样一套近乎完美的精耕细作体系经历了较长时期的积累和完善。首先，在战国时期就已经知道多粪能够肥田，认为向农田多施粪肥是农夫应该做的事情。第二，汉代时候，大约在公元 1 世纪前后，我们就已开发出了铁制曲面的犁壁，有助于土壤的深耕。在地理大发现之前，只有亚洲（主要是中国）和撒哈拉以北非洲地区使用牲畜牵引的耕犁，包括欧洲在内的其他地区还是依靠着人力的锄掘和掘棒，根本没有这种耕犁。我们早在汉代就已经成熟地依靠铁制耕犁进行深耕的技术，欧洲在近代农业革命的时候才开始使用。

第三是两年三熟。汉代北方地区就开始了冬小麦种植。到了宋代，江南地区稻麦两熟和双季稻开始普及。到了明代，五岭以南地区实现了一年三熟。到了清代，间作、混作和套作技术几乎完全普及。也就是说，中国的传统农业根本没有休闲地，主要通过多熟种植的方式来确保土壤肥力不衰竭，同时提高作物单产，具有可持续性。斯密在《国富论》中讲道："在东印度的孟加拉，在中国的一些东部省份，农业和制造业的改良也是源远流长的……中国是远比欧洲任何部分都富有的国家。"

为什么在工业革命之前中国是世界上最富有的国家？因为那时候主要是农业经济。在农业经济社会中，中国的劳动生产率是最高的。为什么我们的农业劳动生产率最高？是因为我们的土地生产率高。为什么我们的土地生产率高？是因为我们有一套完整的精耕细作的传统农业技术体系。它所具备的农业生产力水平，欧洲在近代农业革命的时候才刚刚达到，而我们比欧洲早了一千多年。

第二节　农业转型的四个阶段

农业革命是工业革命逻辑的和历史的必要条件。在近代农业革命的基础上，欧洲率先开启了工业革命，之后向其他地区蔓延。或者模仿，或者追赶，各国陆续迈开工业化的步伐。在这一你追我赶的工业化过程中，所有的传统农业国都开启了由原来那种传统农业方式向现代农业方式的转变。这个转变的过程由先后连续的四个阶段组成。

著名经济学家赛尔奎恩（Syrqiun，1988）对这一转变过程进行了总结，他把这个过程称为结构转型，即一个传统的农业国向工业国的转变过程叫作结构转型。结构转型完成的重要标志是，无论劳动生产力还是资本生产力，农业与非农业都在新的更高水平上达到了一致。因为结构转型观察的是从以农为主的国民经济向包含了现代农业、现代制造业和现代服务业在内的完整国民经济体系转变的过程，所以有时候也被称为农业转型。农业转型包含四个相互联系的过程。一是农业在国内生产总值和就业中的份额不断下降。二是现代制造业和现代服务业的兴起。三是农村人口向城市不断迁移，即伴随着城市化的过程。四是从高出生率、高死亡率向低出生率、低死亡率的人口转变。

哈佛大学梯莫尔（C. P. Timmer）教授在 1988 年出版的《发展经济学》手册第一卷第八章，专门讨论了农业转型领域的研究成果。他发现，虽然研究农业转型的文献汗牛充栋，但是不同学者所关注的角度和问题是不一样的，原因就在于农业转型本身具有阶段性。在不同阶段，农业与整体经济之间的关系不同，所需要采取的政策工具也完全不一样。在梳理总结前人研究成果基础上，他发现了农业转型的四阶段规律。每一个转型阶段所遇到的农业问题都有诸多学者做出不懈探索。为了尊重和纪念这些学者的努力和贡献，他选取了代表性学者的名字来概括各个阶段。我想先介绍四个阶段的名字，然后再详细讨论各阶段主要特点与政策关注。第一阶段叫莫舍尔阶段（Mosher Environment）。经济学家莫舍尔 1966 年在《让农业健康发展》（Get Agriculture Moving）一书中专门讨论了农业转型初期的农业问题与政策。第二阶段叫约翰斯顿-梅勒阶段（Johnston-Mellor Environment）。约翰斯顿和梅勒这两位经济学家 1961 年在《美国经济评论》发表了一篇题目为"农业在经济发展中的作用"的经典文献。第三阶段叫舒尔茨-拉坦阶段（Shultz-Ruttan Environment）。诺贝尔经济学奖获得者舒尔茨 1953 年的《农业经济组织》（The Economic Organization of Agriculture）和 1964 年的《改造传统农业》（Transforming Traditional Agriculture），速水佑次郎和拉坦 1985 年的《农业发展的国际分析》（Agricultural Development：An International Perspective）均是研究该阶段农业问题的经典著作。第四阶段叫约翰逊阶段（D. G. Johnson Environment）。约翰逊教授 1973 年出版的《扭曲的世界农业》（World Agriculture in Disarray）一书揭示了发达国家采取农业保护政策的内在原因。

一、莫舍尔阶段（春生）

第一阶段是莫舍尔阶段，即农业转型的初始阶段。在这个阶段，由于农业依然是国民经济的主体和主要就业渠道，必须确保农业的健康发展。通过加强农业基础设施建设和农业激励机制建设，来促进农业技术进步和生产发展。在农业转型的初始阶段，工业化刚刚开始萌芽，只有农业劳动生产率得以提高，才能为非农业发展提供劳动力、提供食物，甚至是一定的资金积累。这个阶段如果急于求成，过度重视工业而忽视农业，常常会带来社会灾难。也就是说，在工业化的小苗还十分脆弱的初始阶段，必须加强农业这一土壤条件的建设，不能拔苗助长。就像春生一样，必须为工业化的孕育和出生奠定良好的农业基础条件，这是第一阶段的主要特点。

当一个国家或地区的农业就业占比还大于等于 80% 的时候，就处于农业转型的第一阶段。大家可以想象，一个传统的农业国开始向现代工业化国家转型，农业就业占比从 90% 以上降到 80%，实际上需要很长的时间。

二、约翰斯顿–梅勒阶段（夏长）

第二阶段是约翰斯顿–梅勒阶段。在这一阶段，就像是夏长一样，农业要释放大量的能量，通过多种方式来支持和促进现代非农业部门的成长。比如说农业部门要向非农业部门提供土地、劳动力和资金，同时向全社会提供食物，为工业品提供市场，赚取外汇和创造环境价值等。也就是说，这一阶段的政策重心是通过建立良好的生产要素市场，促进农业资源向非农业部门的流动。当然，在这个阶段会出现农业与非农业劳动生产率差距拉大、农民要承担转型过程所带来的诸多痛苦。

第二阶段的主要标志是农业就业占比居于80%到50%之间。关于这一阶段的名称，梯莫尔教授仅仅提到了约翰斯顿和梅勒。我想应该再加一位，就是张培刚教授。这一阶段的名称改为"张–约翰斯顿–梅勒"更准确一些。因为张培刚当年在哈佛大学的博士学位论文做的就是农业国工业化问题研究。从国际学术界来看，最早讨论农业究竟如何为经济发展做出贡献的是张培刚。在他之前，有关该领域的研究几乎一片空白，没有人梳理出究竟有哪些路径和渠道。

三、舒尔茨–拉坦阶段（秋收）

第三阶段是舒尔茨–拉坦阶段。一个国家进入第三阶段，意味着以现代制造业为核心的完整国民经济体系业已建立，农业完成了为工业化提供资本积累的历史使命。农业部门不仅不能够再继续向外释放能量，反而应该像秋收一样，要收获工业化的成果，充分利用现代生产要素和农业科技成果来加速提高农业劳动生产率，缩小与非农业劳动生产率的差距，缩小城乡差别，使农业真正地融入现代经济体系。

第三阶段有两个标志。一是农业就业人口绝对数减少，即农业就业人数出现趋势性下降。二是农业就业占比低于50%、高于15%。在20世纪80年代的时候，农业就业占比低于20%就相当于进入了第四阶段。但是，进入21世纪以来，学术界较为一致的意见是农业就业占比低于15%才算进入第四阶段。因为随着经济条件变化，观察最近20年发达国家数据会发现，几乎所有进入第四阶段的高收入国家，农业就业占比都在15%以下。

舒尔茨在《改造传统农业》中提到，只有引入现代生产要素才能够打破传统农业的高水平均衡，实现农业和经济的增长。然而，引入现代生产要素来改造传统农业，是以存在现代要素供应者为条件的，这些都有赖于工业化的成长。也只有当工业化初步实现之后，改造传统农业才能够进入快车道。另一方面，由于各个国家经济发展阶段和资源禀赋不同，在引入现代要素改造传统农业过程中，究竟应该采取什么样的技术进步方向，决定着一个国家农业现代化的成败。速水佑次郎和拉坦在《农业发展的国际分析》中系统总结美国和日本等国家近100年的农业发展经验，提出并验证了诱致性技术变迁的农业发展理论。在改造传统农业过程中，各国应该选择节约利用本国相对稀缺资源的农业技术进步方向，土地资源丰富者选择节约劳动力的方向，劳动力丰富者选择节约土地的方向。也就是说，各个国家要根据农业比较优势变化来选择适宜的农业技术进步方向，最终提高农业劳动生产力，缩小城乡差别和农工差别。用舒尔茨和拉坦的名字来概括这一阶段的特点是非常恰当的。另外，需要特别说明的是，运用现代要素来改造传统农业并不是非要等到第三阶段才进行。只要工业化发展有起色，工业化的成就能够为农业部门提供支持和帮助，无论是第一、第二还是第三阶段都可以，农业随时需要现代制造业的支持。只不过从发展进程来讲，第三阶段是运用工业化成果改造传统农业最快的时期。

大塚启二郎和樊胜根分别是速水佑次郎和拉坦的杰出弟子，他们在 2021 年联合主编出版了《农业发展：变化世界中的新视野》（Agricultural Development：A New Perspective in a Changing World），聚焦全球农业风险与挑战。在该书第二部分，分别就东亚、南亚、非洲、拉丁美洲和加勒比海、东欧和中亚等区域的农业技术进步和农业生产率变化经验进行了总结，进一步印证了速水佑次郎和拉坦诱致性技术创新理论的有效性。

四、约翰逊阶段（冬藏）

第四阶段叫约翰逊阶段，即高度工业化国家或者发达国家的农业。这一阶段的农业与非农业劳动生产率虽然还存在一定差异，但是已经不大，农业已经融入现代经济体系之中。特别是到了末期，农业与非农业在劳动生产率上达到了高度的一致，农工差别和城乡差别已经消失。这一阶段的主要任务是从大健康产业链的角度出发，注重农业环境价值的开发，注重优质农产品的开发，充分发挥农业在建立人与自然之间和谐美好生活方式中的独特作用。

进入第四阶段的标志有三个。一是人均国民收入或者人均 GDP 达到高收入标准。按照 2021 年 7 月世界银行标准，人均国民收入

（GNI）达到 12696 美元的为高收入经济体，达到 4096 至 12695 美元之间的为中等偏上收入，达到 1046 至 4095 美元之间的为中等偏下收入，低于 1046 美元的为低收入经济体。由于大部分国家人均 GDP 和人均 GNI 相差不大，所以有时候也常常用人均 GDP 来代表 GNI。二是恩格尔系数低于 30%。三是农业就业占比低于 15%。第四阶段就像是冬藏一样，经过第三阶段充分吸收工业化成果，传统农业已经转变为现代农业，工业化成果和科技进步的方方面面已经完全被现代农业所吸收，农业系统的体制得到了无与伦比的增强，有能力发挥更多样化的农业功能。第四阶段结束的标志是农业与非农业劳动生产率在高水平上达成一致，农工差别和城乡差别消失，农业转型完成，传统农业生产方式彻底转变为现代农业生产方式，传统农业国彻底转变为现代工业国。约翰逊教授在《扭曲的世界农业》一书中从理论上解析了发达国家采取农业保护政策的内在机理，是对第四阶段农业问题的本质概括，因此用约翰逊教授的名字来命名第四阶段是非常有意义的。

在由传统农业文明向现代工业文明转变的四阶段过程中，我们会遇到一系列性质不同的农业问题。例如，第一阶段和第二阶段的食物问题，第三阶段和第四阶段的农业调整问题或农业问题。这些问题事关农业与宏观经济关系的根本性质，放在下一章进行详细讨论。在这里，我们简要回顾中国农业转型所走过的道路。

1970 年之前，中国农业就业占比一直在 80% 以上，处于农业转型第一阶段。这个春生阶段不能简单地从 1949 年算起，还应该包括此前很长的历史时期。从清末洋务运动开始，中国民族资本在工业化上不懈地做出努力。没有这些在传统农业系统里面慢慢生长出来的一点点现代工业底子，我们后来的探索将会更加艰难。当然，真正能够有力度地孕育工业化的时期还是在新中国成立之后。因为只有民族独立了，才有可能在相对和平的条件下加快国家现代化的进程。

1970年至2003年为农业转型的第二阶段。虽然农业就业占比在1996年和1997年的时候就已经降到了50%的水平，但是直至2003年和2004年，一直在50%上下微弱波动，没有太大的变化。而且，从农业就业人数来看，从2004年开始才出现绝对的趋势性下降。早在20世纪90年代初期，农业就业人数已经达到峰值并开始下降。但是1997年亚洲金融危机之后，农业就业人数又出现一个趋势性回升，直到2003年。

中国农业转型从2004年开始进入第三阶段，加快提高农业劳动生产率，缩小农工差别和城乡差别是这一阶段的主要任务，乡村振兴恰逢其时。对照进入第四阶段的指标，一是进入高收入经济体，二是农业就业占比低于15%，三是恩格尔系数低于30%，虽然任务艰巨，但是保守估计，在2035年是可以进入第四阶段的。恩格尔系数早已低于30%。2020年中国人均GDP为72447元，约1.13万美元。第一产业GDP占比为7.65%，就业占比为23.6%。2021年人均GDP为12551美元。从人均GDP角度来看，迟至2024年中国就会进入高收入阶段。但是从农业就业比重来看，还需要很长时间。第一产业就业占比从2020年的23.6%下降到15%还需要多方面努力，其中最重要的是在确保非农业产业国际竞争力提升的基础上能够继续吸收更多的农业劳动力。2017年和2018年连续两年该占比维持27%不动，2019年开始降到25.1%。如果能够保持平均每年降低0.5个百分点的节奏，2035年就有希望降到15%以下，基本实现现代化的目标就可以达成。按照 2050 年全面实现农业现代化和全面建成现代化强国的目标来看，2035 年至 2050 年期间，将是我国农业转型的第四阶段。与发达国家相比，我们迟迟未能进入第四阶段，仍然任重而道远。英国于 19 世纪 70 年代，美国、法国和德国、日本分别于 20 世纪 50 年代、20 世纪 60 年代和 20 世纪 70 年代进入第四阶段。

五、提高农业劳动生产率的主要途径

一个国家处于农业转型第三阶段和第四阶段初期，其核心任务是要加快提高农业劳动生产率，从而缩小城乡收入差距和农工收入差距。从种植业角度来看，劳动生产率等于土地生产率乘以劳均耕地面积。当然，畜牧业也可以进行相应折算，最终都可以反映在种植业上。因此，提高农业劳动生产率有两个途径：一是提高土地生产率，二是提高劳均耕地面积。

提高土地生产率有两个方法，一是提高单位面积产量，二是调整品种结构。如果单产不能提高，我们就需要调整品种结构，由低附加值品种调到高附加值品种。戴思锐（2021）在《中国农业发展：过往与未来》一书中，论证了中国农作物单位面积产量的可提升性。据该书所提供资料，我国主要农作物单位面积产量并不算低，但与农业强国美国相比还有很大差距，除小麦、油菜籽和麻类单产比美国稍高以外，我国谷物、稻谷、玉米、大豆、薯类、花生、籽棉、甜菜、甘蔗、烟叶、水果单产分别只有美国的 78.43%、80.85%、55.63%、91.41%、8.42%、83.16%、64.46%、94.09%、93.76%、82.46%、9.61%。粮食、油料和水果单产显著低于美国。若与世界最高单产水平相比，我国主要农作物单产水平更显低下。如果跟中国技术可实现单产潜力相比，我国农作物单产提升空间还较大，具有不小的成长潜力。所谓中国技术可实现单产潜力，是指利用我国现有技术在一定区域已经实际达到的单产，即谷物 8250 千克/公顷、小麦 7500 千克/公顷、稻谷 9000 千克/公顷、玉米 9000 千克/公顷、大豆 3000 千克/公顷、薯类 6000 千克/公顷、油菜籽 3000 千克/公顷、花生 6000 千克/公顷。而我国 2016 年平均单产分别为谷物 5859.6 千克/公顷、小麦 5327.1 千克/公顷、稻谷 6861.7 千克/公顷、玉米 5971.3 千克/公顷、大豆 1796.3 千克/公顷、薯类 3753.8 千克/公顷、油菜籽 1984.1 千克/公顷、花生 3657.3 千克/公顷。

提高单产需要做好两方面的体系建设：第一，重建土壤生命系统，为提高单产提供基础保障。通过农田基本建设和土壤治理等方式，让土壤重新恢复有机生命系统的活力，遏制土壤侵蚀和地力衰竭。第二，加强种业领域创新能力建设和新品种培育。构建与种业发展相适应的一系列农业技术体系。调整品种结构也有两层含义：一是现有品种的优质化，即以提高农产品质量为核心，满足消费者需要的同时获得较高增加值。以提高农产品质量为基础加强农业品牌建设，通过质量声誉机制赢得消费者对农产品的品牌溢价。二是开发新的品种或功能。面对难以迅速扩大农业经营规模的困局，提高农业劳动生产率就需要在开发具有更高附加值的农业多功能上下功夫。近年来蓬勃发展的交通网络、通信网络、物流网络和电子商务，为各地特色农产品的销售提供了方便。即使没有规模经济的优势，也可以通过差异化策略而获得市场。除了传统的经济作物和园艺作物之外，还可以从大健康产业链角度，加强为生物医药、保健食品（如番茄红素、叶黄素、类胡萝卜素等）、休闲养生等高附加值产业提供原料的基地建设和生态环境建设。中国作为世界重要的农业起源地之一，各地都积累了大量宝贵的农业文化遗产。对这些各具特色农业文化遗产的挖掘和保护，在现代文化产业和现代旅游业基础上开发出一系列产品和服务，既可以提高增加值又可以传承我们悠久的农业文明。也就是说，通过加强农业供给侧结构改革来提高土地生产率，依然是提高我国农业劳动生产率的主要途径之一。

从长期来看，提高农业劳动生产率最有效最根本途径还是需要提高劳均耕地面积，这方面也有两条路径可走：一是直接扩大农业经营主体的经营规模，利用规模经济实现单位产品生产成本的降低；二是在近期或者短期无法扩大农业经营主体自身经营规模情况下，依靠各种社会化服务组织在农业生产服务领域的规模经济来努力降低农业生产成本，逐步实现整个农业生产活动向与大规模经营相适应的技术体系转变。例如，我们国家目前的小麦生产虽然是一家一户的农业经营，但是农业生产全过程几乎全是机械化。依靠各类农机服务组织，小麦生产实现了大规模农业机械的采用，虽然远未达到农业经营规模直接扩张所对应的单位生产成本最低程度，但是在目前的资源制约下既解决了农民的实际困难，又一定程度上降低了农业生产成本。长期农业经营规模的扩张，不仅需要有结构政策加以支持，还需要农业劳动力继续向非农部门转移。我国人均耕地面积远远低于世界平均水平，无法实现所有农产品都按照理想的规模进行经营。到 2030 年，按照劳动人口占总人口 60% 计算，劳动力数量为 8.7 亿。如果农业就业比重降到 15%，依然有 1.3 亿劳动力从事农业生产。即使届时耕地面积能严格控制在 18 亿亩以上，我国劳均耕地面积也只有 14 亩，远远低于耕地资源丰富的国家。

第五章　经济发展阶段与农业问题的转换

这一章的主题是经济发展阶段与农业问题的转换。第一节讨论食物问题、农业调整问题和农业问题；第二节介绍与农业问题转换密切相关的梯莫尔拐点。

第一节　经济发展阶段与农业问题的转换

我们在讨论农业转型四个阶段的时候提到，在第一阶段和第二阶段会遭遇食物问题，在第三阶段和第四阶段会遭遇农业调整问题或农业问题。那么这些问题的含义是什么？是怎么来的？这就需要回到三部经典著作。舒尔茨在 1953 年出版的《农业经济组织》中最早提出了食物问题（Food problem）和农业问题（Farm problem）的概念。约翰逊在 1973 年出版的《扭曲的世界农业》中对这两个问题做了进一步的梳理。速水佑次郎在 1986 年出版的《农业经济论》中不仅对食物问题和农业问题做了更详细的理论解析和实践论证，而且提出了农业调整问题（Adjustment Problem）这一新概念。这些概

念的提出，为准确理解不同经济发展阶段的农业问题实质提供了
方便。

一、低收入国家的食物问题

低收入国家和发达国家之间农产品市场的系统性差别决定了农
业问题的本质差异。在人均收入很低的时候，特别是农业转型初始
阶段，居民食物消费尚未得到充分满足，人均食物摄入量仅仅处于
维持基本生存的营养水平。人均收入水平稍有提高，就会马上购买
和消费更多的食物，食物需求的收入弹性非常大。与此相反，在人
均收入很高的时候，特别是农业转型接近完成的阶段，居民食物消
费已经达到饱和，即使人均收入水平再提高，人均食物摄入量也不
会再增加，食物需求的收入弹性接近于零。这一差异决定了低收入
国家的农产品需求增长不仅取决于人口增长速度，还取决于人均收
入提高所带来的人均消费量的增长速度。而发达国家的农产品需求
增长仅仅取决于人口增长速度，因为在食物需求的收入弹性为零情
况下，人均收入增长对需求变化不发挥作用。在人口增长速度方面，
低收入国家和发达国家之间也存在显著差别。越是收入水平低的国
家和地区，人们更愿意多生孩子，因为他们的生育决策仅仅考虑了
生育孩子的生物生存成本，导致低收入国家常常具有较高的人口增
长率。与此相反，越是发达国家，人们越是不愿意多生孩子，因为
他们的生育决策充分考虑了生育孩子的社会生存成本，而不仅仅是
考虑生物生存成本，从而导致高收入国家的人口增长速度较低。
1960 年至 1998 年的人口年均增长率，发达国家为 0.8%，发展中国
家为 2.0%，低收入国家为 2.1%。另一方面，从农产品供给来看，

发达国家的工业化进程业已完成，农业转型处于第四阶段或者已经结束，在完善的现代农业科技体系和现代农业装备体系支持下，农业技术进步非常快，甚至超过非农业，为农产品供给的快速增长创造了良好条件。与此相反，低收入国家由于工业化刚刚起步，现代农业科技体系和推广体系还很脆弱，农业技术进步较为缓慢，缺乏农产品供给大幅度增长的基础条件。根据速水佑次郎等对1965年至1995年农业全要素生产率的测算，发达国家年均增长1.8%，发展中国家年均增长0.1%，而低收入国家年均负增长0.8%。正是这些农产品供给和农产品需求的不同特点，决定了低收入国家和发达国家之间农业问题的本质差异。

低收入国家（包括发达国家当年刚刚开始工业化的阶段），处于农业转型初期和第二阶段。由于人口增长迅速、食物消费尚未得到充分满足，随着工业化发展和人均收入水平的提高，食物需求急速扩大。另一方面，低收入国家农业研究和基础设施投资较为薄弱，农业技术进步比较困难，农业生产率上升缓慢，导致食物供给的增长赶不上需求的扩张，从而形成食物价格不断上升的潜在趋势和压力。对于恩格尔系数较高的转型国家而言，食物价格上升意味着生计费用的提高，很容易使人民生活陷入困难状态，从而引发城市居民的食物骚乱。为了避免这种现象，就不得不提高工人工资。然而，提高工资对于依靠劳动集约型技术来发展工业的国家而言，必然会导致工业利润率下降，从而削弱进一步投资的积极性，使得以工业化为核心的经济发展陷入困境。这是一个农业国向工业国转型过程中必然遇到的困境。李嘉图在研究产业革命时期英国所遇到问题时就已经发现了这一现象。舒尔茨明确地把它称为食物问题（Food

Problem），也可以译成粮食问题。速水佑次郎在《农业经济论》中系统总结了解决低收入阶段食物问题的五条主要途径。

第一条是促进农业技术进步。因为食物问题产生的根源就在于供给增长赶不上需求增长，只有通过农业技术进步使得供给增长赶上需求增长，农产品价格才能够维持原有水平而不上升。这是一条根本途径。但是，越是不发达国家，越缺乏完备的农业技术研发与推广体系，无法从根本上利用这一良策来解决食物问题。从全球来看，只有英国当年在率先工业化的同时，在一定程度上做到了重视先进农业技术的研究和采用。

第二条是商业进口。从国外进口粮食来降低国内价格，保证工业化的发展。但是，建立在商业基础上的进口需要足够数量的外汇。而如果把有限的外汇用于农产品进口，势必导致发展工业化所必需的资本物品进口陷入困难。如果一国人口规模庞大，进口大量农产品还会导致国际市场价格大幅度上升，出现国际市场食物购买竞争的局面。实际上，大部分发展中国家几乎都没有条件能够做到这一点。从历史来看，也只有英国曾经通过这一途径解决了食物问题。历史上著名的李嘉图（代表资本家利益）与马尔萨斯（代表地主阶级利益）关于《谷物法》之争，发生的背景就是英国在工业化过程中遇到了食物问题。最终，以1846年废除《谷物法》为标志，英国开始大量进口粮食而保障了产业资本家的利益。在废除《谷物法》之后的三十年间，英国农业在没有保护的状态下反而幸运地存活下来，并进入了黄金时期。值得特别指出的是，这其中一个重要原因，是美国1861年至1864年的南北战争导致来自美国的农产品进口中断。

第三条是寻求外国食物援助。食物援助既可以减轻供给不足的压力，还可以节约进口农产品所需的外汇。但是，长期依赖外援有损本国农业基础，而且容易在其他领域受制于人乃至失去政治独立性。这是包括中国在内的大部分发展中国家所不能采用的。

第四条是进行殖民地掠夺。日本在工业化过程中遭遇了食物问题，曾经引发了著名的 1918 年大米骚乱，直接导致寺内正毅内阁垮台。以此事件为契机，日本加强了对朝鲜以及中国台湾和东北地区的殖民地掠夺，通过强制低价征购的方式获取大量廉价粮食，以解决日本国内的食物问题和军队需要。

对于大部分发展中国家而言，上述四条路是行不通的，只能选择第五条途径——农业榨取政策，即政府强制从农民那里低价收购粮食，然后分配给城市居民。这是低收入国家通常采取农业榨取政策的根本原因。也就是说，低收入国家在快速工业化过程中采取农业榨取政策，通过压低农产品价格来支持工业化发展，是不得已的事情，是客观规律使然。

二、发达国家的农业问题

进入高收入阶段，由于人口增长率较低和人均食物消费量接近饱和，食物需求增长十分缓慢，几乎等同于人口增长率。另一方面，由于发达国家具备完善的农业研发与推广体系，农业生产率提高非常迅速，导致农产品供给增长远远超过需求增长，从而形成农产品价格长期下跌、农业收入降低的潜在趋势。与此相比，非农业部门所提供的物品和服务因具有较高的价格弹性和收入弹性，只要需求增长率大于价格下跌率，非农部门的收入就可以持续增长。理论上讲，部门之间生产要素收益率的巨大差异可以通过将生产要素从低收益率部门转移到高收益率部门来消除。但是，农业部门中有两类生产要素是难以向非农业部门转移的。一是投在农业里面的农田水利和土壤改良等基础设施无法转移，如果不用只能浪费。二是上了年纪的中老年农业劳动力难以在非农业中找到就业出路。在劳动力等生产要素不能从农业迅速转移到非农业情况下，农业劳动的报酬率就会低于非农业，导致农业与非农业的收入差距拉大。收入差距拉大，以及劳动力转移过程中农民所承受的物质和精神负担加大，都会引发不满和社会不稳定。舒尔茨把发达国家出现的这一矛盾现象概括为需求增长停滞下的农业问题（Farm Problem），即农业经营问题。为了防止社会冲突、保护农民利益，发达国家常常采取价格保护、生产者补贴、增加农业投资、调整农业结构和完善农业保险制度等多种措施来支持农业。在乌拉圭回合农业协议达成，由关税与贸易总协定（GATT）转为世界贸易组织（WTO）的过程中，将农业支持政策分为黄箱（对生产和贸易产生扭曲作用的措施）、蓝箱（得以免除减让的与生产限制计划相联的部分直接支付措施）和绿箱（对生产和贸易不产生扭曲作用的措施）等三类来监督和调节各国对农业的支持保护程度。由于有专门的农业政策学来详细讨论农业政策目标、措施和实施效果，因此这里不赘述。

三、农业资源稀缺国家中高收入阶段的农业调整问题

速水佑次郎在研究东亚地区农业发展经验时发现，无论是进入发达经济的日本，还是由中等收入向高收入转变过程中的日本、韩国和中国台湾地区，由于人均农业资源极度稀缺，在快速工业化过

程中农业比较优势急剧下降，也会造成农业与非农业之间生产要素收益率的巨大差异。在农业劳动力和农用基础设施等资源无法向非农业部门转移情况下，依然会导致农业劳动者报酬远远低于非农业的局面，留下社会冲突和政治不稳定的隐患，因此也需要通过各种农业支持政策来保护农民的利益。速水佑次郎认为，无论是源于食物需求增长停滞，还是源于农业比较优势低下，结果都是农业生产资源投入过多引起了生产要素报酬下降，需要通过生产要素在产业之间重新配置来解决问题，因此都属于一般意义上的产业调整问题。所以，他认为舒尔茨有关农业问题（Farm Problem）的命名并不妥当，应该都统一称为农业调整问题（Adjustment Problem）。但是，我反而觉得没有必要去统一名称，用农业问题来对应高收入阶段食物需求增长停滞，用农业调整问题来对应农业比较优势急速下降，可以更好地区分造成部门间劳动者报酬差距拉大的成因。

决定农业比较优势的不是土地资源禀赋量本身，而是土地相对于资本等一般要素的相对禀赋量。在经济发展初期阶段，即使某个国家的土地禀赋量比其他国家少，如果其资本更少，那么这个国家的农业也可能具有比较优势。但是，随着经济发展和资本积累的增加，即使土地禀赋量不发生变化，其农业的比较优势也将逐渐消失。这就是日本、韩国、中国在经济高速增长过程中所经过的历程。在这些新兴工业化国家和地区，由于主要通过引进发达国家的工业技术来发展经济，工业技术进步的速度特别快。农业领域的技术引进，由于受到各地土壤和气候条件的制约，需要进行适应性试验，技术进步的速度不可能像工业那样快，甚至会失败。在与资本量相比土地资源相对量迅速下降和工业技术快速进步这两个因素的共同作用下，农业比较优势的下降速度格外迅速。因此，经济高速增长时期的日本、韩国和中国，即使尚未进入发达经济阶段也及时采用了农业保护政策。这是人均农业资源极度稀缺国家在中高收入阶段遭遇农业调整问题时的必然政策选项。

综上所述，从20世纪50年代开始到80年代，经过舒尔茨、约翰逊和速水佑次郎等经济学家的持续努力，发现并完成了如下经济发展规律的理论解析和实践论证：低收入国家在开启工业化的阶段必然会遭遇食物问题，不得不采取农业榨取政策；高收入国家因遭遇食物需求增长停滞所带来的农业问题，需要采用农业保护政策；农业资源极度稀缺的国家，在中高收入阶段还会遭遇农业比较优势降低所带来的农业调整问题，也需要采用农业保护政策。结合农业转型四个阶段，我们可以将这一规律进一步表述为：在农业转型第一和第二阶段，为解决低收入国家的食物问题，不得不采取农业榨取政策；在农业转型第三和第四阶段，为解决农业资源稀缺国家的农业调整问题和高收入国家的农业问题，必须采取农业保护政策。

速水佑次郎在2002年与神门善久合作，出版了新的修订版《农业经济论》。该版中文译本由沈金虎等学者合作完成，于2003年在中国农业出版社出版，我强烈建议每一位农业经济学者精读这一部著作。1995年我刚刚从日本回国参加工作，为本科生讲授农业经济学的时候，主要参考的是1986年版本《农业经济论》，向同学们讲解了低收入国家为什么要采取农业榨取政策，高收入国家为什么采取农业保护政策。当时我们国家还处在农业榨取政策阶段，但已经开始出现了研究农业保护政策的端倪。当时有两位很有影响的学者在这方面做了积极探索。一是北京大学卢锋教授1998年在《战略与管理》杂志上发表的《我国是否应当实行农业保护政策？——外国农业保护政策的经验教训和启示》，对农业保护的国际经验与教训做了系统总结，希望不要走保护小农的道路，是非常有影响的一篇文章。另外一位是程国强，当时他在中国农业科学院读博士，1993 年的博士学位论文专门研究农业保护问题，带有超前性。当时我在上课的时候就想，我们什么时候能结束农业榨取阶段？什么时候能进入农业保护阶段？没想到的是，中国经济发展非常快，仅仅十年后的 2004 年就进入了新的阶段，正式开启了全面支持和保护农业的新时代。

四、中国在解决食物问题时的共性与独特性

2004 年之前，我国处于农业转型的第一和第二阶段。在这两个阶段，为了发展国民经济和促进工业化发展，也采取了从农业中汲取剩余、以农补工的发展策略。只不过我们当时起步的基础条件更差。西欧国家工业化的起步得益于重要的资本原始积累，即哥伦布美洲大发现之后通过殖民地掠夺以及跨大西洋贸易所赚取的巨额财富。中国虽然在参与全球贸易中也赚取了白银，但是在近代割地赔款中早已经被损耗殆尽，有限的黄金白银储备又被蒋介石带往台湾。

新中国的工业化就是在这样的一穷二白基础上开始的，只能更倚重于农业和农民的牺牲奉献。陈锡文在 2018 年出版的《读懂中国农业农村农民》一书中回顾总结了新中国成立初期统购统销制度的艰难选择过程："从当时的可行性来看，国家工业化所需要的大量资金，相当大部分只能从农业中提取。只有通过低价收购农产品，才能实现低物价、低工资、低福利，才能将工商业产生的利润更多地

转化为国家的工业化资金。因此，压低粮棉油等主要农产品的价格，牺牲部分农业的利益，就必然成为当时为工业化提供积累资金的起点。面对粮食短缺的尖锐矛盾，当时的国家财经委提出了8种解决方案。两害相权取其轻，中共中央最后选定了统购统销的方案。所谓统购统销就是借助政权的强制力量，对农民的余粮全部实行按国家制定的价格统一收购，全社会所需要的粮食也全部实行按国家规定的价格统一供应，而农民自己食用的粮食数量和品种也必须由国家批准。农民的余粮只能卖给国有粮食机构，城镇居民只能向国有粮食机构购买口粮。由此，国家实际上关闭了粮食市场。"陈云在1953年全国粮食会议上曾经形象地描述了当时的粮食问题困境："我现在是挑着一担炸药，前面是黑色炸药，后面是黄色炸药。如果搞不到粮食，整个市场就要波动；如果采取征购的办法，农民又可能反对。两个中间要选一个，都是危险家伙。"1953年至2005年一直采取的征收农业税，以及1953年至1984年的农产品统购统销制度成为汲取农业剩余、为国家工业化提供资金积累的主要机制。最高峰时，曾经有200多项农产品被纳入统派购体系。为确保从亿万分散的农户手中低价收购粮食，自然也就诞生了与之相辅相成、互为依存的人民公社制度。20世纪60年代至70年代中期，由于长期低价收购，农民的农业生产积极性严重受损，食物问题也没有得到很好解决。

1978年，十一届三中全会在总结历史经验教训的基础上，提出了正确对待农民的基本准则，即"必须在经济上保障农民的物质利益，政治上尊重农民的民主权利"。此后中国开启了以家庭联产承包为突破口的农村改革，并从1979年夏粮上市开始把统购价格提高了20%，农民超购加价50%。这两项政策激发了农民的种粮积极性，粮食产量连续 6 年增产乃至 1984 年出现了卖粮难现象。在收购价提高而销售价不提高的情况下，财政负担加重，难以为继。于是从 1985 年开始废除统购统销制度，改为合同订购与自由出售相结合的"双轨制"，并一直持续到 1991 年。双轨制相当于从统购统销向市场机制的过度阶段，在一定程度上继续发挥了汲取农业剩余的作用。据李薇（1993）测算，1952 年至 1990 年期间，国家通过各种方式为工业化汲取的农业剩余总量累计达到 11594 亿元，扣除国家财政用于农业支出之后，农业部门资金净流出高达 9528 亿元。

随着双轨制退出历史舞台，另一项十分重要而又独具中国特色的土地征购制度，发挥了继续为工业化（特别是地方政府主导的工业化）提供资金积累的作用。这项制度的核心就是，在农村集体所有的农业用地转为非农用地时，必须首先被征为国有土地后才能进入一级市场。加快土地征购和土地农转非增值收益获取有两个重要时间节点。第一是 1994 年分税制改革，国税地税分开。地方政府为了正常运转，开始通过征地和卖地来获取运行经费。第二是 2003 年之后开始废除农业税和各种税费附加，地方政府进一步加快了征地和卖地的步伐。在集体所有土地变成非农用地的过程中，土地资本通常会有几倍乃至十几倍的增值，但农民得到的份额非常可怜。根据温铁军和朱守银 1996 年在《管理世界》发表的调研结果，大部分地区土地农转非增值收益中，农民仅仅能够得到其中的 5%—10%，村级集体经济得到 25%—30%，政府及各部门则得到 60%—70%。这一结果跟我们自己的调研情况基本一致，而且至今没有太大变化。国家通过土地农转非过程从农业和农村汲取的资金，绝对不亚于统购统销时期的数量。国土资源部网站资料显示，2001 年全国土地出让面积 0.66 万公顷，出让价款 0.049 万亿，当时还很小。2002 年土地出让面积 1.81 万公顷，土地出让价款 0.097 万亿元。2003 年之后废除农业税，开始对农业进行支持和补贴。土地出让面积一下子跳到 2003 年的 18.68 万公顷，是上一年的十倍。2004 年全国土地出让面积 17.87 万公顷，之后不断增加，基本维持在每年 20 万至 30 万公顷。2002 年至 2017 年，全国累计土地出让面积 360 万公顷，累计土地出让价款 34.17 万亿，相当于每亩 63 万元。假如说农民获得 10%，我们可以想象农民通过牺牲土地增值收益方式为国家现代化建设又一次做出了多么大的贡献。也就是说，低价从农民那里拿粮是低收入国家解决食物问题的共性措施，而低价从农民那里拿地则是我们的独特制度优势。

2004 年 9 月 19 日，时任中共中央总书记的胡锦涛同志在十六届四中全会第三次全体会议上讲话时提出两个倾向的重要论断："在工业化初始阶段，农业支持工业，为工业提供积累是带有普遍性的倾向，但在工业化达到相当程度后，工业反哺农业，城市支持农村，实现工业与农业、城市与农村协调发展也是带有普遍性的倾向。"虽然我们还是发展中国家，尚未进入高收入阶段，但是从 2004 年开始就对农业进行了全面支持和保护。回顾这一转变，原来我们恰恰处在农业转型的第三阶段，所走路线跟当年的日本和韩国是一致的。在快速工业化过程中农业资源稀缺国家的农业比较优势骤降所带来的农业调整问题必须借由农业保护政策加以解决。中国的经验进一步证明舒尔茨、约翰逊和速水佑次郎所提出的历史规律是正确的。中国并没有逃脱这样一个农业转型发展的必然规律。

第二节　梯莫尔拐点

梯莫尔在 1988 年提出农业转型四阶段规律之后，并没有停止对这一问题的探索。时隔 20 年之后，在 2009 年出版的《没有农业的世界》（A World Without Agriculture）一书中，他对农业转型的国际经验做出了更精练的总结，提出了一个新的规律，我称之为梯莫尔定律。

根据 1965 年至 2000 年 86 个国家的统计资料，他用一个简单的方法发现了这个规律。我们大家都熟知一个现象，那就是随着经济发展和人均收入水平的提高，农业在总就业中的比重和农业在国内生产总值中的比重都会出现下降的趋势。但是，没有人去挖掘背后的规律。用农业占 GDP 的份额减去农业占就业的份额，可以得到一个差值，我们可以称之为农业份额差。梯莫尔教授研究了农业份额差跟人均 GDP 之间的关系。他把按 2000 年可比价美元计算的人均 GDP 作为横轴，把农业份额差作为纵轴，86 个国家 36 年的数据形成一个漂亮而又规律的散点图，据此可以绘出一条明显的 U 型曲线，那就是随着人均 GDP 的提高，农业份额差呈现先扩大后缩小的变化规律。这条 U 型曲线有两个关键点：一是农业份额差从扩大趋势变为缩小趋势时的转折点（Turning Point），我称之为梯莫尔拐点；二是农业份额差缩小为零时的结束点（Ending Point），我称之为农业转型结束点。结束点意味着农业部门完全变成了现代农业，农业与非农业之间的劳动生产率在高水平上达成了一致，农工差别乃至城乡差别消失。而整条 U 型曲线则代表了农业转型的全过程，在梯莫尔拐点到来之前农业与非农业之间劳动生产率差距不断拉大。过了梯莫尔拐点之后，农业与非农业之间劳动生产率差距不断缩小，直至最终消失。梯莫尔拐点的重要意义在于拐点前后的社会压力完全不一样。在梯莫尔拐点到来之前，随着工业化的发展，农业与非农业之间劳动生产率的差距不断拉开，城乡居民收入差距也随之不断扩大，农民在这一转型过程中要承担各种各样的痛苦和负担，必然会带来一定的社会问题和政治压力。只有早日到达梯莫尔拐点，农业与非农业之间的劳动生产率差距才能不断缩小，政治压力也会越来越轻。因此，梯莫尔拐点就像刘易斯拐点一样，标志着一个国家的经济发展达到了新的阶段。关于中国农业转型过程中农民所承受的诸多痛苦，叶敬忠团队从社会学角度，对中国农村留守儿童、留守妇女和留守老人等三个独特群体的真实生活状况和现实需求进行了深入调研和精彩的社会学解读。2008 年出版的《别样童年》《阡陌独舞》和《静寞夕阳》等三部著作，既是中国农业转型历史的鲜活记录，亦是中国社会学家人文情怀的高度凝结。

一、国际经验

经济发展达到什么样的水平，或者说人均 GDP 到多少时才能够到达梯莫尔拐点？为了回答这一问题，梯莫尔教授运用计量经济学方法估计了上述 U 型曲线，在此基础上求出梯莫尔拐点和结束点的具体数值，得出以下主要结论：

第一，根据 1965—2000 年这 86 个国家的统计资料，平均来看，人均 GDP 为 1100 美元的时候到达梯莫尔拐点。

第二，随着时代变化，到达梯莫尔拐点所需人均 GDP 水平不断提高，并不是一成不变的。1965 至 1974 年为 1109 美元，1975 至 1984 年为 6379 美元，1985 至 1994 年为 7880 美元，1995 至 2000 年为 15484 美元。也就是说，随着经济发展水平不断提高，达到梯莫尔拐点所需要的人均 GDP 越高。这意味着目前仍处于农业转型第二阶段初期的国家，成功实现农业转型将会变得越来越困难。

第三，亚洲国家与非亚洲国家存在显著差异。亚洲国家人均 GDP 为 1600 美元时就可以到达梯莫尔拐点，而非亚洲国家则需要人均 GDP 高达 11000 美元时达到梯莫尔拐点。

以英国为代表的率先实现工业化的发达国家，在农业转型中也遵循了同样的规律，基本上都是在人均 GDP 为 1000 美元时达到梯莫尔拐点。英国早在 1800 年之前就已经达到梯莫尔拐点，欧洲大陆国家则在 20 世纪中叶之前都经过了梯莫尔拐点。

二、亚洲国家的独特性

为什么亚洲国家人均 GDP 在 1600 美元的时候就达到梯莫尔拐点，而其他国家则需要 11000 多美元？梯莫尔教授对此做了进一步的分析。他发现亚洲国家在尚未达到高收入阶段的时候，就很注意在工业化进程中及时改善农业的贸易条件。所谓贸易条件，就是指农产品与工业品之间的相对比价。比价越高，越有利于农业部门。贸易条件的改善源于日本和韩国等农业资源稀缺国家为解决快速工业化过程中遇到的农业调整问题而及时采取的农业支持保护政策。也就是说，面对农业比较优势急剧下降的局面，及时对农业进行支持和保护有助于尽快达到梯莫尔拐点，从而减轻农业转型所带来的社会痛苦，降低社会冲突的发生概率。这是一个非常重要的经验。

三、中国的梯莫尔拐点

我们以同样方法可以绘出 1952 至 2020 年中国农业转型曲线。这条曲线在总体趋势上跟梯莫尔提出的 U 型曲线相一致，但是也有自己的特点。中国曲线存在两个拐点，第一个拐点出现在 1978 年，第二个拐点出现在 2004 年，是一种双拐点结构。从 1952 年开始农业份额差不断扩大，经历 1958 年"大跃进"时期的巨幅反抽缩小后继续扩大。1978 年达到拐点后开始缩小，到 1985 年后不断出现反复，直至 2004 年之后开始进入趋势性持续缩小的阶段。2004 年中国人均 GDP 为 1508 美元，比亚洲国家平均到达梯莫尔拐点的 1600 美元还要低。我们的双拐点结构跟计划经济体制和户籍制度密切相关。户籍制度的存在客观上限制了城乡人口自由流动，因此在改革开放之前，较世界其他国家而言，更进一步放大了农业份额差。如果从严格意义上出现趋势性转折角度来判断，2004 年才是真正的梯莫尔拐点。但是，没有必要对此过于纠结。

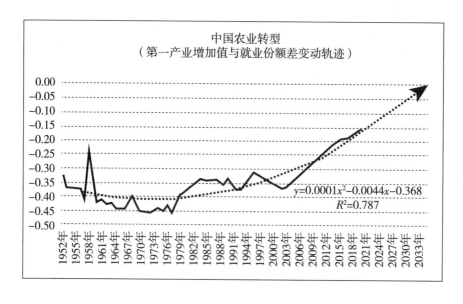

中国农业转型
（第一产业增加值与就业份额差变动轨迹）

$$y=0.0001x^2-0.0044x-0.368$$
$$R^2=0.787$$

2004 年开始，中国不仅加快了缩小本国农业与非农业劳动生产率差距的步伐，而且也加快了缩小与高收入国家之间农业劳动生产率差距的步伐。根据世界银行统计资料，可以测算 1996 年至 2015 年中国与高收入国家之间农业劳动生产率差距。高收入国家当中，除了希腊农业就业比重在 10% 至 15% 之间以外，所有高收入国家农业就业比重均在 10% 以下。日本是人均农业资源跟中国较为相近的东亚国家。因此，我们选取高收入国家整体平均水平、日本和希腊等三个尺度作为参照系，按照可比价（2010 年不变价美元）资料将各年度中国农业劳动生产率与这三个对照组的水平分别进行比较，可以看出农业劳动生产率相对差距的变化。在 2002 年之前，中国与三个对照组之间的农业劳动生产率差距一直维持在一定水平没有变化，几乎呈现直线状态。但是从 2003 年开始这三条比值线都开始出现上升趋势，农业劳动生产率差距明显趋势性缩小。不过，从绝对水平来看依然远远落后，2015 年中国农业劳动生产率为劳均 3122 美元，仅仅相当于高收入国家平均水平的 9.24%，日本的 13.93%，希腊的 22.06%。这意味着中国农业转型第三阶段和第四阶段的任务还十分艰巨。

为什么梯莫尔拐点前后农业与非农业劳动生产率差距的走向完全不同？这是由工业化发展水平或者说农业转型的阶段所决定的。最关键的就是刘易斯拐点。根据全国农产品成本收益调查资料，我们可以获得 1952 年以来的农业劳动日工价数据。按照居民消费价格指数 CPI 平减之后，可以得到农业劳动日工价指数序列。在 2003 年之前，这个指数序列几乎是一条直线，没有太大变化。但是 2004 年之后明显走出陡峭的上升趋势。这意味着 2004 年之后农业劳动的机会成本显著提升。虽然有关中国刘易斯拐点的具体测算存在争议，但是从 2004 年开始农业劳动日工价显著提升是一个不争的事实。2004 年至 2010 年，我们已经通过了刘易斯拐点。刘易斯拐点的出现，意味着边际产值等于零意义上的农业剩余劳动力已经转移完毕。在此之前，只要能够获得足以维持基本生存的工资，大量的农业劳动力就会转移出来，不会对农业生产带来任何影响。但是，刘易斯拐点出现之后，农业部门就进入劳动力边际产值大于零的阶段，只有不断提高工资才能转移更多的农业劳动力。也就是说，刘易斯拐点之后，劳动力变成了相对稀缺的要素，农业劳动的机会成本不断上升。在刘易斯拐点之前，农业部门存在大量的剩余劳动力，没有必要寻求节约劳动力的技术，农业生产环节的劳动分工也难以推进。而现代工业部门天然需要通过精细分工来提高劳动生产率。这样就会出现农业与非农业劳动生产率差距逐步拉大的局面。但是，一旦过了刘易斯拐点，在农业劳动机会成本上升的刺激下，节约劳动的技术才会在农业部门广泛采用，农业生产环节的劳动力分工才能够日益深化。新中国成立以来，我们虽然一直倡导农业机械化，但是，真正进入全面农业机械化时代的还是在 2004 年刘易斯拐点之后。也是在刘易斯拐点之后，农业生产领域的各类社会化服务组织才进入一个快速发展的新阶段，因为农民对农业生产领域的分工需要越来越强烈。因此，梯莫尔拐点跟刘易斯拐点之间存在着内在联系，两者的经济发展逻辑是一致的。

无论从哪个意义上说，2004 年前后这段时期对于中国经济而言都是值得记住的关键时段。正是这一时段，中国进入刘易斯拐点；正是这一时段，中国到达梯莫尔拐点；正是这一时段，中国结束了几千年的皇粮国税；正是这一时段，中国从农业榨取转向全面农业保护；正是这一时段，中国进入农业转型第三阶段，迈开加速缩小城乡差别和农工差别的新步伐。

第六章　农业增长的源泉

前面几章我们从总体论和历史阶段论的角度讨论了农业与宏观经济之间的关系。从第六章开始，我们依次研讨农业增长、经济周期、通货膨胀、货币政策、环境宏观经济和开放经济等分论。这些议题贯穿经济发展过程的每一个阶段，是研究农业与宏观经济关系中十分重要的关注点。

本章首先从理论上梳理农业增长的主要源泉，然后介绍中国农业增长和世界农业增长的经验。农业增长和农业发展是两个既有区别又有联系的概念。从英文角度来讲，农业增长即 Agricultural Growth，它强调的是农业产出量的变化。农业发展即 Agricultural Development，它强调的是整个农业系统的变化。如果借用生物学的概念，发展其实就是发育。发育是指整个农业系统，从传统的那样一种体系向新的另外一种体系转变的过程。这个发育过程，除了量的增长以外，必然会伴随方方面面的结构转变。还是借鉴生物学概念，从细胞到组织，到器官，一直到系统，都会发生一系列的变化。农业发展也是一样，在农业增长的同时一定会伴随各种制度、技术以及产业组织的演化。低收入国家食物问题的解决主要依赖于农业增长，而高收入阶段更多关注农业经营状况的好坏，这里仅仅选取量的增长来加以讨论。

第一节　农业增长的源泉

从供给角度来看，农业增长的源泉主要包含四个方面：一是投入变化；二是生产率变化；三是结构转换；四是制度变迁。从基本逻辑角度来说，增长仅仅取决于投入变化和生产率变化。但是，由于农业产出是多种产品的总和，产品结构以及相应的要素结构也会对增长产生影响。制度变化通过约束条件和激励机制的改变同时影响投入、生产率和结构，在增长原因分解时也需要充分加以考虑。

一、投入变化

在经济学领域，我们把产出与投入之间的关系称为技术，具体则表现为生产函数。也就是说，所谓技术就是生产函数。从一个生产函数变为另一个生产函数，意味着技术发生了改变。我们以单一产品和单一要素为例，解析产出增长的原因。多产品和多要素情况，逻辑道理一样，只不过需要考虑产品之间、要素之间、产品和要素之间比价关系以及要素之间的替代关系。

在技术不变，也就是生产函数维持原有状态不变情况下，通过要素投入变化来增加产出只有两种情况：要么是原来的投入不足，要么是原来的投入过量。所谓不足，是指边际产量（产值）大于零；所谓过量，是指边际产量（产值）小于零。这两种情况下，通过改变投入量都可以带来产出增长。那么，为什么投入会发生变化，或者说为什么原来会出现投入过量或不足？原因非常复杂。投入不足有两种情况：一是要素可获得性差。也就是说，这项投入的供给存在制约，有钱也买不到所需要的量。一旦提高可获得性，投入就能够增加，从而带来产出增长。二是要素具有可获得性，但是产品价格与要素价格的比值决定了最佳的投入量。当产品与要素的价格比值提高时，继续增加投入不仅可以增加利润，而且可以带来产出增长。因此，市场的基础条件以及市场价格变化决定着能否增加投入。投入过量的情况主要源于农民对该项技术的认识不足，不知道过量投入不仅不能增产反而会减产。例如，近些年农业部门推出的测土配方施肥和减肥增产技术深受农民欢迎，减少化肥投入不仅没有减产反而增产。这意味着有效的农业技术推广和农民技术培训是决定投入变化能否带来产出增长的重要因素。当我们看到关于投入增加对产出增长贡献的研究成果时，一定要清楚的是，这仅仅是投入增加所带来产出增长的份额记录，而决定增加这么多投入的还有很多其他因素。这是从理论上解析投入变化对产出增长的作用机制。在实际进行农业增长研究时，投入量估测本身是一件非常复杂的工作。这里我们分别就农业生产中的三类投入做一简单讨论。

（一）土地。研究人员常常用耕地面积或者农作物播种面积来代表土地投入量。但是，土地在农业生产中发挥的作用绝不仅仅是面积本身。因为，真正发挥作用的是这块土地上所承载的各种土壤成分，包括各类营养成分的含量、微生物种类和数量、水分、有机物种类和数量等。也就是说，除了面积之外，还需要考虑土壤的质量和分级。不仅如此，伴随着一块土地发挥作用的还有所在区域的气候条件，诸如光照、气温、降水以及自然灾害等。土地其实是代表着一个区域在农业生产中发挥作用的所有自然资源禀赋投入。持续多年向好的气象条件，有助于农业增产。同理，持续多年向坏的气象条件，则会导致农业减产甚至绝收。

（二）劳动力。有关农业生产中劳动力投入的测算需要考虑两个方面的问题：一是选择劳动力数量还是劳动投入的工时数，直接会影响劳动力投入变化对农业增长的贡献程度；二是劳动力质量或者说劳动力的异质性。文化程度高、接受良好农业技术培训的劳动者更有助于掌握新技术。有经验的老农，比起没有经验的初学者更能够有效地把握农时。因此，劳动力投入指标选择差异，也会直接影响对劳动力贡献程度的估值高低。

（三）资本。农业资本分为五大类：第一是土壤改良，包括设置围栏、修建梯田、种植多年生木本植物、修建灌溉设施和中低产田改造等。第二是农用建筑物，包括牲畜厩舍和谷仓等。第三是农机具。第四是大牲畜。第五是流动资本，包括从农业部门之外购买的饲料、化肥、农药、兽药、薄膜以及生长中的作物和产品存货。收集这五类资本项目的可信数据非常困难，也很难完全获得。在实际研究中有可能忽略其中很多项。还有一个难点就是究竟应该选择资本存量还是资本流量？有人争议说理论上应该考虑到资本流量，但实际发挥作用的依然是整体。因此，选择不同的资本项目，数据来源不一致，或者存量或者流量，最后会导致估计结果千差万别。

二、生产率变化

我们还是先以单一产品和单一要素为例来分析产出增长的第二

个原因，即生产率的变化。所谓生产率是指一单位要素投入创造了多少单位的产出，常有劳动生产率、土地生产率和全要素生产率之分。所谓全要素生产率是指总投入的生产率，而总投入相当于各项生产要素的加权平均值。

（一）技术进步。在投入不变情况下实现产出增长，原因就在于生产率提升。而生产率的提升则源于技术进步，即生产函数发生改变。当然，实际生产中常常在技术进步的同时也会发生投入的改变。这时的产出增长既来源于技术进步，也来源于投入的增加。因此，从本质上讲，全要素生产率提升就是技术进步的代名词。

（二）技术效率。不过，上述结论只有在经济生活严格按照生产函数的轨迹来运行才能够成立。而实际社会中我们看不见生产函数，或者说生产函数只是一种理论抽象，现实中是摸不着看不见的，只有通过统计学或者计量经济学的手段来进行估测。而这种估测又是以观测值为基础进行的。这就会出现有些观测点并没有落在生产函数曲线的情况，观测点的实际产出跟相同投入所对应的生产函数线产出是不同的，二者之间的比值称为技术效率，二者一致时技术效率最高，比值为1。也就是说，实际达到的产出水平跟应该达到的产出水平之间的比值为技术效率。就像一个人的酒量为1斤，这次他喝了0.8斤，那么他这次喝酒的技术效率为0.8，但是下一次他喝了1斤，技术效率就为1。那么，在农业生产领域，即使生产函数本身并没有发生变化，也就是说没有发生技术进步，但是技术效率提高了，也可以带来产出增长。这时的生产率提升不是源于技术进步，而是源于技术效率提升。之所以技术效率提升会带来产出增长，原因在于一项技术的熟练运用从而达到生产函数所对应的水平，需要一定时间，不是所有农户都能够一下子都达到相同的熟练程度。这既有农户个人及家庭的原因，也有农业技术推广体系服务是否完备的原因。而估计技术效率变化对农业增长的贡献程度，受到所采用生产函数形式的影响。根据观测值的散点分布状况，采取平均形式的生产函数跟采取边界形式的生产函数，所得到的技术效率估计差异很大。技术效率和技术进步二者之间存在一定的贡献份额争夺。原因在于平均生产函数和边界生产函数的选择本身就形成了两条曲线，好像是技术进步一样。但实际上技术没有变化，只是因估测方法不同，把应该归因于技术效率的部分归因于技术进步，或者把应该归因于技术进步的部分归因于技术效率。生产率变化分解为技术进步和技术效率之后，还需要进一步细分，因为还存在不属于技术进步和技术效率但是能够造成生产率变化的其他因素。

（三）配置效率。接下来的一个因素叫配置效率。它主要源于增长分析过程中的价值核算。研究农业增长，既需要对所有农产品进行加总，也需要对生产要素进行加总。由于是多产品多要素，只能根据产品价格和要素价格来进行价值加总。也就是说，在计算农业总产出的时候需要以价值的形态来核算。那么在加总过程中，所采用的价格因素必然会影响农业增长原因的分解。在一个没有扭曲的市场里，价格可以起到很好的调节资源配置的作用，社会产出水平也能够达到最优。与此相反，在一个存在严重价格扭曲的市场里，价格不能够充分反映资源的稀缺程度，从而无法将资源引导到最优的配置状态。政府的价格干预以及市场结构的类型与不完全竞争程度都会影响一个行业最终的要素投入和产出水平。市场扭曲程度改善所带来的产出增长，可以理解为配置效率的提升。因此，以价值形态指标来分解农业增长原因的时候，有可能会出现把配置效率提升的贡献归功于技术进步和技术效率的情况。如何更合理地估测配置效率提升对经济增长的贡献，是学术界的一大难题。盛誉等（2021）在一篇最新文献中，探讨了价格信息在农业生产率跨国比较中的作用，揭示了不同指数方法的估测结果差异。

（四）规模报酬。从理论上讲，生产函数既然就是技术，那么只要生产函数确定了，就不需要再做其他有关技术的讨论。但是，在过去研究增长的时候，常常采取的是规模报酬不变的生产函数。而实际上很多产业存在着明显的规模报酬递增，或者存在明显的规模经济，这个时候就会有偏差。估计生产函数从规模报酬不变改为规模报酬递增，就会出现一定差异。也就是说，我们观察到的农业产值增加，除了刚才讲的那几个因素，技术进步、技术效率提升和配置效率改进，还有可能是因为存在明显规模报酬递增。因此像早期那样，把全要素生产率变化仅仅归结于技术进步，就会存在严重的偏差。

（五）技术进步方向。如前所述，我们把全要素生产率变化进一步分解为技术进步、技术效率、配置效率和规模报酬等四个方面。但是，其中最核心的还是技术进步。技术进步在理论上是从一个生产函数变成另一个生产函数，在实践中则是从一套已有的代表性技术体系转向另一套新的代表性技术体系。技术体系的转变同时体现了技术进步的方向。速水佑次郎和拉坦在《农业发展的国际分析》这部著作里，提出了一个非常有名的诱致性技术变迁理论。不管是市场经济国家还是非市场经济国家，农业技术进步的方向，都是去寻找可以替代相对稀缺资源的新技术。也就是说，资源的相对稀缺性决定着农业技术进步的方向。土地稀缺的，节约和替代土地；劳动力稀缺的，节约和替代劳动力。通过对 1960 年至 1980 年 44 个国家和地区土地生产率和劳动生产率变化经验的分析，他们归纳出三条典型的长期农业增长路径。

第一条是日本为代表的亚洲路径。耕地面积与农业劳动者之比处于劳均 1.0 公顷水平。土地生产率最高而劳动生产率最低。在亚洲，土地是很久以来制约产量提高的主要因素，因此人们通过化肥等人造投入品来替代土地，使有限的土地获得最大的经济产出。不过，即使是这样人均农业资源有限的国家，在经历了早期以提高土地生产率为主的农业发展方式之后最终也转向了依靠提高劳均耕地面积为主的农业发展方式。

第二条是丹麦和法国为代表的欧洲路径。劳均耕地面积处于 10 公顷水平。土地生产率和劳动生产率均介于亚洲国家和新大陆国家之间，属于中间水平。既重视节约土地也重视节约劳动力。

第三条是以美国为代表的新大陆路径。劳均耕地面积处于 100 公顷水平。长期制约新大陆国家产量增长的主要因素是相对缺乏弹性的劳动力供给。为了消除这种制约，农民便用动力和机械替代劳动以扩大每个劳动者的耕地面积。这些努力使新大陆的发达国家获得了农业劳动生产率方面的绝对优势，但是土地生产率一直处于相对较低水平。

无论哪一种路径，最终都实现了农业劳动生产率的提高。

三、结构转换

结构转换对农业增长的作用，比较容易理解。产品结构和要素构成的变化，必然会对整个产出的变化产生影响。有的学者在研究时，愿意把结构转换的作用也归类为全要素生产率变化，因为结构调整本身意味着配置效率的改变。从这个意义上说，也可以这样归类。但是，如果将结构转换单独分解出来，更有助于把握整个农业产业的内部结构变化及其影响。

四、制度变迁

制度变迁直接影响经营主体或者市场各方参与者的积极性，借此影响产品、投入和技术的选择。制度变迁内容非常丰富，对农业发展具有长期影响的主要有五大类制度：激励机制和财产权保护体系、市场体系、产业组织体系、农业政策和农业研发与推广体系。

（一）激励机制和财产权保护体系。历史经验表明，土地制度是决定一个国家农业乃至经济发展成败的最重要制度之一。土地制度变迁，不仅对农业经济产生影响，甚至关乎政治稳定。中国共产党之所以能夺取新民主主义革命的胜利，其中一个重要原因就是在苏区和解放区迅速实行土地制度改革，让农民获得土地这一重要生产资料。日本投降后，解放军迅速抵达东北。为了能够促进东北地区迅速解放，瓦解国民党当时在东北的势力，共产党率先进行了土地改革。这个时候的东北不像老解放区，没有土改的经历。土地改革之后，农民得到了实实在在的好处。他们为了保护自己的土地权益，愿意加入解放军，积极投身解放战争的伟大事业。东北的土改，无论是经济还是政治乃至军事上都产生了深远的影响。改革开放初期的农业快速增长，在很大程度上得益于家庭联产承包责任制的实施。

（二）市场体系。市场体系对农业发展的影响主要体现在两个方面。一是市场是否公平。也就是说，有没有运行良好有效的反垄断制度。二是市场一体化程度。地方之间是割据的还是一体的？从历史经验来看，市场体系逐渐由地方分割演变为全国一体，乃至世界一体。市场一体化的程度受到市场管理制度以及基础设施建设状况的影响。良好市场体系有助于快速准确地传递价格，从而充分发挥调节资源配置的作用。

（三）产业组织体系。为了提高市场上的竞争地位，避免受制于各方垄断势力控制和束缚，农民需要组织起来。例如，农民可以通过组建合作社来降低市场交易成本，提高交换地位，同时在农业技术采用上也带来很大方便。

（四）农业政策体系。对农业部门征税还是进行补贴，直接影响到农业增长。如何取舍，跟我们前面谈到的经济发展阶段密切相关。在农业转型的第一阶段和第二阶段，为了解决食物问题，不得不牺牲农业来支持工业化发展，这个时候对农业来说采取的就是课税的政策。一方面需要农业增长，另一方面又限制了农业增长，就是在这样一个矛盾中不断前进。只有到了第三阶段乃至第四阶段的时候，上述矛盾才得以缓解，转而需要对农业进行补贴，来解决农业调整问题和农业问题。农业转型进入第三阶段之后，才真正进入了快速发展新阶段，因为这时候既有补贴政策支持，又有可以依靠的工业化成果。

（五）农业研究发展与推广体系。这一制度非常重要。在传统农业时期，研发推广体系非常薄弱。随着经济发展和工业化的实现，不仅有越来越强大的财力来支持农业，而且农业技术创新和推广体系也日臻完善。农业发展越来越依赖多种农业功能的技术创新与扩散。

在进行经济增长因素分解时，制度变迁常常被归类为全要素生产率的变化。也就是说，全要素生产率变化中包含制度变化。这是不恰当的，原因是什么？因为制度变迁，不仅对生产率有影响，同时对投入决策也产生影响。实际上，制度变迁跟前面谈到的投入变化和生产率变化，在逻辑上不是一个层面的东西，是不应该放在同等位置上进行分析的。在分解投入变化和生产率变化对经济增长贡献之后，应该单独深入分析制度变迁如何对投入变化和生产率变化产生影响，否则就是有严重偏差的。

第二节　中国的农业经济增长

关于中国农业增长的经验，我想分两部分做简要介绍。首先介绍中国历史上的农业增长，然后讨论有关改革开放之后中国农业增长的研究成果。

一、珀金斯的《中国农业发展（1368—1968）》

关于中国历史上的农业增长，有一部经典著作，就是珀金斯的《中国农业的发展（1368—1968）》，该书着重分析了 1368 年至 1968 年这 600 年间中国农业增长的源泉。珀金斯认为中国历史上的农民有能力提高粮食产量，他们在扩大耕地面积和提高粮食单产方面都做到了。到 20 世纪中叶，中国耕地面积是 14 世纪后期的 4 倍。粮食产量上升中有一半是因为耕地面积扩大，另外一半则是因为粮食单产的提高。珀金斯在这本书里面谈到唐宋时期，中国人口已经向华南、华东迁移，而明代特别是清代，西北、西南和东北成为移民的主要方向，因为原有的耕地已经开发完毕。满族人曾经局部地做到把汉族人排除在东北的老家之外，直到清朝末期才允许所谓的"闯关东"。两熟种植（如稻麦两熟和稻稻两熟）、水利工程建设（抗旱防涝和灌溉设施建设）和玉米薯类等美洲作物引入，是粮食单产提高的主要原因。从美洲引进的耐贫瘠土地作物品种不仅有利于耕地面积扩张，还促进了单产的提高。

中国农业技术里边比较大的重要改进，比如说铁制农具和牛耕，作物轮作和间套作体系，在汉代就已经成型。早在 14 世纪以前就非常成熟，之后没有明显提升改进。化肥、现代农机、电动机、水泵等现代农业生产要素是从 20 世纪 60 年代才开始引入农业。1966 年中国化肥进口量是 1957 年的一倍以上。在制度结构方面，从唐宋开始，商业就获得了很大发展。

总之，中国历史上的农业成就，一半源于耕地面积扩张，另外一半源于靠单产提高。而粮食单产的提高则来自世世代代农民的精耕细作。

二、改革开放以来的中国农业增长

关于新中国成立以来，特别是改革开放以来中国农业增长的研究文献十分丰富，难以穷举。我想简要介绍几篇经典文献，从中我们可以了解中国农业增长的基本情况。

第一篇经典文献是林毅夫在 1992 年发表在《美国经济评论》上题为"中国的农村改革与农业增长"的文章。在分析农业增长原因时，农业投入包括土地、劳动、资本和肥料，生产率包括家庭联产承包责任制推行程度、复种指数和非粮食作物比例。非粮作物比率相当于结构，复种指数代表着技术水平，把这两个放在生产率变化原因中进行分析是可以理解的。但是家庭农作改革不仅仅影响生产率也影响投入，那么完全归类于生产率并不太合适。好在他在后面用供给反应函数方法进一步分析了家庭农作改革以及价格变化（市场激励）对产值增长的影响，是对上述缺陷的一个弥补。无论如何，这篇开创性研究结果表明，1978—1984 年间中国农作物产值增长了42.23%。这一产出增长中有 45.79% 来源于投入的增加，48.64% 来源于生产率的提高。投入所致增长来源中，化肥使用增加最重要，单此一项就贡献了约三分之一（32.2%）的产出增长。生产率提高所致增长来源中，从生产队体制向家庭联产承包制转变最重要，仅此制度改革一项就使产出增长了 46.89%。制度变迁对改革开放初期中国农业增长的贡献非常巨大。

第二篇经典文献是樊胜根在 1991 年发表在《美国农业经济学杂志》上题为"技术进步和制度改革对中国农业生产增长影响"的文章。该文运用前沿生产函数方法估测了农业投入变化、技术进步和农村改革对 1965—1985 年中国农业增长的影响。结果表明，投入增加的贡献为 57.7%，技术进步的贡献为 15.7%，制度变迁的贡献为 26.6%。

钟甫宁和朱晶 2000 年在《中国农村经济》上发表题为"结构调整在我国农业增长中的作用"的文章，专门研究了结构调整在我国农业经济增长中的作用。学术界有关结构变化对农业增长的研究成果十分有限，因此这篇文章更显得珍贵。这篇文章研究结果表明，与 1978 到 1980 年期间相比，1996 到 1998 年间，按照可比价格计算，农业总产值增长了 222.4%。其中结构调整对农业总产值增长的总贡献率在 60% 左右，其中 33% 来自农林牧副渔各业之间的结构调整，27% 又来自各业内部的结构调整。由此可见，在 20 世纪末 20 年左右期间，结构调整对中国农业增长的贡献也是非常巨大的。

学术界关于中国农业增长的研究一直十分活跃。吴方卫等在 2000 年出版的《中国农业的增长与效率》中从较长视角分析了中国农业增长的结构与效率。乔榛等在 2006 年《经济研究》上发表的题为"中国农村经济制度变迁与农业增长"一文，把税费改革、财政支持和家庭联产承包制作为农业增长的制度因素，估测了 1978—2004 年各项因素对农业增长的贡献。李谷成等在 2014 年《管理世界》上发表题为"资本积累、制度变迁与农业增长"一文，进一步拓宽制度因素，除了原有的家庭联产承包责任制以外，还将价格体制改革、农村工业化、农业税改革、农业公共投资强度和农业开放程度等纳入制度因素，同时对农业资本的存量做了重新估计，在此基础上分析了 1978—2011 年不同阶段中国农业增长的原因差异。

鉴于全要素生产率在农业增长中的重要性，我想就这方面研究成果做简要介绍。樊胜根 1997 年在《食物政策》（food policy）杂志上发表题为"中国农业生产和生产率增长：新的测度与证据"的文章，对 1952—1995 年中国农业全要素生产率做了全新估算。根据新构建的全要素投入和全要素生产率指数数据（1952 年为 100），可以清晰看出中国农业增长的轨迹。第一个五年计划时期（1953—1957），在技术进步和制度变迁的共同推动下，中国农业全要素生产率稳步提高；"大跃进"时期（1958—1960），农业生产和生产率均遭到重创，农业总产值年平均减少 14%，全要素生产率年平均下降

15%；调整时期（1961—1965），农业生产迅速得到恢复，农业总产值年均增长 9.4%，全要素生产率年均提高 4.1%；"文化大革命"时期（1966—1976），农业生产完全按照政府指令和计划进行，农民收入跟其劳动努力程度没有紧密的关系，要素市场和产品市场均在政府控制之下，农民没有生产积极性，农业生产效率低下，这期间，农业总产值年平均仅仅增长 2.7%，而全要素生产率则几乎没有变化；改革开放第一阶段（1979—1984），在家庭联产承包责任制和农产品收购价格提高的作用下，农民农业生产积极性得以释放，农业总产值年平均增长 6.6%，全要素生产率年平均提高 5.1%；改革开放第二阶段（1985—1995），随着逐步废除统购统销制度乃至最终走向市场化，农业生产获得了进一步的发展，农业总产值年平均增长 5.6%，全要素生产率年平均提高 3.9%。

韩晓燕和翟印礼在 2009 年出版的《中国农业技术进步、技术效率与趋同研究》中分析了中国农业全要素生产率变化及原因。1981—2005 年，中国农业产出年均增长 4.47%，来自全要素生产率提高的贡献占 43.7%，来自投入增加的贡献占 56.3%。虽然生产率水平不断提高，但是远远没有达到应有的水平，原因在于农业技术效率下降。1981 年—2005 年，农业技术前沿指数从 1 提高到 3.1，但是农业技术效率却从 0.818 下降到 0.471，导致二者相乘的莫氏生产率指数从 1 仅仅提高到 2。技术效率下降意味着农业技术推广水平或者推广能力在降低，这是制约未来中国农业发展的一个关键症结。如何才能提高技术效率？一是要完善农业推广体系，二是要做好研发与推广之间的协调。这需要很具体很精细的政策安排。

郑志浩和程申 2021 年在《中国农村经济》上发表了题为"中国

粮食种植业 TFP 增长率及其演进趋势"的文章。这篇文章基于 1978—2018 年省级面板数据，采用纠正了投入要素内生性问题的超越对数随机前沿生产函数，分别估计了粮食种植业和主要粮食作物（稻谷、小麦、玉米）的 TFP 增长率及其分解指标，并利用 TFP 时间趋势回归模型，识别了粮食种植业和主要粮食作物 TFP 增长率的时序变动趋势。结果表明：第一，1980—2018 年，粮食种植业全要素生产率呈现为加速增长模式。粮食种植业的 TFP 年均增长率为 1.42%，技术效率对 TFP 增长基本没有贡献，技术进步推动了 TFP 增长。粮食种植业产出增长主要源于 TFP 增长的贡献。第二，1980—2018 年，小麦的 TFP 表现为恒速增长模式，稻谷和玉米的 TFP 表现为拐点分别在 2005 年和 1993 年的先下降后上升的 U 形模式，小麦、稻谷和玉米的 TFP 年均增长率分别为 1.69%、0.33% 和 1.30%，技术进步促进了稻谷、小麦和玉米作物的 TFP 增长，技术效率在 TFP 增长中对小麦有促进作用，对稻谷和玉米有延缓作用。小麦产出增长主要源于 TFP 的增长贡献，稻谷和玉米产出增长则更多地源于投入要素驱动。第三，2000 年后的粮食种植业和玉米的 TFP 增长率都显著高于 2000 年前，小麦 TFP 增长率于 2000 年前后没有发生显著变化，2000 年后的稻谷 TFP 增长率则显著低于 2000 年前。稻谷 TFP 增长缓慢主要源于以品种技术革新为代表的技术进步贡献不足，需要加快研发、推广和采用优质稻谷品种。玉米 TFP 增长率低于其投入要素增长率则是由于快速扩张的玉米种植面积与相应耕地质量不匹配，需要继续加强中低产田改造。

上述研究成果表明，以技术进步为核心的全要素生产率提升的确对中国农业增长发挥了重要的促进作用。具体来说，究竟有哪些技术进步呢？据农业农村部科技教育司（2019）对新中国农业科技发展成就的总结，新中国成立70年来，中国农业科技发展发生了从小到大、从弱到强的历史性变化。从几个农业试验场，发展成全球最完整的农业科技创新体系。

新中国成立以来，我国已从"靠天吃饭"的传统生产，发展成良种良法配套、农机农艺融合的现代农业技术体系。新中国成立后，毛泽东提出了"农业八字宪法"，一直到今天，都对实现科学种田起到了积极作用和深远影响。在品种培育上，我国农业生产的种子来源在很长一段时期是农民自留种，以矮化育种、远缘杂交、杂种优势利用等为代表的重大技术突破，促成了5—6次作物品种更新换代，粮食单产从新中国成立初期的69公斤/亩增加到目前的375公斤/亩，良种覆盖率达到96%以上。1973年袁隆平在世界上首次育成籼型杂交水稻，被国际农学界誉为"杂交水稻之父"。在病虫害防治上，新中国成立初期，蝗虫连年起飞成灾、小麦条锈病暴发蔓延、棉铃虫肆虐为害，几乎没有有效防治手段，经过几代人的努力，逐步建立起科学有效的病虫害监测预警与防控技术体系，确保没有发生大面积重大生物灾害。在设施农业上，从北方冬季只能吃上储存的萝卜、白菜，到依靠设施农业生产，实现了新鲜蔬菜和水果的周年供应，打破了水、温、光等自然条件对农业生产的限制，从塑料大棚、拱棚到现代日光温室和连栋温室，形成持续发展、总面积达到其他国家总和5倍以上的设施农业规模。

新中国成立以来，我国农业从"人扛牛拉"传统生产方式，发展成了机械化、自动化、智能化的现代生产方式，实现了从人力和畜力为主向机械作业为主的历史性跨越。目前全国农作物耕种收综合机械化率超过 67%，在部分领域、部分环节逐步实现"机器换人"，显著增强了农业综合生产能力。在农机装备研制方面，"东方红"200 马力拖拉机填补了国内大马力拖拉机空白，我国先后研制了4000 多种耕整地、种植机械、田间管理、收获、产后处理和加工等机械装备。在主要作物主要环节全程全面机械化方面，小麦生产基本实现全程机械化，水稻、玉米耕种收机械化率超过 80%，油菜、花生、大豆、棉花机械化作业水平大幅提高，畜禽水产养殖、果菜茶、设施园艺等设施化、机械化取得长足发展。在农业生产信息化、精准化、智能化方面，经过近 40 年的引进消化和创新发展，2018 年我国农业数字经济占行业增加值比重已达 7.3%，农产品网络零售额保持高速增长，2018 年达到 2305 亿元。我国智能农机与机器人、无人机植保服务、农业物联网、植物工厂和农业大数据等板块占全球农业科技市场比例，分别达到 34%、45%、34%、30% 和 30%。

新中国成立以来，我国农业从"大水、大肥、大药"的粗放生产方式，转变为资源节约环境友好的绿色发展方式。在农业节约用水上，20 世纪 50 年代以来，我国先后建成了 400 多个灌溉试验站，在旱作节水、滴灌喷灌等科技领域的理论方法、关键技术、重要装备以及管理规范等方面涌现出一大批优秀成果，节水灌溉面积达到4.66 亿亩。在化肥农药科学施用上，从 20 世纪七八十年代增产导向的过量施用，向目前提质导向的科学施用转变，实现了化肥农药从过量施用到现在的零增长、负增长转变。全面推广了测土配方施肥、水肥一体化的施肥模式，实施了有机肥替代化肥行动。创制了一批高效低毒农药和生物农药，农作物生物防控技术迅猛发展。在农业废弃物资源化利用上，农作物秸秆从单纯的燃料化向燃料化、原料化、饲料化、肥料化、基料化等多用途综合利用转变。畜禽养殖废弃物由直接排放向集中处理、循环利用转变，农膜使用带来的耕地"白色污染"，正在通过机械捡拾、统一回收处理、生物降解等方式逐步得到控制和解决。

目前，我国农业科技创新整体水平已进入世界第二方阵，农业科技进步贡献率达到 58.3%，为保障国家粮食安全、促进农民增收和农业绿色发展发挥了重要作用，已成为促进我国农业农村经济增长最重要的驱动力。

第三节　世界农业增长的经验

为了更好地了解世界农业增长的经验，在这一节，我想重点向大家推荐一本书，意大利经济史学家费德里科（Giovanni Federico）教授 2005 年撰写的《养活世界：1800—2000 年的农业经济史》，何秀荣教授 2011 年翻译完成。这是一部非常经典的农业经济史著作，覆盖了从亚洲季风区到美洲中西部草原的整个世界两个世纪的农业史。作者系统总结了工业革命以来世界农业发展所取得的成就，剖析了取得这些成就的原因。

中文版译者何秀荣教授提炼了本书的三大特色。其一，纵向视角、历史为镜。该书虽然名义上着重考察最近 200 年的农业发展，事实上全书始终将有史以来的农业发展、将世界各国可能在不同时间经历的相同发展阶段放在一个完整的时光隧道背景中进行考察和分析，这样得出的结论显然更经得起历史的检验。其二，横向视角、世界为镜。作者将一国一地发生的农业演变放到世界这个大背景中来进行考察和比较，从而使一个看似孤立的事件具有了世界联系，使人非常容易横跨地域空间找出共性和差异性，得到一般发展规律和经验教训。其三，综合视角、环境为镜。作者在讨论某一主题时，往往将影响该主题的多种主要因素作为事件环境放在一起作关联分析，使得读者能够以更宽广的视野来认识所讨论的主题，还原了现实世界原本错综复杂的相互作用。与以往讨论农业技术进步史不同的地方还在于，该书从经济学、社会学等学科视角进行阐述和分析，比如在探讨农业技术的创新和采用及其速率时，不仅从纯技术角度讨论前一技术与后一技术的差异，而且从经济学、社会学甚至政治学视角讨论了创新与采用的影响。

以一节之篇幅来概括一部巨著，是十分困难的。我想重点抽取两方面内容做一简要介绍。

一、为什么农业会不一样

工业革命以来，随着现代生产要素的引入，传统农业逐步转型为现代农业，但是世界各地的农业依然千差万别，其原因主要是环境限制和要素禀赋决定了各地的农业技术体系选择。

（一）环境制约

农业发展离不开环境。但是，最近几十年中，农业的自然特性已经发生了很大变化。经验让农民把自然当作敌人。为了生存，他们必须利用不合适的工具和贫乏的知识与虫害、天气、病害做抗争。农地是人类独创的产品，世代辛勤的劳作把沼泽、森林和草原转变成耕地和牧场。事实上，大多数土地是不适合农业的。即使到了经过长期拓垦后的今天，农业也只是将 130 亿公顷陆地面积中的 17 亿公顷用作耕地和林地，另加 35 亿公顷用作牧地。通过适当的投资和牺牲大多数原始森林，农用地面积仍可以扩大。但是，即使最乐观的估计，全部陆地中大约有 50%—60% 仍然不适合用于农业，除非出现某些令人难以置信且无法预期的技术突破。

从本质上来讲，环境通过四种方式影响农业。一是土壤质量、温度和可获得水量决定了一个区域可以生产什么，因为每种植物或者动物都有适合于自己的生存环境。二是作物生长需要从土壤中汲取氮磷钾等养分，这些养分必须均衡，否则庄稼迟早会因养分数量不足而减产。休耕有助于恢复土壤养分水平，休耕期长短是区分不同类型传统农业的特征之一。亚洲传统农业的集约度表明，休耕并不是恢复土壤肥力的唯一途径。灌溉水、粪尿、自然或人工栽培的植物、泥浆、骨头、油籽饼粕、鸟羽和鱼骸等都可以帮助恢复养分存量。三是植物生产遵循由生物特性决定的生命周期，具有明显的季节性。季节性和准确的农时把握直接影响作物的收成。四是通过天气和病虫害影响农业产出水平。19 世纪晚期和 20 世纪早期，锈病使美国小麦平均减产 5%—10%。1815 年坦博拉火山喷发的火山灰降低了欧洲气温，导致农作物严重减产和大量人口死亡。印度农业依赖热带季风的到达时间，雨量不足导致的大饥荒悲惨局面有 1876—1878 年的 800 万人死亡、1896—1897 年的 200 万人死亡、1899—1900 年的 340 万人死亡。饥荒 1928 年在卢旺达和布隆迪夺去了 180 万人的生命（约三分之一的人口）。19 世纪 90 年代中期的干旱使澳大利亚损失了约一半的绵羊。1845—1848 年由马铃薯枯萎病引起的爱尔兰大饥荒夺去了约 100 万人的生命。在过去两个世纪中，严重的植物病害使得很多农作物生产遭受打击，如 20 世纪前 40 年流行美国的象鼻虫病，19 世纪 40 年代至 1878 年先后发生的葡萄白粉病、根瘤蚜、霜霉病，20 世纪 20 年代香蕉巴拿马病，1850—1860 年间蚕孢子虫病，19 世纪 90 年代席卷非洲的牛瘟，1890—1900 年间匈牙利猪瘟。20 世纪 50 年代之后，通过使用抗性更好的植物新品种、杀虫剂、预防植病的药物、能够缩短关键作业时间的机械、更准确的天气预测等形式的技术进步，可以一定程度上削弱天气和病害对农业的影响，但是仍然无法完全摆脱。

（二）要素禀赋

世界各地农业系统的差异是由上述自然环境和要素禀赋共同决定的。土地与劳动力之比是衡量农业系统要素禀赋最重要的指标。从长期来看，只有"自然"是外生的，土地—劳动力之比是由人口增长和定居类型所决定的，而这些无疑会受到总体经济发展水平和经济发展阶段的影响。但是，在短期和中期，从农业的视角来看，土地—劳动力之比是给定的、难以发生重大改变。因此，土地—劳动力之比就决定了一定时期内的作物组合方式和技术。根据联合国粮农组织数据库资料，1950 年至 2000 年这半个世纪，世界劳均农用地面积从 4.1 公顷下降到 3.8 公顷，其中非洲从 7.9 公顷下降到 5.8 公顷，大洋洲从 222.6 公顷下降到 181.7 公顷，北美和中美洲从 31.5 公顷下降到 30.7 公顷，欧洲从 3.7 公顷上升到 11.4 公顷，南美洲从 20.2 公顷上升到 22.8 公顷，苏联从 8.5 公顷上升到 25.6 公顷，亚洲从 1.0 公顷上升到 1.3 公顷。农用地面积包括耕地、常年木本作物用地和牧场用地，劳动力是总的农业劳动力，没有按照劳动时间和熟练程度进行调整。也就是说，虽然要素禀赋的确发生变化，但是从劳均农用地面积的绝对差距来看，并未发生重大改变，这决定了各个国家相当长时期内的农业现代化方向。

为了加深对要素禀赋差异的理解，我们按照 2000 年劳均农用地面积由高到低次序对一些主要国家进行介绍：澳大利亚 1035.2 公顷、加拿大 184.4 公顷、美国 137.6 公顷、阿根廷 115.4 公顷、新西兰 95.3 公顷、南非 61.5 公顷、英国 32.9 公顷、法国 31.9 公顷、苏联 26.4 公顷、丹麦 23.6 公顷、西班牙 22.7 公顷、比利时 18.9 公顷、巴西 18.6 公顷、墨西哥 12.3 公顷、意大利 11.2 公顷、荷兰 7.7 公顷、土耳其 2.8 公顷、中国 1.0 公顷、泰国 1.0 公顷、巴基斯坦 1.0 公顷、印度尼西亚（爪哇）0.9 公顷、菲律宾 0.9 公顷、韩国 0.8 公顷、印度 0.7 公顷、缅甸 0.6 公顷、越南 0.3 公顷、孟加拉 0.2 公顷。

二、世界农业发展成就及其原因

费德里科教授将该书的研究结果总结为 15 个既成事实，提出人类不应该由于今后仍面临挑战而遗忘过去的成就。

1. 1800—2000 年，世界人口从不到 10 亿人增长到 60 亿人，增长了 6 至 7 倍。与此同时，世界农业生产以更快速度持续增长，同期至少增长了 10 倍。人均粮食占有量大幅度提高。今天，人类比以往任何时候都吃得更好。世界上每人每天平均可获得 2800 卡路里食物能量摄入，最低的撒哈拉以南非洲也有约 2200 卡路里。工业化前经常出现的大饥荒在世界大部分地区已经消失。

2. 农产品相对价格在 1850 年前上升，从那以后保持稳定和略微的下降。

3. 20 世纪初之前，所有要素的数量都快速增长。大约在 1950 年后，资本的增长没有减弱，但土地和劳动力的增长趋于减缓。

4. 在整个时期，农业全要素生产率呈现加速增长，经合组织（OECD）国家的全要素生产率在第二次世界大战后实现了非常快的增长。发达国家的农业全要素生产率增长不仅快于发展中国家，而且快于本国的制造业部门。

5. 农业生产增长主要归因于 19 世纪的投入物增长（"粗放型"增长）和 20 世纪的全要素生产率增长（"集约型"增长）。

6. 用于研发和推广的公共投资在促进农业技术进步上发挥了主要的作用。

7. 农业始终是一个非常具有竞争性的产业部门，这是因为农业生产的规模经济并不十分显著，大农场还受困于严重的激励问题。

8. 1800 年时，在世界上盛行的传统土地产权逐渐被现代产权所替代，但这一过程至今还没有完成。

9. 大多数国家在 20 世纪实现了土地改革和租佃制改革，但结果好坏参半，并不是所有国家土改都获得了成功。

10. 家庭农场在 19 世纪时已经相当普遍，其份额在 20 世纪显著上升。

11. 在整个时期，发展中国家的平均农场规模呈下降态势，而发达国家的平均农场规模直到大约 1950 年时都保持不变，之后迅速扩大。

12. 即使在传统农业社会中，要素市场和产品市场也得到了相当程度的发展。这一过程仍在继续之中，其速度远远超过现代经济的增长。

13. 20 世纪 30 年代是农业政策的分水岭,从一个几乎是完全"善意忽视"的时代进入了一个大规模干预的时代。

14. 1950 年后,发达国家实施了由消费者支付代价的农业扶持政策,发展中国家则为了实现工业快速增长的梦想而牺牲农业。

15. 实践证明,社会主义集体农业非常缺乏效率。主要是苏联和我国人民公社时期,集体化过程给农业带来了浩劫,造成了巨大的灾难。

第七章　经济周期与农业

上一章我们关注的是增长，这一章我们关注增长过程中的波动。关于经济周期有很多理论，一大批宏观经济学家在讨论这个问题。但是，我们在这里不去深入探讨这些理论，而是关注经济周期的类型以及农业在经济周期中的作用。

为什么要讨论经济周期和农业的关系？农业作为整个国民经济的一个组成部门，宏观经济波动跟这样一个部门的波动，有时候是一致的，有时候是不一致的，这又跟一个国家的经济发展阶段密切相关。讨论农业与宏观经济之间的联系，经济周期是一个无法绕开的话题。

关于经济周期，熊彼特（J. Schumpeter）在 1939 年曾经说过，"周期并不像扁桃体那样，是可以单独摘除的东西，而是像心跳一样，是有机体的核心"。特维德（L. Tvede）在 2006 年也谈道："关于经济周期问题：无法根治。但很有趣。人们可以修正经济的波动，但不可能完全避免，如果你想完全避免，事情就会变得更加糟糕。"也就是说，经济周期是客观存在的事实，你想彻底避免它不太可能，但是我们需要了解这样一种规律，可以去适应它，及时做出相应的调整。

第一节 经济周期类型

这一节主要讨论两方面内容：一是经济周期的类型；二是农业周期的类型。

一、经济周期类型

根据完成一个经济周期所需的时间长短，可以把经济周期分为以下五大类型：

第一，熊彼特周期，它是一个综合的周期。熊彼特以他的经济创新理论为基础，对各种周期理论进行了分析和总结。认为每一个长周期包括六个中周期，每一个中周期包括三个短周期。短周期大约为40个月，中周期大约是9到10年，长周期是48到60年。他以重大的创新为标志，划分了三个长周期。在每个长周期中仍有中等创新所引起的波动，这就形成若干个中周期。在每个中周期中还有小创新所引起的波动，形成若干个短周期。实际上他所划分的长周期，非常接近于康德拉季耶夫周期。

第二，康德拉季耶夫周期。它是1926年俄国经济学家康德拉季耶夫提出的一种为期50到60年的长周期。重大技术创新，会给整个经济带来从繁荣到衰退到萧条到复苏这样一种长期的波动。尽管对此还存在诸多争议，但是长周期理论的提出对于理解整个世界经济的变化，还是非常有帮助的。关于这一点，后面再做详细讨论。

第三，库兹涅茨周期，也可以理解为建筑周期。它是美国经济学家库兹涅茨1930年提出来的为期15到25年的周期，平均长达20年左右。这个周期主要以建筑业兴旺和衰落为主要划分标志。

第四，朱格拉周期，可以理解为中周期。它是1860年法国经济学家朱格拉提出的一种为期9到10年，也有人说是7到11年这样一种周期，以固定资产投资为主要标志。

第五，基钦周期，可以理解为短周期。它是1923年英国经济家基钦提出的一种为期两到三年的经济周期。基钦认为经济周期实际上分为主要周期和次要周期。主要周期就是中周期，次要周期是两三年、三四年的短周期，短周期主要通过库存变化来进行调整。

我想回过头来再谈一下长周期，即康德拉季耶夫周期的重要性。尽管实际生活中的经济波动不可能有那么准确的年数，但依据康德拉季耶夫提出来的长波理论，我们还是可以清晰地勾画出人类所走过的道路。人类历史上主要的经济周期其实都是由重大的技术创新所带动的。在长周期里面套着中周期，中周期里面套着短周期。第一波发生在1800年前后，也就是1780年到1842年，是以蒸汽机为代表的重大技术创新所带来的一种经济波动。第二波是从1850年，准确说是1842年到1897年这个阶段，是以钢铁和铁路建设为代表的长周期波动。第三波从1897年开始，也可以说是1900年左右，是以电气化和化学技术创新为代表的长周期波动。第四波大约从1950年开始，是以石油化工和汽车工业为代表的技术创新所带动的长期波动。第五波从1990年左右开始，是由信息技术兴起所带来的一个新波动。这个波动从20世纪90年代信息技术兴起至今还没走完，目前我们正处在这样一个大的周期过程中，但是由这一类重大技术创新所带来的繁荣期已过，接下来的 20 年是这一波的衰退到萧条阶段，也是为未来新一波技术创新做准备的阶段。那么，下一波更大的经济增长，究竟是由什么样的重大技术创新所引起，目前还不太好预测。由此可见，了解经济发展中的长波周期多么重要。只有认清长波中的变化阶段，我们才能够理解为什么当今的世界经济陷入了困境，因为由标志性重大技术创新所带来的经济快速增长潜力已经挖掘完毕，在没有新的重大技术革命之前，衰退和萧条阶段是十分难熬的。我们在本章第三节讨论农业危机的时候还会看到，正是在第二个长波，也就是钢铁和铁路技术的兴起，导致了第一次真正意义上的世界农产品市场的形成。在第一波蒸汽机带来船只动力提升的基础上，第二波的钢铁和铁路建设，使帆船变成了钢铁造船，大幅度降低了跨海跨洋贸易成本，再加上北美的铁路建设，大量农产品从北美可以很便宜地运抵欧洲。没有这些重大技术突破，世界农产品市场是不可能形成的。

接下来，我想向大家介绍一个非常重要的序列，即斐波那契数列。在讨论经济周期时，大家很少提及这个序列。但是，我觉得这个序列对于理解经济周期的类型还是有帮助的，存在着内在逻辑支持。斐波那契数列，因意大利数学家莱昂纳多·斐波那契（Leonardo Fibonacci）以兔子繁殖为例子而引入，故又称为"兔子数列"，指的是这样一个数列：0、1、1、2、3、5、8、13、21、34、55、89、144、233……一直延续下去，这个数列从第 3 项开始，每一项都等于前两项之和。随着这个序列越来越趋近于无穷大，即 N 趋近无穷大的时候，前后相邻两个数据之比，正好等于黄金分割率 0.618，所以斐波那契数列又称为黄金分割序列。为什么谈这个序列？因为它是人类对宇宙变化背后数量关系的一种规律摸索。回到前面讲的经济周期长波，康德拉季耶夫周期，45 到 60 年基本上对应于斐波那契数列的 55。库兹涅周期，15 到 25 年，可以对应于斐波那契数列的 21。朱格拉周期，7 到 11 年，对应于斐波那契数列的 8 或者 13。基钦周期，2 至 3 年，对应于斐波那契数列 的 2 或者 3。也就是说，短周期、中周期和长周期的数值处于大致的一个时间范围，不是固定的，但是斐波那契数列提供了相对比较准确的，一个时序上时间点。其意义在于提示我们，每当事物发展到一个关键的时序点，都会发生重大变化。

二、农业周期

农业周期是关于农业经济波动规律的概括。关于农业周期，我想主要讨论两方面内容：太阳黑子理论和蛛网理论。

（一）太阳黑子理论。英国经济学家杰文斯 1875 年提出的经济周期理论针对的不是农业，而是整个经济周期。他认为太阳黑子周期性变化，导致了经济的周期波动。太阳黑子的这种周期变化影响气候，进而影响农业收成。农业收成丰歉又会影响到整个经济。太阳黑子活动具有规律性，太阳表面上的黑子数目以十一年半为一个盛衰周期。这个规律是由德国天文学家施瓦贝在 1843 年首次发现的。随着经济发展和农业占国民经济比重越来越低，大家慢慢地觉得这个理论就不太重要了。实际上它是经济学家关于农业周期的一种观察。很有意思的是，这种观察在一定程度上很接近中国由来已久的五运六气学说，在侧面上提供了一个印证，运气学说的气候六十年周期变化恰好是太阳黑子活动周期的五倍，而地支本身也是十二年周期。

（二）蛛网理论。蛛网理论讨论的是价格动态变化的一种规律，像蛛网一样。主要原因就在于农产品供给针对价格变化做出的反应具有滞后性。农产品供给是根据上一期甚至是前几期的价格而做出的一种反应。而现实价格由当期供给和当期需求决定。供给反应的时间滞后性，导致价格围绕周期均衡点出现规律性的波动。这种波动有的时候是发散性的，有的时候是收敛性的，取决于农产品供给弹性和需求弹性之间的差异。

在经济学和农业经济学教材里大家都会谈到蛛网理论，这里就不再详细介绍。我只想举一个例子，就是生活中比较常见的猪周期。生猪生产的周期即使在美国也是客观存在的，原因就在于生猪生产，作为一个生命的成长过程，它需要时间。完整的一个猪周期大概是三至四年。猪周期背后最根本的原因就在于面对价格变化时供给并不能够及时调节，而是需要经历比较长的养殖周期。从开始补栏或者退出母猪以后一般需要经过 12 个月才能够看到生猪供给的变化。这一基本特征决定了无论中国还是美国几乎都是无法摆脱这个周期。决定猪价波动过程的一个重要指标就是能繁母猪存栏量，主要原因就是母猪补栏之后一年才能看到生猪出栏的增加。第一是母猪的后备阶段，需要 3 个月时间。第二是母猪的妊娠阶段，需要 4 个月时间。最后生出小猪以后，生猪育肥阶段需要 5 到 6 个月，加起来 12 个月。也就是说，从能繁母猪开始增减，到看到生猪出栏变化需要 12 个月之后。当然，育肥阶段的时间长短，养殖者通常会根据猪价和料价比值进行抉择。生猪产业这种自身的变化规律，如果叠加整个宏观经济波动，就有可能会出现非常复杂的波动效果。当猪周期与宏观经济周期一致时会加强农业的波动，当不一致时就会出现阻滞现象。例如，在 2021 年美国不断增发美元货币、全球大宗商品价格不断上涨的背景下，中国处于去库存和不景气阶段的猪周期，一定程度上缓解了通货膨胀的压力。如果生猪也处于能繁母猪存量严重不足阶段，那么猪价上涨就会加剧通货膨胀。

第二节　经济周期与农业的关系

农业作为国民经济的一个部门，其变化跟宏观经济周期有一致的地方，也有不一致的地方。过去在研究经济周期的时候，大家认为有一个统一的经济周期理论就可以了。但是，后来才发现，各国经济周期存在着明显的特征差异，农业恰恰是揭示这种差异的重要原因。处于结构转型过程中的发展中国家，其经济周期特点跟发达国家是完全不一样的。

一、理论演进

关于经济周期与农业的关系，经过学术界持续不懈的努力，形成了一定的共识。但是，仍然值得进一步深度挖掘。这里仅就该领域的主要理论进展做初步介绍。

（一）经济周期与农业的关系

美国经济学家汉森（Alvin H. Hansen）教授 1932 年发表的《经济周期及其与农业关系》一文从理论上系统地梳理了经济周期与农业的关系。

第一，经济周期波动是由现代经济的内部结构决定的。就像钟摆的周期波动是由钟摆的内部机械结构所决定的一样。资本主义生产方式、货币经济和交换经济等结构特征决定着经济周期波动。当外生冲击发生后，经济系统自身进行调整，从而形成波动的特征。这些冲击本身不一定具有周期性，只不过周期性冲击所带来的影响更为复杂。外生冲击主要包括发明、开拓新的经济区域、作物收成好坏等。经济周期是由诸多周期共同构成的，农业周期仅仅是诸多周期中的一个。

第二，经济周期与农业之间存在双向因果关系，而且随着农业从自给自足经济转向现代交换经济，经济周期对农业的影响越来越占主导地位。汉森指出，杰文斯等太阳黑子经济周期论并未在经济学界广为流行。第一次世界大战及其之后的历史表明，是经济周期的波动影响着农业福祉而不是相反。农产品价格与工业品价格的比值跟经济周期密切相关。1916—1919年的经济景气时期，农产品价格指数高于工业品。1921年的经济萧条把农产品价格打到工业品价格之下。1922—1929年，农产品价格上涨速度高于工业品，但是在1930—1931年大萧条期间，农产品价格下跌幅度又远远大于工业品。

第三，经济周期对农业的影响主要源自非农业部门购买农产品和吸收农业劳动力的波动。在经济繁荣阶段，制造业部门不仅购买大量农产品作为工业原料，工薪阶层在薪酬向好条件下也可以购买更多的农产品。在经济萧条阶段，底层企业从农产品市场退出，这样就会导致农产品与工业品的比价随经济周期而波动。这种农产品价格的周期波动，既不是因为农产品数量的变化，也不是因为农产品需求缺乏弹性，而是因为农产品消费支出总额和制造业吸纳农产品的能力跟随经济周期而上下波动。

第四，在经济不景气阶段，农业常常起到就业缓冲器的作用，农民常常用生产更多农产品的办法来抵御价格下降冲击。在经济萧条时期，制造业不仅仅不能够为农产品提供强大的市场，而且大量失业的存在抑制了对农业剩余劳动力的吸收，甚至会出现劳动力从城市向农村的回流。在经济萧条阶段，农业部门不仅要吸收自然增长所带来的农村人口，而且要吸收劳动力向农村的回流。这些人口和劳动力的压力都需要由农业部门来承受。为了生存，农民不得不在价格下跌的情况下努力扩大农业生产，这又进一步加剧了农产品相对价格的低落。

(二) 农业在解释经济周期差异中的作用

经济周期的研究兴盛于 20 世纪 20—40 年代，在 50—60 年代萎缩，70 年代复苏。1972—1982 年间，占统治地位的新古典经济周期理论是由卢卡斯（Lucas）创立的货币意外模型。从 20 世纪 80 年代早期开始，对总量不稳定性的新古典解释主要集中在实际冲击而不是货币冲击，从而促成了实际经济周期理论的兴起和发展。以基德兰德（Kydland）和普雷斯科特（Prescott）为代表人物的实际经济周期理论用技术冲击代替了货币冲击，整合了增长理论和波动理论，打破了宏观经济学分析中的长期与短期两分法，从而为体现总波动的典型事实提供了较好的解释（斯诺登等，2009）。经济周期与农业关系的研究进展也得益于实际经济周期理论的发展。

达若查（J. M. Da-Rocha）等在 2006 年发表的《农业在经济周期波动中的作用》一文中，运用实际经济周期理论论证了农业在解释经合组织（OECD）国家之间经济周期差异的作用。他们在经典的实际经济周期模型基础上，把生产分为农业和非农业两个部门。非农业技术包括物质资本和劳动两种投入，农业技术则包括物质资本、劳动和土地等三种投入。经济波动来源于技术冲击。以此理论模型为基础，根据美国实际经济数据进行校准，构建了基准经济模型，进一步以基准经济模型为参照进行了模拟实验。结果表明，农业在解释国家之间经济周期差异中的确具有重要作用，随着农业在总就业中的比重不断降低，各国的经济周期特征逐步趋向一致。

（三）转型国家的经济周期

经济周期的差异不仅仅存在于经合组织（OECD）国家，转型国家的经济周期跟发达国家之间更是存在明显的系统性差异。为了揭示这种差异的原因和内在机理，有三位学者通力合作，构建了转型国家的经济周期理论模型。挪威奥斯陆大学的斯特雷思勒腾（K. Storesletten）、中国北京大学国家发展研究院的赵波和美国耶鲁大学的基利波堤（F. Zilibotti）于 2019 年在美国国民经济研究局工作论文上（NBER Working Papers）合作发表了题为《结构转型中的经济周期：新古典视角下的刘易斯理论》的文章。在这篇经典文献中，他们提出了一个可以用来研究转型国家经济周期的理论框架。该理论框架以实际经济周期为基础，也是将生产分为非农业和农业两个部门。只不过，农业部门进一步细分为传统农业部门和现代农业部门。现代农业部门的生产函数包含资本和劳动两种投入，而传统农业部门的生产函数仅仅包含劳动投入，没有现代资本要素的投入。该模型的动态均衡演化分为三个阶段。第一阶段，资本非常稀缺，所有农业产出由传统农业部门完成，所有资本都配置到非农业部门。资本积累逐步导致农产品相对价格上升、实际工资增长和利率的下降。第二阶段，当资本存量增加和农产品相对价格上升到达某一点之后，就会导致资本要素向农业部门的引入，现代农业部门开始成长。随着经济发展，投向现代农业部门的资本份额越来越高，非农业部门和现代农业部门的劳动投入也不断增加，传统农业部门中的劳动投入越来越少。随着传统农业部门劳动力资源的日益枯竭，经济就进入第三阶段。在第三阶段，农业产出全部由现代农业部门完成，非农业部门和工资持续增长，利息率继续下降。

总之，该理论模型的核心是转型过程中的农业现代化进程导致经济周期差异。在传统农业部门占有较高比重的时期，现代制造业扩张将会从传统农业部门吸收转移大量的劳动力，从而促进农业现代化和整体经济劳动生产率的提升。随着农业越来越变得资本密集而不是劳动密集，传统农业部门被挤出。这一过程是由资本积累和生产率增长的部门差异驱动的。从经济周期的频次来看，非农业部门的正向生产率冲击将会加快结构转型进程，而农业部门的正向生产率冲击将会减缓结构转型进程。在经济繁荣阶段，随着农业就业减少，农业劳动生产率提升更快。在经济萧条阶段，非农业部门吸收农业劳动力能力下降，农业劳动生产率提升缓慢。

二、经验事实

以达若查等（2006）和赵波等（2019）文献为基础，结合其他资料，经济周期与农业的关系可以概括为如下经验事实。

（一）农业部门的角色转换

随着农业占国民经济（就业和 GDP）比重的不断下降，农业部门在经济周期中的角色逐渐从促成经济波动转为被动接受整体经济波动。根本原因在于随着农业逐渐融入现代经济体系，农业越来越受到上游和下游产业发展的影响和制约。经济结构转换升级过程中经济增长的主导行业沿着"农业—食品纺织业—电器电子业—汽车房地产业"等顺序不断变化，行业景气与经济周期的关系不断变化。国务院发展研究中心行业景气监测平台显示，2015 年中国农业由原来影响国民经济转变为景气滞后两个月，由先行关系转为同步关系。中国历年的投入产出表数据也显示，中国农业感应度不断增强。

（二）转型阶段与经济周期

农业就业占比越高的国家，GDP 波动程度大，总就业波动相对较小，总就业与 GDP 之间的关系较弱，居民消费波动幅度大于GDP；而农业就业占比极低的发达国家，总就业与 GDP 之间存在正相关关系，相关系数为 1。农业就业与非农业就业之间相关系数为零，比较生产率（非农业劳动生产率与农业劳动生产率的比值）与非农就业比重之间相关系数为零。经济繁荣阶段有助于加快结构转型，经济萧条阶段则使结构转型变缓。随着农业就业占比越来越低，越是接近结构转型完成，各国的经济周期特征越趋于一致。

（三）农业经济波动幅度高于非农业，农业经营状况呈顺周期性

无论是发展中国家还是发达国家，农业就业和农业总产值的波

动幅度均高于非农业，农业经营状况也呈现出顺周期性。1987—2000年，美国农业就业和产出波动幅度均为非农业的两倍。白钟镐等（Jungho Baek and Won Koo, 2010）的研究结果表明，美国的农业经营净收入呈现出跟经济周期相一致的特征，GDP 每增减 1%，农业净收入则增减 0.04%。中国粮棉油猪等农产品成本收益率的变化在2001 年之后也与经济周期同步，经济景气时收益率上升，经济低迷时收益率下降。

（四）农业就业呈逆周期性

农业就业呈现与经济周期相反的特征，在经济衰退时农业承担了就业缓冲器的作用。根据贝尔曼（J. Berman）等 1997 年的研究，美国农业就业跟 GDP 呈现负相关关系。经济繁荣扩张时，农业就业减少。经济衰退低迷时，农业就业增加。张林秀等 2001 年的研究结果印证了中国农业就业跟 GDP 也呈现相反关系。她们运用 1988 年、1992 年和 1996 年在苏北地区农户调查所获得的独特面板数据，揭示了中国农业在改革时代的就业稳定器作用。

第三节 农业危机

关于农业危机有很多种说法，我们这里所讲的是生产相对过剩背景下的农业经营危机，英文有 agricultural crisis, farm crisis 和 agricultural depression 等多种称谓。农业经营不善，既可能源于供给，也可能源于需求。供给方面可能因为天灾导致产量下降，进而带来经营不善。林毅夫研究 1959—1961 三年自然灾害时期的中国农业危机就属于供给方面，他关注的是集体经营下因道德风险和监督成本过高所导致的农业危机。我们接下来讨论的主要是需求角度即生产相对过剩背景下的农业危机，也就是中国农业经济学奠基人许璇教授在1934年出版的《农业经济学》中所说的农业恐慌。该书第四章"最近世界各国农业状况之变迁"中专门讨论了世界农业恐慌的基本情况以及当时学术界对农业恐慌原因的各种争论。

一、 1873年至1896年的欧洲农业危机

第一次世界范围的农业危机出现在欧洲，即1873年到1896年的欧洲农业危机。这次危机出现了长达23年的农产品价格低落，主要是谷物，导致了农业收入下降和地价下跌，农民债务增加和农场破产。

英国在1846年废除《谷物法》之后，当时大家所担心的大量农产品进口冲击本国农业情况不仅没有发生，反而进入了农业繁荣的黄金时代。原因是什么？当时有两个战争帮了忙。第一是克里米亚战争。1853年10月20日，因争夺巴尔干半岛控制权在欧洲爆发的一场战争，土耳其、英国、法国和撒丁王国等先后向俄国宣战，战争一直持续到1856年，以俄国的失败而告终。这期间当然也引发了俄国国内的一些斗争。第二是美国1861年到1865年的南北战争。这两个战争的发生阻碍了对欧洲的农产品出口。

在此之前，工业革命的两个重要成果已经为全球谷物市场的形成创造了条件。一是跨海贸易从原来的帆船改为蒸汽动力驱动的铁质轮船。二是美国铁路建设助推了西部大草原的开发。以蒸汽动力导入和铁路运输为代表的全球交通运输条件的巨大进步导致了运费

的降低，为第一次全球谷物市场的形成创造了条件。美国、阿根廷、印度和加拿大等国都加入了向欧洲出口农产品的行列。但是这两次战争导致了出口的中断。战争一结束，大量低价农产品开始涌向欧洲。因为欧洲国家的农产品生产成本远远高于美国等新大陆国家，即使加上运费也竞争不过。大量农产品流入欧洲，导致价格下跌。1890 年英国诺福克郡小麦生产成本是每夸特 37.4 先令。而美国是 16 先令，南部澳大利亚是 3.4 先令，加上海陆运费到达英国也才 21 到 22 先令，远远低于英国的生产成本。战争结束后大量农产品向欧洲的出口，导致了这次欧洲的农业危机。这次危机主要发生在谷物上，英国种植小麦地区影响最为惨烈。丹麦和荷兰在这次危机的时候开始转向畜牧业和园艺生产。我们今天所看到的国际农业分工，其实跟这一次欧洲农业危机有密切关系。当时大量低价谷物进口，使得饲料成本降低了，畜牧业受到的冲击要远远低于种植业。借此契机，农业生产开始出现国际分工，丹麦走向养猪产业，荷兰走向花卉产业。

二、　20 世纪 20 和 30 年代的世界农业危机

第二次是 20 世纪 20 年代和 30 年代的世界农业危机。1914 年 7 月 28 日到 1918 年 11 月 11 日的第一次世界大战，导致农产品需求的大幅度扩张和农业繁荣。欧洲和美国的农民享受了高价格所带来的好处。由于粮食供给不足，再加上战后美国依然采取扩张型货币政策，导致农产品价格和农地价格一直处于较高的水平。1920 年，美国农产品价格较 1919 年平均上涨了 30%，较战前的 1913 年上涨了 121%。农地价格在 1913 至 1920 年间上涨了 40%。但是，随着战后

欧洲大陆农业生产的陆续恢复以及美国持续不断的农业增产，这种高价格局面走到了尽头。1921年，过量的粮食供给叠加整体经济危机，农产品价格暴跌，之后一直持续在较低水平。欧洲和美国的农民都陷入了农业经营困境，一方面是农产品价格持续低落，另一方面是生产成本不断上升，难以偿还繁荣期所欠债务。为了增加收入，很多农民不得不努力扩大生产，反而进一步加剧了价格的下降。随着一般经济形势的好转，1924年农产品价格开始出现回升的迹象。但是好景不长，随着欧洲和其他国家粮食生产达到远远超过战前的水平，对农产品价格形成极大压力，从1926年开始又陷入不景气。1909至1913年间，欧洲（不含苏联）小麦年产2610万吨、美国1880万吨。1921至1925年间，欧洲（不含苏联）小麦年产3230万吨、美国2190万吨。1925至1929年间，欧洲（不含苏联）小麦年产3870万吨、美国2240万吨。1928年，欧洲和其他地区迎来历史罕见的大丰收，小麦库存暴增。1929年中期，世界小麦库存达2800万吨，超出了世界年均出口总量。小麦和其他谷物价格开始暴跌。与此同时，美国极速扩张的工业和建筑业活动于1928年达到饱和状态，商品批发价格已经开始下跌，新增建设规模也开始出现萎缩。但是，证券市场在狂热投机资金支持下，股票价格持续飙升，跟实体经济的经营状况毫无关系。实际经营状况不好而股票持续飙升，当然难以持久。1929年10月，华尔街股市突然崩盘。发生在美国的金融危机和经济危机直接波及全世界。物价暴跌，工业产出锐减，失业剧增。经济危机的出现，进一步加剧了农产品价格和农地价格的下跌。以美国为例，1933年棉花价格为每磅5.5美分，玉米为每磅19.4美分，生猪为每头2.94美元。而在1909至1914年，即第一次世界大战之前棉花价格为每磅 12.4 美分，玉米为每磅 83.6 美分，生猪为每头 7.24 美分。更为严重的是美国大平原地区，在价格暴跌的同时又遭受了极端干旱，农业经营变得异常困难。为了应对农业危机和保护农民的利益，美国和欧洲开始转向各种支持农业的干预政策。

这一次世界农业危机对中国也造成了严重的冲击。钱俊瑞（1934）在《中国农村》第一卷第三期上发表的《中国目下的农业恐慌》一文，详细阐述了 20 世纪 30 年代初期中国农业恐慌的现象和特性。他指出，中国的农业恐慌是在世界资本主义总恐慌的基础上发展和加深起来的，既受到世界农业恐慌的影响，也受中国国内经济恐慌的影响。国内一般大众购买力的降低和地方经济封锁性的加甚，都是促成农业恐慌的主要条件。大众购买力的降低是造成相对过剩生产的直接因素，而地方经济封锁分立的倾向是促成农产品价格局部昂贵和局部跌落的主要原因。所有这些国内的条件都在和国外贱价农产物的大批输入，国内农产物的无法输出，配合起来，加深了"农产过剩"的程度。在这样的背景下，农民大众所受到的剥削越发严重，都市与乡村间的矛盾越发深刻，整个国民经济对于列强资本的隶属格外巩固，农民对于农业彻底改造的关心格外加甚。

三、 20 世纪 80 年代美国农业危机

第二次世界大战之后，美国农业在机械、种子、农药和化肥等方面技术进步的支持下大幅度提高了农业生产率。20 世纪 50 年代和 60 年代，美国农业面临的主要问题是如何解决谷物过剩。但是，进入 20 世纪 70 年代，情况发生了根本性改变。随着库存的不断消减，

农产品价格开始回升。特别是在20世纪70年代早期，因恶劣天气条件导致海外作物减产，国际市场对美国农产品的需求迅速增加。1972年美国与苏联签署了长期供应小麦和谷物的协议。仅仅两年时间，美国小麦价格翻了一番，玉米价格高达两年前的三倍。突然间，美国农业的问题似乎转变为是否能够满足国际社会对美国农产品的需要。1973年尼克松总统的农业部长巴茨曾号召美国农民把所有那些篱笆围起来的土地都种上粮食，"要么做大，要么退出"。美国农民将这些话熟记于心，开始了努力养活世界的竞赛。美国农业进入一个产量和价格双升的繁荣局面。1973年和1974年，美国农村进入历史上最好的时期，农民的人均农业收入超过了城里人。但是，这种短暂的农业繁荣却导致了20世纪80年代初期的农业危机。

1979年为了抑制严重的通货膨胀，美联储把利率提高到美国南北战争以来的历史最高水平。最优惠贷款利率从1976年的平均6.8%提高到1981年的21.5%。美国经济在货币政策作用下从扩张转为紧缩，农业和银行业受到的冲击更大。因为，恰好在同一时期，为了制裁1979年苏联入侵阿富汗，美国实施了对苏联的粮食禁运，导致农产品出口锐减。美国农产品出口额从1981年的438亿美元持续递减，直至1987年里根宣布终止对苏联的制裁。在紧缩的货币政策下，美国中西部地区的农地价格在1981至1985年间下降了60%。1984年的农场负债总额高达2150亿美元，是1978年的一倍。约有三分之一的农民陷入困境。年销售收入低于4万美元的小农场，主要依靠农业外的收入为生，受到冲击较小。年销售收入在50万美元以上的大型商业农场，具备较强的金融风险防控能力，受到冲击也不大。年销售收入在4万美元至50万美元之间的中等规模农场，受到冲击最为严重。那些在强劲出口时期购买土地的农民在地价下跌情况下，丧失抵押品赎回权，情况非常糟糕，农民自杀和谋杀的案子屡见不鲜。这一农业危机进一步传导到整个供应链、乡村银行和社区。农场破产，大量农民离开农村。20世纪80年代的农业危机加速了美国农业结构的变化。1935年美国有680万个农场，这次危机后的1990年则减少到210万个。

回顾这三次农业危机，我们可以看出有以下几个共同点：首先，农业危机的形成或者加剧受到整体经济危机的影响。为了抑制经济过热而采取的紧缩性货币政策对农业部门产生直接的影响。农业危机是整体经济危机的一个组成部分。第二，农业危机的形成来自市场的开放。农业的国际分工与交换是三次农业危机形成的基础背景。没有国际分工，就不会有农业危机。也就是说，由于国际市场的参与和相互作用，一个国家的农业经营状况跟国际市场的好坏联系在一起，无法孤身事外。第一次世界农业市场的形成导致19世纪末的欧洲农业危机，第一次世界大战的爆发破坏了欧洲农业生产，刺激了对美国农产品的进口需求，而战后的生产恢复导致进口需求下降。同样，20世纪70年代初期的恶劣天气导致海外减产，刺激了对美国农产品的进口需求，为之后的危机形成埋下隐患。第三，农业危机的发生，一定程度上跟战争有关。战争的发生导致生产破坏和贸易中断，使得国际农产品市场的运行出现突发性变化，最终影响农业经营。第四，农业危机来自农业繁荣。在农业繁荣阶段，对农业前景的美好预期促使农民不断增加农业经营的杠杆比率，在农产品价格上涨和地价上涨时期以抵押贷款方式获得的土地等农业资产，一旦农产品价格下跌，特别是货币政策发生变化，就可能导致资产缩水和资不抵债。

中国的农业现代化必然会伴随着金融的渗透。随着农业金融化程度的提高和农业经营规模的扩大，农业经营受宏观经济波动和国际市场变化的影响将会越来越明显。如何避免发生局部乃至全局性的农业经营危机，这三次农业危机的历史经验值得我们借鉴。其中最重要的一点就是必须高度重视农业经营领域的杠杆率监测，及时抑制农产品市场的过度投机，为农业经营的稳定创造良好的市场和政策环境。

第八章　农业与通货膨胀

我们经常会在媒体上看到这样一种情况，那就是某一段时间内，如果食品价格上涨较快，大家就会有一种担心，说是农产品价格上涨导致了通货膨胀，需要治理。大家潜移默化地习惯性认为，食品价格快速上涨一定会发生农业所导致的通货膨胀。但是，从学术角度来看，这里边有很多模糊或者混淆的地方。因此，我们在这一章专门讨论农业跟通货膨胀之间的关系。

正如弗里德曼（M. Freedman）1976年所言，通货膨胀无论何时何地都是一种货币现象。通货膨胀是由过多的货币追逐过少的商品而造成的，这是最根本的。但是为什么会演化出那么多有关通货膨胀成因的解释，这是因为通货膨胀发生的时候，一定存在着某种机理来促进货币的增发。

本章的第一节介绍通货膨胀及其度量标准；第二节讨论成本推进型通货膨胀，因为从经验或者传统理论来讲，农业所导致的通货膨胀归类于成本推进型通货膨胀；第三节研讨农业跟通货膨胀之间的关系；第四节是通货膨胀的治理。

第一节　通货膨胀

一、通货膨胀

通货膨胀是指物价水平的持续上升，而货币供应量增加是通货膨胀得以实现的最终必要条件和原因。也就是说，只有物价水平持续地向上运动才属于货币现象。如果物价水平一次性上涨幅度较大，但是时间上并不持久，就不能称为通货膨胀。

通货膨胀之所以是一种货币现象，是因为如果没有货币增发的推动，物价水平的持续上涨是不太可能的。为了回答货币供应的增加是如何引发通货膨胀这一问题，我们可以做一个简单讨论。

假设一个国家的经济起初位于某一点，在该点上的总产出水平 Y 恰好是自然率水平，物价水平为 P1。也就是说，总需求曲线与短期总供给曲线的交点正好在长期总供给曲线上。当货币供应量增加的时候，必然导致总需求扩张，即短期总需求曲线位移。新的需求曲线与原有供给曲线相交，新交点所对应的社会总产出水平高于自然率，失业率降低。失业率降低会带来工资上升，而工资上升本身又进一步导致短期总供给曲线的位移。随着短期总供给曲线的位移，物价水平上升，总产出水平逐步回归到原来的自然率水平。也就是说，如果货币供应量仅仅增长一次，那么在短期内导致产出扩张后又会通过工资上涨机制促使经济回归到原有的自然率水平，物价水平则上升到一个新的台阶。如果没有后续的持续货币供应量增长，物价水平将会维持在这一水平不动，不会出现持续不断的物价上涨。

根据通货膨胀的定义，只有物价水平的持续上涨才是通货膨胀，那么一次性的货币供应量增加就不会导致通货膨胀。只有持续不断的货币供应量增长才是通货膨胀的根本原因。

政府支出的一次性增加，相当于总需求扩张，虽然会导致物价水平上升到一个新的水平，但是如果没有后续的政府支出增加，物价水平也不会持续上升。工资或者大宗商品价格上涨所带来的负面供给冲击，虽然在短期内会导致产出水平下降和物价水平上升，但是如果没有其他因素干预，它会自动纠正回来，物价和产出都会回归到原来的自然率水平。也就是说，无论是政府支出的一次性需求扩张，还是供给方面的一次性短暂冲击，都不会导致持续的物价水平上涨。

二、通货膨胀的度量

度量通货膨胀的常用指标有三个。一是居民消费者价格指数（CPI，consumer price index），从消费者购买商品和服务所支付价格角度来观测的物价上涨程度；二是生产者价格指数（PPI，producer price index），从生产者售出商品和服务所获得价格的角度来观测物价上涨程度；三是国内生产总值 GDP 平减指数，通过名义 GDP 和真实 GDP 之间的比较来获得，反映整体物价水平的变动。

我们在这里主要就居民消费者价格指数 CPI 做一简要介绍。居民消费价格指数，是一个反映居民家庭所购买消费品和服务价格水平变动情况的宏观经济指标，它度量的是一组代表性消费品及服务项目的价格水平随时间而变动的相对数。CPI 是一个滞后性指标，用来度量通货膨胀。居民消费价格指数（CPI）涵盖全国城乡居民生活消费的食品、烟酒及用品、衣着、家庭设备用品及维修服务、医疗保健和个人用品、交通和通信、娱乐教育文化用品及服务、居住等八大类、262 个基本分类的商品与服务价格。数据来源于全国 500 个市县、6.3 万家价格调查点，包括食杂店、百货店、超市、便利店、专业市场、专卖店、购物中心以及农贸市场与服务消费单位等。CPI 的计算关键在于代表性商品和服务类别的权重选择，即 CPI 的构成。各国 CPI 的构成基本上跟居民消费结构相对应，一定时期调整一次。

美国 CPI 由两大部分构成，每两年调整一次。一类是能源类和食品类的商品与服务；另一类是除了能源类和食品类之外的其他商品与服务，也称为核心 CPI。美国劳工部公布的 2022 年最新 CPI 构成如下：能源类商品 4.01%、能源类服务 3.33%、食品类 13.37%、衣服 2.46%、新车 4.11%、二手车 4.14%、医疗保健商品 1.52%、其他商品 9.47%、租金 7.40%、业主等价租金 24.25%、酒店住宿 0.91%、医疗保健服务 6.96%、机票 0.48%、其他服务 17.58%。

中国 CPI 构成在 2006 年之前多年没有变化。2004 年的通货膨胀引发了社会各界对 CPI 指标的质疑。按照原有构成指标计算的 CPI，2004 年我国 CPI 上涨了 3.9%，虽然也反映了通货膨胀，但是跟每个人生活的切身感受相差很远。于是，从 2006 年开始每五年调整一次。2006 年中国 CPI 构成权重如下：食品 33.6%、烟酒及用品 4.5%、居住 13.6%、交通通信 9.3%、医疗保健及个人用品 9.4%、衣着 9.0%、家庭设备及维修服务 6.2%、娱乐教育文化用品 14.4%。经过三次调整，2021 年中国 CPI 构成权重依次是：食品烟酒 28.8%、居住 22.12%、教育文化娱乐 13.65%、交通和通信 11.25%、医疗保健 11.24%、衣着 6.81%、生活用品及服务 4.74%、其他用品和服务 1.4%。

随着经济发展和人均收入水平的日益提高，食物占居民消费支出的比重越来越低，CPI 的构成也需要进行不断的调整。而食品在 CPI 中的权重大小直接关系通货膨胀表层原因的归属。权重越高，影响越大。

第二节　成本推进型通货膨胀

农业对通货膨胀的影响通常被认为是成本推进型。2008 年金融危机以来中国的通货膨胀形态已经发生重大转折，经济学家们普遍认为中国将长期面临成本推动型通货膨胀的压力（汪同三，2011）。因此，本节主要介绍成本推进型通货膨胀的原因和机理。

一、成本推进的主要原因

成本推进型通货膨胀是指由供给方面的负面冲击所导致的通货膨胀。需求不变条件下出现供给不足，不得不涨价。然而其发挥作用的前提是最终产品或服务的需求缺乏价格弹性，否则涨价就无法实现。具体而言，主要包括以下几方面的原因。

一是重大自然灾害。巨灾所造成的负面供给冲击，常常会导致价格上涨。比如说日本 2011 年发生的"3·11"大地震等。

二是输入型通货膨胀。在全球经济一体化的时代，资本外流和本国货币贬值，会导致进口商品的价格上涨。由于美元在贸易结算和国际货币储备中的主导地位，美联储开动印钞机增发钞票，这种大水漫灌式的货币政策会导致国际市场上大宗商品价格上涨，使很多国家出现输入型的通货膨胀。

三是高税收。提高增值税的税率水平，会带来成本上升。

四是石油等大宗商品的价格上涨。这跟刚才讲的进口型通货膨胀等有关。从全球来看，石油在整个经济中占有非常重要的基础地位。作为一种基础资源，它的价格变动会对下游几乎所有产业发展带来影响。那些石油消费量较大和消费税较低的国家，所受到的影响更为突出。

五是自然资源耗竭。例如某些水域渔业资源的耗竭会导致相关产品价格上涨。如果我们的水资源耗尽，大家就都没法生存了。越是基础性的，越是大家离不开的资源，它的耗竭所带来价格上涨都会延续很长时间。如果没有替代技术或者替代产品出现，自然资源耗竭会导致较高的成本推进型通货膨胀。

六是食品价格上涨。食品价格上涨对通货膨胀的影响，跟居民消费价格 CPI 的构成有关。越是低收入国家，食品在 CPI 中的权重越大，更容易出现食品价格上升所导致的通货膨胀。而发达国家的恩格尔系数较低，由食品价格上升所带来的通货膨胀压力相对较轻。

七是提高工资水平。在劳动力紧缺情况下，工资提高以及对工资提高的预期都会导致成本推进型的通货膨胀。

二、成本推进型通货膨胀的形成机理

接下来我们谈一下成本推进型通货膨胀的机理。我们依然假设一个国家的经济起初位于某一点，在该点上的总产出水平恰好是自然率水平，总需求曲线与短期总供给曲线的交点正好在长期总供给曲线上。如果发生了供给方面的负面冲击，相当于供给曲线向左位移，在财政政策和货币政策维持不变情况下，新的供给曲线与原来的需求曲线相交，就会出现新的均衡点。这一新的均衡点跟原来相比，价格上升，产出水平下降，失业率上升。如果没有任何干预，过一段时间后，因为失业率上升会促使工资下降，从而又导致供给曲线向右位移，退回到原来的位置与原有需求曲线相交，也就是说，物价水平回落到原来的水平，产出也恢复到自然率水平。这一冲击过程，仅仅是导致短期内价格上升和失业率上升，然后又回归原点。不会出现物价水平的持续上升，从而也不会发生通货膨胀。但是，这种就业和产出的波动常常会引起社会不稳定，也许在经济尚未恢复到原来自然率状态时就已经发生了社会不稳定事件。因此，各国都会采取以促进高就业率为目标的积极干预政策，即通过扩大总需求来把产出拉回到自然率的水平。

扩大总需求方案有两种。第一种就是通过财政政策来扩大政府支出，将需求曲线提升到一个新的水平，从而使就业率提升，产出也回升至自然率水平。这会导致物价水平的进一步上升。但是政府财政预算是有约束的，不可能无限扩张。只有第二种方案，也就是增发货币的方式才是可以持续的。持续增加货币供应量，即保持货币供给的高增长率，可以推动总需求曲线不断地向右位移，从而实现较高的就业率目标。因此，持续的成本推进通货膨胀是一种货币现象，因为如果货币当局不实施比较高的货币供给增长率的适应性政策，成本推进型通货膨胀是不会发生的。当然，从供给角度来看，成本推进型通货膨胀得以发生，还存在一个条件，那就是生产要素价格的上涨速度超过该要素生产率的上升速度。此外，不同类型的成本冲击所带来的宏观经济影响也不尽相同。短期的大宗商品价格冲击，由于是短暂可逆的，决策者没有必要修正既定的中长期经济增长目标和通胀目标。但是，如果是劳动力成本的冲击，特别是持续不可逆的上升，就需要调整中长期经济增长目标和通货膨胀目标。越是经济增长率高的国家，实际工资的上涨率就越高。受此影响，实际汇率的上涨率也越高。在实际工资持续上涨情况下，为了保持较高经济增长率，需要付出比以前更高的物价涨幅之代价，这种总需求刺激政策并不明智。因此，在劳动力成本持续不可逆上升情况下，宏观经济决策者应该适度降低中长期经济增长目标并提高对通货膨胀的容忍度。

第三节　农业对通货膨胀的影响

这一节是本章的重点。我们先从理论上梳理农业对通货膨胀的影响路径，然后介绍若干研究成果，从而较为清晰地理解中国农业与通货膨胀的关系。

一、农业对通货膨胀影响的主要路径

根据前面的分析，我们知道如果没有持续的货币供应量增发，通货膨胀是不可能实现的。要想完整地揭示农业与通货膨胀的关系，需要同时考虑货币市场和产品市场。但是，在这里，我们仅仅讨论产品市场，重点关注农产品价格的产业间传递，而有关货币增发的原因已经在第二节做了基本阐述。

农业作为国民经济的一个组成部门，农业生产的变动会通过产业关联影响到各个产业部门。因此，通过投入产出表和一般均衡分

析可以较为完整地揭示农业生产变动对整体经济产出和物价水平的影响。但是，为了更好地揭示农业对通货膨胀影响的主要路径，我们在这里仅仅抽取纵向链条的主要环节进行描述，间接影响则略去。

首先是传统路径。石油价格变动传导到农业生产资料价格，农业生产资料价格传导到农产品收购价格，农产品收购价格传导到农产品或食品零售价格，农产品或食品零售价格传导到工资，工资变动传导到通货膨胀（PPI 或者 CPI）。农产品或食品零售价格变动亦直接影响通货膨胀。农产品收购价格还会传导到其他产品价格，这些产品价格也会传导到通货膨胀。通货膨胀反过来也会传导到食品零售价格、农业生产资料价格和石油价格。在这一传统路径上，石油市场主要通过生产资料价格而对农业生产成本产生影响。石油市场的波动或者农业生产本身的波动通过这样一个路径传导到居民消费价格或者生产者价格。

当谷物可以转化为燃料乙醇，油料作物种子可以转化为生物柴油之后，谷物和油料作物的功能得以拓展，石油与农业的关系就发生了重大转变。石油价格变动原来主要是通过供给端或者生产成本角度影响农业，现在则增加了一个需求端的影响，石油价格上升到一定程度，玉米等谷物作为能源的需求就会增加，就会出现与食物需求相竞争的局面。因此，在传统路径基础上，就补充了一条新的路径，即石油价格传导到生物能（酒精和柴油等）价格，生物能价格传导到农产品收购价格。农产品收购价格向后的传导路径跟原来一样。新旧两条路径共同构成了农业对通货膨胀的影响通路。

值得注意的是，揭示农产品价格上涨对通货膨胀的影响还需要把握两方面的问题。一是农产品价格上涨的原因是什么。虽然农产品价格上涨可能导致通货膨胀，但是如果不了解农产品价格上涨的原因，就不能找到合理的解决对策。如果是自然灾害或者疫病等导致农业减产，由此引发的一系列价格上涨可以归因于农业，其对策在于短期供应的及时解决和长期生产能力的恢复。而解决能力跟库存水平和进口能力有关。如果是因为农业生产资料价格上涨导致农产品生产成本提高，由此而引发的一系列价格上涨就不能归因于农业，虽然看起来是农产品价格上涨导致通货膨胀，但是农产品价格上涨不是原因，而是结果。农产品价格上涨可能是因为突发的石油市场冲击，也可能是先有了货币增发而导致通货膨胀，从而传导到农业部门。这类价格上涨的解决不能从农业部门本身来寻找出路。二是农产品价格上涨传导到农产品或食品零售价格上涨，其传递的程度或者幅度受诸多因素影响，这些因素主要包括农产品加工流通领域的不完全竞争程度、农产品加工流通领域的技术特征、营销投入品的供给弹性、价格传递的滞后程度、农产品供给弹性、食品零售需求弹性、库存水平和替代品等（王秀清等，2007）。农产品收购环节存在买方寡占力量或者食品零售环节存在卖方寡占力量，都会加剧农产品价格的放大效应。也就是说，市场结构对农产品收购价格向食品零售价格的传递具有重要影响，从而也影响通货膨胀的幅度。

二、争议与验证

新中国成立以来，居民消费价格指数年上涨幅度超过 10% 的有三个时期，即 1961 年（16.1%）；1988 年（18.8%）和 1989 年（18%）；1993 年（14.7%）、1994 年（24.1%）和 1995 年（17.1%）。1988 年

发生的抢购潮，1995 年推出的年利率 25% 保值储蓄是对这些通货膨胀的深刻历史记录。进入 21 世纪以来，中国一直保持较低的物价上涨幅度，但是也有三个时间段居民消费价格指数年上涨幅度超过了3%，即 2004 年（3.9%）、2007 年（4.8%）和 2008 年（5.9%）、2011 年（5.4%）。正是这几次通货膨胀的发生，激发了学者们研究农业与通货膨胀关系的兴趣，涌现出一大批有价值的研究成果，为我们深刻理解农业究竟对通货膨胀的发生有多大影响提供了帮助。

（一）食品价格上涨是否拉动了中国的工资增长？

张文朗和罗得恩在 2010 年发表的《中国食品价格上涨因素及其对总体通货膨胀的影响》一文，运用 2003 到 2009 年省级季度面板数据，研究了中国工资增长的决定因素。结果表明，尽管食品价格上涨拉高了中国的通货膨胀预期，但是并未成为工资增长的决定因素。劳动生产力是中国工资增长的主要动力。也就是说，工资设定并不是食品价格影响总体通货膨胀的主要渠道。这跟 20 世纪 80 年代之前的情况完全不同。在计划经济时代，工资水平都是由政府来确定的。只要一提工资，常常会带来物价上涨。而 1994 年开始建设社会主义市场经济之后，工资与物价水平之间的联动关系则没有此前那样强。

（二）中国的通货膨胀是工资成本推动型吗？

范志勇在 2008 年发表的《中国通货膨胀是工资成本推动型吗？》一文，对 2000 年至 2007 年超额工资增长与通货膨胀之间的关系进行了检验，结果表明中国尚不存在"工资—通货膨胀"的循环机制，对通货膨胀贡献最大的依然是货币供给，超额工资或者初级价格上涨并非导致通货膨胀的充分或者必要条件。也就是说，没有发现支持超额工资是推动这一时间段通货膨胀上涨的主要原因的直接证据。

（三）农产品价格上涨与 CPI 上涨究竟谁先谁后？

陈晓坤和张俊彪等在 2013 年发表了《我国农产品价格波动与通货膨胀关系问题研究历史回顾及文献综述——基于国内 1978—2012 年的文献》一文，对农业与通货膨胀关系的研究成果进行了系统梳理。他们根据研究结论把文献分为四大类。

第一类，农产品价格上涨导致通货膨胀。这是多年以来学术界的主流观点。由于文献较多，这里无法一一展开，感兴趣的可以做延伸阅读。仅就猪肉价格与 CPI 的关系问题做一简要介绍。陈劲松（2008）认为食品价格的上涨是通货膨胀的导火线，起作用的是猪肉，而以前是粮食。程国强等（2008）采用似乎不相关模型分析结果表明，猪肉价格上涨对 CPI 具有明显的推动作用，作为先导，带动了粮油价格的上涨，进一步推动食品价格全面上涨。韩一杰等（2011）运用综合改进的投入产出价格影响模型，测算出在猪肉价格上涨 20%和 50%情境下，猪肉价格对 CPI 的影响较为显著且随时间递增。

第二类，通货膨胀导致农产品价格上涨。这方面有两篇经典文献。卢锋和彭凯翔于 2002 年发表的《中国粮价与通货膨胀关系（1987—1999）》一文，在收集整理粮食集市价格和消费物价月度数据基础上，运用协整检验和均衡修正模型，对中国 1987 年至 1999 年粮价变动与通货膨胀之间的关系进行了实证检验。研究结果表明，不论在长期意义还是短期意义上，中国的通货膨胀都领先市场粮价变动，粮价对通货膨胀不具有格兰杰意义上的因果关系。也就是说，是通货膨胀导致了粮价上涨，而不是粮价上涨导致了通货膨胀。

胡冰川（2010）运用2001年10月至2009年12月的时间序列数据，采用 VAR 模型分析了消费价格指数、农产品价格、农业生产要素价格、货币供给和汇率等变量之间的关系。结果表明，居民消费价格指数和食品价格指数上涨的根源在于货币扩张，并非食品价格上涨导致整体物价水平上涨。

第三类，农产品价格与通货膨胀相互影响。农产品价格既影响通货膨胀，通货膨胀也影响农产品价格，两者间存在双向因果关系，而不是单向。赵国庆等（2008）对1950年至2003年我国粮食收购价格指数和城市居民消费价格指数之间关系进行了分析，发现在政府对粮食市场存在强大干预背景下，粮食价格和通货膨胀之间存在着长期均衡和双向因果关系。张成思等2014年发表的《中国食品价格与通货膨胀动态》一文，运用2001年至2011年的季度数据，进一步证明了食品价格与 CPI 的双向因果关系。这两篇文献的研究成果表明，1950年至2011年，农产品价格和通货膨胀之间的双向因果关系都是成立的。刘小铭（2008）使用门限协整模型发现粮食价格和居民消费价格之间存在非线性的协整关系，出现短期偏离时，通过粮食价格调整实现均衡。

一些学者不仅证实了农产品价格和 CPI 之间存在双向因果关系，而且对时效和强度做了进一步论证。朱信凯等（2011）研究表明，CPI 对粮食价格有半年左右的显著影响，粮食价格对 CPI 表现为滞后一个月的短期效应。李新桢（2011）发现，长期粮价每上涨1%，会使 CPI 上涨 0.336%，短期粮价对 CPI 有滞后一期的影响，CPI 对粮价有滞后三期的影响。聂勇（2012）的研究则表明，后金融危机时代短期农产品价格对 CPI 有滞后多期的影响，CPI 对农产品价格仅有滞后一期的影响。

第四类，两者间没有必然联系或者关系不确定。王小宁（2010）通过对通货膨胀构成要素的解析，认为农产品价格上涨是通货膨胀的表现形式，农产品价格上涨与通货膨胀之间并无内在必然联系。

（四）农业对物价水平影响呈递减规律

上述关于农产品价格与通货膨胀之间关系的研究基本上是以时间序列分析为主，存在着两方面的缺陷：一是从食品在 CPI 构成的角度出发，把居民消费价格上涨中食品的贡献份额当作原因，而没有去分析食品价格上涨的背后原因是什么。这种分析仅仅是给出了 CPI 上涨中有多大程度是来源于食品价格上涨，是表象，而不是原因。CPI 构成中食品类的权重越大，或者食品类价格上涨幅度越大，都会使人们产生错觉，那就是食品价格上涨导致了通货膨胀。但是，食品价格的上涨可能源于农业减产，也可能源于农业生产资料价格的上涨，甚至是源于居民对通货膨胀的预期。不去分析具体的原因而直接根据表象提出的政策建议常常会开错药方。二是运用时间序列分析方法对农产品价格与居民消费价格指数之间的关系进行因果检验，不去分析中间的作用机理和流程，容易形成虚假回归。居民消费价格指数本身就包含了农产品或者食品的价格成分，用局部跟整体直接进行回归，即使统计结果非常显著，也无法有效揭示单纯因为农产品价格上涨而引发的通货膨胀程度。

要想揭示单纯因为农产品价格上涨所导致的物价上涨幅度，就需要控制其他因素不变，那么最好的办法就是运用一般均衡的分析工具，建立可计算一般均衡模型来进行模拟。假设农业减产一定的百分数，或者农产品价格变动的百分数，像做实验一样来模拟分析这一唯一冲击下通过产业关联对物价水平造成的终极影响程度，由此可以推测出农产品对物价上涨的真正贡献程度。但是，这一方法也存在缺陷，如完全竞争假设、投入产出表数据来源于生产者价格而不是消费者价格、模型形式和参数选择等都会带来一定的偏差。尽管如此，运用可计算一般均衡方法对农业与通货膨胀关系的研究成果的确弥补了时间序列分析的不足。

2004 年中国通货膨胀率（CPI）达到 3.9%，很多学者都将之归因于 2003 年的农业减产。2003 年中国粮食总产量为 4.3 亿吨，较上一年的 4.57 亿吨减产了 5.8%。中国的粮食产量在 1998 年曾经达到当时的历史高峰 5.1 亿吨，之后持续下滑，仅仅在 2002 年出现微弱的增长，这使得粮食库存持续下降。2003 年的大幅度减产，加上库存不足，导致农产品价格上涨。由此而引发人们对农业与通货膨胀关系的关心。辛贤等（2008）运用可计算一般均衡模型分析了单纯因为农业减产所导致的物价上涨程度。结果表明，2003 年农业减产 5%仅仅能够解释 2004 年居民消费价格上涨的 40%，其余 60%则是其他原因构成。

王秀清和钱小平（2004）直接运用投入产出表分析了 1981 年至 2000 年中国农产品价格上涨的波及效应。研究发现，单纯因为农业部门因素所发生的农产品价格上涨 1%，在 1981 年能够导致总体物价水平（以生产者价格计算）上涨 0.404%，到了 2000 年则只能导致物价水平上涨 0.195%，是原来的一半，农业对整体物价水平的影响呈现递减现象。

刘晓昀等（2010）进一步运用可计算一般均衡方法就我国 1987 年、1997 年和 2005 年农业产出波动对物价水平的影响程度进行了模拟。结果表明，农业产出减少 5% 所导致的物价水平上涨幅度，以生产者价格计算分别为 1987 年的 2.0%、1997 年的 1.63% 和 2005 年的 1.2%，以居民消费者价格计算分别为 1987 年的 2.5%、1997 年的 2.0% 和 2005 年的 1.4%。存在明显的影响程度递减规律。此外，农业增产和农业减产对物价水平的影响还存在显著的不对称现象，农业增产 5% 所导致的物价水平下降程度，以生产者价格计算分别为 1987 年的 -1.9%、1997 年的 -1.5% 和 2005 年的 -1.0%，以居民消费者价格计算分别为 1987 年的 -2.3%、1997 年的 -1.6% 和 2005 年的 -1.2%。也就是说，农业减产对通货膨胀的影响程度大于农业增产。

第四节　通货膨胀的治理

一、通货膨胀的危害

大家都知道通货膨胀意味着居民财富的缩水。但是，通货膨胀的危害则远远不止财富缩水本身，它还会增加社会成本。政治评论员布鲁德（David S. Broder）曾于 1978 年 10 月 25 日在《波士顿环球报》上发文，用深刻和令人信服的语言描述了通货膨胀的危害："通货膨胀已从根本上深化了这个国家的不安全感，从而扭曲对其他问题进行积极领导的机会……通胀损害了对国家未来至关重要的保守的社会价值观。稳定、储蓄和投资都被通货膨胀削弱了。严重的通货膨胀使得大多数家庭的财产计划变成一个讽刺。大多数劳动人民则感觉到他们无法让生活预算免遭美元打击的影响。它侵蚀了一种经济体制和社会所必需的信任感，它使人们对任何实现社会目标的机会都愤世嫉俗，更加雄心勃勃而不仅仅为了生存。只要通胀仍然存在，我们将难以在政治上为任何其他重大问题留下空间。"

即使在今天，农产品等大宗商品价格上涨所导致的农业通货膨胀（Agflation）也常常会直接威胁世界各地低收入人群的生存与营养，借由食物骚乱（food riots）导火线而改变社会进程。如 2011 年的"阿拉伯之春"和美国的占领华尔街运动。

二、通货膨胀的治理

无论何种类型的通货膨胀，唯一必要原因还是货币供应量过多。治理通货膨胀的根本出路也在于减少货币供应量。但是过激的货币紧缩也会出问题。因此，需要短期长期结合。

短期内可以采取一定的价格和工资管制，目的在于减弱大众对于未来通货膨胀的预期。从长期来看，四千年的历史表明，价格和工资管制并不能解决通胀问题，是无效的（许廷格等，2013）。在农业通胀情况下，为了控制国内消费价格指数水平，采取打压农产品价格的政策措施既不合理，也不可行。实际上，在经济运行过程中，一方面可以通过货币政策回笼流通中的超量货币，另一方面可以通过更为灵活与弹性的汇率措施充分发挥其"减震器"的作用，由此实现平抑消费价格指数的政策目标。政府可以通过广泛宣传等措施使人们坚信政府反通胀措施的有效性，相信通货膨胀即将结束，这将有助于消灭通货膨胀。

供给政策。供给政策措施主要是通过增加供给来消除总供给与总需求之间的缺口，进而降低物价。具体措施是通过大幅度降低税率以刺激储蓄和投资，从而增加商品和服务的供给。供给政策的优点是在降低物价的同时不致引发失业的增加和经济增长的减缓。

采用紧缩的财政政策和货币政策可抑制总需求，从而降低物价水平。但同时也会导致产出减少、失业率提高、经济增长减缓，使宏观经济达不到充分就业状态下的均衡。紧缩的货币和财政政策主要针对需求拉动型的通货膨胀。失业率的提高会导致工资下降，所以对工资成本推动的通货膨胀，该措施也有一定治理效果。

针对成本推动型通货膨胀，需要增加通货膨胀容忍度和降低经济增长目标。

针对低收入群体，应及时做好收入补助和食品补助，降低社会成本。特别是要在平时做好粮食安全突发事件预警机制和粮食安全储备工作。

为了维持经济增长和就业目标，政府常常采取扩张性政策，这必然面临通货膨胀压力。为了给政府减压，可以运用"指数化"方法来抗争通货膨胀。所谓指数化，是指在实际经济活动中将抵押、工资和税收等各种财务协定与通货膨胀率（居民消费价格指数）联系起来，从而有助于降低通胀预期、稳定社会大众心态。指数化政策包括收入指数化（利用物价指数对工资、利息收入等货币性收入进行调整）和税收指数化（利用物价指数对税基进行调整）。严格讲，这只是与通货膨胀共处的措施而不是反通货膨胀措施。

最后一个非常有智慧的办法是抑制重点关键产业的资产价格炒作，精准施策。

第九章　货币政策与农业

　　大家都知道，财政政策和货币政策是为了应对短期的宏观经济波动所采取的一些政策，两者的作用方向有很多的一致性，当然也有不一样的地方。既然谈农业与宏观经济之间的关系，理论来讲应该既要讨论货币政策，也要讨论财政政策。紧缩性财政政策和紧缩性货币政策对农业的影响，大概方向是一致的。扩张性财政政策和扩张性货币政策对农业的影响方向也大体是一致的。只不过在应对宏观经济波动的时候，财政政策和货币政策需要进行相机选择，需要两者合理配合。跟农业直接相关的产业政策，比如说农业政策，它直接跟财政密切相关，其作用是显而易见的。这部分内容在农业政策学中会有专门讨论，在农业宏观经济学课程中不赘述。但是在农业宏观经济学里边，必须要讨论货币政策，因为货币政策对农业产生的影响有其独特的一面。

　　就货币政策来讲，常用的有五种货币政策工具，包括货币供应量、存款准备金率、公开市场操作、基准利率和汇率等。货币政策对实体经济发挥作用的主要传导机制就是这几个方面。在讨论货币政策对农业影响的时候，我们主要关注货币供应量、利率和汇率。汇率工具，放到第十一章"开放经济与农业"进行讨论，本章主要讨论两部分内容：一是货币供给变动与农产品价格超调；二是利率变化对农业的影响。也就是说，一个是从量的角度，一个是从价格的角度。存款准备金率跟货币供应量一起共同影响整个货币水池的大小。货币发行之后，可以通过存款准备金率的高低来调整实际的货币供应量。利率主要是通过资金使用成本，或者说资金的价格来影响农业。

第一节　货币供应量变动与农产品价格超调

一、价格黏性（price stickiness）

价格黏性是指价格不能随着总需求的变动而迅速地发生变化，分为名义价格黏性和实际价格黏性。名义价格黏性是指名义价格不能按照名义需求的变动而发生相应的变化，实际价格黏性是指各类产品之间的相对价格比有黏性。所谓黏性是指商品的价格不容易发生变化，黏在那里不动或者变化迟缓。而弹性则相反，价格变化比较灵活。在市场经济条件下，价格会随着供求变化不断地发生变动，具有一定的弹性，从而促进资源优化配置。但是在计划经济条件下，价格常常由官方制定，不容易跟随市场变动而发生快速的调整，所以更具有黏性。

价格黏性是沟通宏观经济学和微观经济学（特别是产业组织理论）之间的一个重要桥梁，也就是所谓的宏观经济学之微观基础。

无论宏观经济学还是微观经济学，都对价格黏性做了诸多的探讨。布兰德（Alan S. Blinder）在1994年，总结了宏观经济学界有关价格黏性存在原因的十二种理论，并且通过企业问卷调查来判断这些理论被企业所接受的程度。在这里，按照接受该理论的企业百分比由高到低的顺序对这十二个理论做一简单介绍，详细内容不在这里赘述。

第一，协调失灵。每个企业都在等待其他企业先调价，由鲍尔（Ball）和罗默尔（Romer）1991年提出，有60.6%的企业接受该理论。

第二，基于成本的定价，提价有滞后现象。也就是说，只有当成本上升或下降后才改变价格。由戈登（Gordon，1981）和布兰查德（Blanchard，1983）提出，有55.5%的企业接受该理论。

第三，企业更喜欢改变产品的特性，而不是价格。比如说通过提高质量、完善服务、调整配送时间等来应对市场变化，而不是调整价格。由卡尔顿（Carlton）1990年提出，有54.8%的企业接受该理论。

第四，隐性合同。企业心照不宣地同意维持价格稳定，也许是为了公平地对待顾客。由奥肯（Okun）1981年提出，有50.4%的企业接受该理论。

第五，显性名义合同。合同上已经把价格固定，在合同期间不能改变，有35.7%的企业接受该理论。

第六，菜单成本。价格调整是有代价的，企业不会轻易改变。由卢腾伯格（Rotemberg，1982）和曼昆（Mankiw，1985）提出，有30%的企业接受该理论。

第七，正周期的弹性。需求曲线越左移，它的弹性会越低。由夏皮罗（Shapiro，1988）和比尔斯（Bils，1989）提出，有 21.7% 的企业接受该理论。

第八，定价特征的心理学意义。例如，从心理学角度来讲，定价 9.99 元比 10 元块要好，仅仅一分钱差异，但是心里感觉完全不一样。由卡夏普（Kashyap）1992 年提出，有 24% 的企业接受该理论。

第九，喜欢改变存货而不是价格。企业更愿意通过调整库存来应对市场变化，而不是直接调整价格。由布兰德（Blinder）1982 年提出，有 20.9% 的企业接受该理论。

第十，不变的边际成本和不变的加价幅度。由霍尔（Hall）在 1986 年提出，有 19.7% 的企业接受该理论。

第十一，官僚主义的拖延。由于企业管理中存在的官僚主义拖延，不能针对市场变化做出迅速反应，有 13.6% 的企业接受该理论。

第十二，消费者以价判质。企业担心顾客认为一分钱一分货，所以不会轻易地调低价格。由艾伦（Allen）1981 年提出，有 10% 的企业接受该理论。

以上是理论上对价格黏性存在原因的十二种解释。而实践中究竟价格黏性程度有多大，则需要一些指标来加以测度。迪恩（E. Dhyne）等于 2009 年提出了三类指标。这三类指标分别是价格及成本调整频率与幅度、居民消费价格或生产者价格上涨持续时间和固有价格刚性。

布阿克兹（H. Bouakez）等 2014 年分析了美国 30 个部门的价格黏性。平均每 2.4 个季度（9.6 个月左右）价格就会调整一次，而且各个部门的价格黏性程度不一致。其中有 13 个部门的价格非常灵活、没有黏性，主要是农业、采矿业、石油与天然气开采、造纸、烟草、化学与石油制品、电子与非电子机械、工具、其他服务业。而具有较高价格黏性的有非金属矿业、建筑业、食品、木材、皮革、初级金属、贸易、运输等。

渠慎宁等（2012）分析了中国居民消费价格波动与价格黏性，也证实了价格黏性的存在与部门差异。食品类价格调整频繁，平均每个月调整 2.45 次，特别是鲜活类农产品。服务业则具有价格黏性，调整频次极低。食品类价格上调的概率大于下调，服务业和工业则上调下调概率接近。

二、农产品价格超调模型（FSSL-Overshooting Model）

价格黏性的存在，使得不同类型商品在面对货币供给冲击时呈现不一样的价格变化路径。理论上讲，在其他条件不变的情况下，货币供应量的变化应该导致所有商品以相同的幅度上涨或者下跌，即整体物价水平上升或下降而商品间相对价格比不会发生变化。但是，由于有些商品具有价格黏性，当货币供应量发生变动时，黏性部门的价格调整迟缓，而具有价格灵活性的部门则调整迅速，做出过度反应，从而出现超调的现象。超调（Overshooting）是指一个变量对给定扰动做出的短期反应超过了其长期稳定均衡值，并继而被一个相反的调节所跟随。

多恩布什（Dornbusch，1976）最早提出超调这一假说，并用于解释外汇市场的波动。超调现象源于价格黏性的存在。所谓黏性价格是指短期内商品价格黏住不动，但随着时间推移，价格水平会逐渐发生变化直至达到其新的长期均衡值。当市场受到外部冲击时，货币市场和商品市场的调整速度存在很大差异。多恩布什认为，这主要是由于商品市场因其自身的特点和缺乏及时准确信息。一般情况下，商品市场价格的调整速度较慢，过程较长，呈黏性状态。而金融市场的价格调整速度较快，因此，汇率对冲击的反应较快，几乎是即刻完成。汇率对外部冲击做出的过度调整，即汇率预期变动偏离了完全价格弹性情况下调整到位后的购买力平价汇率，这种现象称之为汇率超调。由此导致购买力平价短期不能成立。经过一段时间后，当商品市场价格调整到位后，汇率则从初始均衡水平变化到新的均衡水平，由此长期购买力平价成立。

弗兰克尔（Frankel，1986）则把多恩布什的模型用于分析封闭经济中农产品等大宗商品的价格超调现象。他把宏观经济分成两个部门：一个是具有"固定价格（fix-price）"特性的制造业和服务业部门，该部门的价格调整非常缓慢；另一个是具有"灵活价格（flex-price）"特性的农业部门，该部门的价格在针对货币供给变化做出反应时十分迅速，几乎是同时完成的。他从理论上推导论证了因制造业服务业固定价格特性存在而导致货币供给增加时农产品等大宗商品价格反应不得不超调，即短期内做出过度反应而偏离长期均衡价值。由于价格黏性的存在，当名义货币供应量减少时，相当于短期内实际货币供应量减少，从而提高了真实利率，必然打压大宗商品的实际价格。这些大宗商品对新的均衡做出过度反应以便促使形成一个足以未来抵消高利率的预期。价格超调的实际效果在长期内则会消失。

斯塔莫利斯等（Stamoulis et al，1988）将弗兰克尔的模型扩展到开放经济，并假设农产品价格和汇率的动态调整过程是一致的，也证明了农产品价格在短期内超调现象的存在。

　　萨葛海恩（Saghaian et al，2002）等将多恩布什和弗兰克尔的分析方法结合起来，提出了开放经济中的农产品价格超调理论。该理论模型相当于在多恩布什模型中加入了农业部门，在弗兰克尔模型中加入了国际贸易。他们假设农产品价格和汇率在应对货币供给冲击时都十分灵活、能够迅速做出调整，且各自具有独立不同的动态调整路径，而其他产品和服务则具有价格黏性。这与斯塔莫利斯等（Stamoulis et al，1988）假设农产品价格和汇率的动态调整路径完全一致存在显著的区别。由此，萨葛海恩（Saghaian et al，2002）等开发的超调模型可以详细揭示在面对一项未曾预测到的正向货币供给冲击时，汇率、农产品价格和工业品价格三者不同的价格调整路径。马哈迪等（Mahdi Asgari et al，2020）等进一步将经济分为三个部门，即具有价格黏性的制造业服务业部门、具有灵活价格的农业部门和能源部门。通过加入能源部门，揭示了面对货币供给冲击时农产品价格超调程度的变化。

　　中国台湾地区研究院经济所赖景昌等（1996 和 2005）对弗兰克尔提出的农产品价格超调理论先后做出了两次改进。在 1996 年的文章中，他们把货币供给冲击区分为预测到的和未预测到的两种情况，而弗兰克尔的模型仅仅讨论了未预测到的冲击。他们从理论上解析了面对预测到的货币供给冲击时农产品价格超调的路径。在 2005 年的文章中，他们进一步研究了资产替代程度对农产品价格超调的影响。在此前所有理论模型中，都暗含了农产品等大宗商品跟债券之间存在完全资产替代性，这与实际生活是不符的。

　　经由几次改进，农产品价格超调理论日臻完善，能够很好地揭示货币供给冲击对农产品价格的短期和长期影响。为了尊重这些学者的贡献，这里用 FSSL 超调模型（FSSL-Overshooting Model）来概括该领域的成就。我们略去具体的数学求解过程，将诸多模型的主要结论和推论概述如下。

第一，在存在价格黏性部门情况下，货币供给冲击所带来的短期调整负担由两个具有价格灵活性的部门（农业部门和贸易部门）分担，农产品价格和汇率均存在超调现象。而且，灵活的汇率有助于削弱农产品价格的超调程度。反之，汇率如果缺乏灵活性，农产品价格的超调程度则会进一步加剧。

第二，灵活的汇率通过影响利率而具有"冲击吸收器"的功能。灵活的汇率和投机活动增强了市场稳定而不是加剧不稳定。这一点跟 20 世纪 50 年代和 60 年代的观念形成了鲜明的对比，当时的学者普遍认为汇率波动和投机加剧了市场不稳定。

第三，农产品价格和汇率的超调程度直接取决于价格黏性部门（制造业和服务业部门）在国民经济中的相对比重。价格黏性部门比重越高，农产品和汇率超调程度越大。由此可见，越是发达经济体，由于农业在国民经济中的比重越低，农产品价格超调程度越大。这意味着，越是发达经济体，农业经营收益的不稳定性越突出，更容易出现农业经营危机现象。考虑到近年来世界各国存在一种对制造业和服务业放松价格管制、增强市场竞争的趋势，这将有助于减缓农产品市场的价格变化与波动。因此，伴随着放松管制的贸易具有冲击吸收器的功能，有助于农产品市场的稳定。

第四，由于农产品价格超调，在货币供给冲击下，农产品与工业品（包括农业生产资料）相对价格变化处于不同演进状态。在经济扩张期即货币供给增加或增速上升时期，农产品价格相对于工业品在短期内上涨更快，从而有利于农业部门纯收入增加。相反，在经济紧缩期即货币供应量减少或增速下降时，农产品价格相对于工业品在短期内下降更快，从而造成农业部门纯收入减少。这意味着，在紧缩货币政策下农业部门的状况将会迅速恶化。价格上涨时设法控制农产品价格但价格下跌时置之不理的政策措施对农业发展和农民稳定增收是极为不利的。

第五，农产品价格超调现象的存在，使得货币政策在短期内加剧农产品价格和农业纯收入的不稳定性，严重影响农民的金融应变能力。农民虽然可以通过套期保值、购买农业保险和多种经营等方式来分散风险，但是这些与大宗商品市场相关的技能并不能完全降低价格和收入风险。虽然在理论上存在农产品与工业品相对价格长期内不变的货币中性，但是在短期内的波动则难以避免。

第六，虽然面对货币供给冲击时，农产品价格在短期内做出过度反应是常态，但是也存在反应不足或者反应迟缓的特殊情况。例如，如果货币供给冲击已经被市场参与者事先预测到，那么就有可能出现农产品价格反应不足的现象。

第七，农产品等大宗商品跟债券等其他金融资产之间的替代程度对农产品价格超调具有重要影响。资产替代程度越大，农产品价格超调程度越高。资产替代程度越低，农产品价格超调幅度越小。考虑到资产替代程度越大，农业金融化程度越强。可以预见，农业金融化的发展将会加剧农产品价格超调的程度。

第八，由于能源部门的价格具有灵活性，能源部门在国民经济中的比重越高或者价格调整的灵活性越强，将有助于减缓农产品市场的价格波动。

三、经验验证

无论早期的多恩布什和弗兰克尔，还是赖景昌等的工作，都是纯理论性的推导。这些理论模型推导表明，黏性价格（fix-price）、灵活价格（flex-price）和汇率（exchange rate）三个变量之间一定存在着相互作用的联系。由于三者之间联系极为复杂，难以在经验上估测模型中诸多方程的具体参数。然而，基于时间序列的 VEC 模型不仅可以检验是否存在超调，而且能够保持三者之间长期的关系。因此，在经验分析中常常用 VEC 方法及其各种变型来检验是否存在农产品价格超调。

（一）经验验证方法：VEC/VAR 模型

首先，为了避免伪回归问题，先要利用 ADF（Augmented Dickey-Fuller Tests）方法对时间序列变量的平稳性进行单位根检验。依此来判断变量本身或者一阶差分是否具有平稳性。核心的四个变量为货币供应量（M1/M2）、农产品生产者价格（agricultural price，PPI）、工业品生产者价格（industrial prices，PPI）、汇率（exchange rate）。

第二，运用 Johansen's Co -integration Tests 来确定系统中各个变量之间是否存在长期协整关系。

第三，运用 VEC（Vector Error Correction，向量误差修正模型）来检验变量之间存在的联系。VEC 是含有协整约束的向量自回归模型 VAR（Vector Auto Regression），多用于具有协整关系的非平稳时间序列建模。VAR 是基于数据的统计性质建立模型，VAR 模型把系统中每一个内生变量作为系统中所有内生变量的滞后值的函数来构造模型。在实际应用中，由于 VAR 模型是一种非理论性的模型，它无须对变量作任何先验性约束，能够更好地解决内生性问题，让"数据为自己说话"。VAR 模型成立的前提是变量具有平稳性，当变量非平稳但具有协整关系时，基于 VAR 模型做出各变量间存在关系的推断常常也是可靠的。在分析 VAR 模型时，往往不分析一个变量的变化对另一个变量的影响如何，而是分析当一个误差项发生变化，或者说模型受到某种冲击时对系统的动态影响，这种分析方法称为脉冲响应函数方法（impulse response function），常常要结合方差分解来测度各个结构信息对预测方差的贡献度，从而把握引起有关变量变化的每个结构信息的重要性。

（二）农产品价格超调假说的验证结果

学术界有关美国、澳大利亚、匈牙利、韩国、菲律宾和泰国等国家货币供应量对农产品价格影响的研究结果均表明，确实存在短期内的农产品价格超调现象，而且大都发现长期的货币中性不成立。唯一针对具体农产品差异所做的研究（Dorfman, J. H., and W. D. Lastrapes, 1996）则采用了贝叶斯方法，结果表明畜产品价格在短期内初始时期比农作物针对货币供给冲击的反应更强烈，而农产品则相对需要较长时间的慢慢调整。

国内学者从 2009 年开始对农产品价格超调问题进行了大量实证研究，诸如李辉等（2009）运用 1999 年至 2008 年的月度数据、于爱芝（2010）运用 2000 年至 2009 年的月度数据、方鸿（2011）运用

2002 年至 2010 年的季度数据、罗家宏（2011）运用 1985 年至 2010 年的年度数据、邓宏波（2011）运用 2001 年至 2011 年的季度数据、李珊等（2014）运用 1978 年至 2012 年的年度数据、谭莹等（Yingtan et al，2017）运用 2005 年至 2016 年的月度数据。虽然侧重点各有不同，但是所有研究结果都表明，的确存在短期内农产品价格超调现象。而长期内是否存在严格的货币中性，则没有达成一致的结论。

第二节　利率变动对农业的影响

这一节首先介绍利率变动对农业影响的路径，然后就相关的三个议题进行延伸讨论。

一、利率变动对农业影响的途径

利率变动主要通过四个途径来影响农业。

一是影响存货（库存）的成本。利率提高将会增加存货成本，从而影响农场利润水平。而存货成本的变化也会影响纵向关联市场的市场力量。利率降低有利于增加存货，相对降低了当期供给，增强当期市场力量。而存货增加相当于增加了下一期供给，从而对下一期农产品价格产生影响。利息成本必须计算在生产成本之内。例如，在确定盈亏平衡点时，购买大牲畜所需资金的利息成本就必须计入，即使这些牲畜是从农场内部转入。

二是影响对农地、机械及其他投入品购买决策。利率对农业投资具有负面影响。投资主要包括为了未来生产所需要的土地、建筑物、机械、设备、存货等。是否投资、投资多少的决策取决于投资预期收益率与利息率之间的比较。预期收益率高于利息率才会投资。因此，较低的利息率会刺激农业投资。利率直接影响农地价格，利率提高将会导致农地价格走低。

三是伴随利率提高而来的整体农业经营风险。农业经营越来越面对难以预料的利率变动风险。由于利率水平由整体经济决定，不是单纯由农业部门决定。为此，宏观经济形势和政策的变化常常引致与预期相反的利率变化，使得预期的农业经营收益难以实现。

四是借由农产品金融属性通过期货市场而影响农产品短期价格波动。利率短期变动会直接影响农产品期货市场的价格，从而传递到现货农产品，带来价格的波动。但是长期内则由供求基本面决定。

迄今为止，除了那些大规模的养殖企业和家庭农场以外，中国农业在整体上对利率变化并不敏感，主要原因是农业经营规模小、缺乏抵押物，难以从商业银行获得贷款，而民间的合作金融尚未发展起来。制约因素在于贷款量而不是价格。高利率的小额信贷一定程度上缓解了农业资金不足。不过，中国农业的金融基础正在发生改变，可以预见的是，未来的中国农业跟利率变化之间的关系将越来越紧密。

二、农地经营权抵押

关于农地经营权抵押问题，我们先后经历了禁止抵押、试点抵押和放开抵押三个阶段。

为什么禁止抵押？在过去相当长时期内，我们的农用地，不管是所有权、承包权还是经营权，是不允许抵押贷款的，也不可以做担保。这是因为在缺乏农业保险制度和良好社会保障体系情况下，单纯放开抵押，农民有可能因为经营破产而失去土地，从而无法维持生计。中国历史上从汉代开始发生的土地兼并，形成了公平与效率演变的历史循环，在农民缺乏有效生活保障的情况下容易出现动乱。在土地抵押情况下，弱小的农民总会因豪强劣绅的巧取豪夺而失去土地。

从国家层面上打破农地抵押贷款制度瓶颈始于 2014 年，这是一次历史性的突破。2014 年 4 月 20 日国务院办公厅颁发了《关于金融服务三农发展的若干意见》，其中第十一条明确提出要创新农村抵（质）押担保方式。制定农村土地承包经营权抵押贷款试点管理办法，在经批准的地区开展试点。慎重稳妥地开展农民住房财产权抵押试点。健全完善林权抵押登记系统，扩大林权抵押贷款规模。推广以农业机械设备、运输工具、水域滩涂养殖权、承包土地收益权等为标的的新型抵押担保方式。加强涉农信贷与涉农保险合作，将涉农保险投保情况作为授信要素，探索拓宽涉农保险保单质押范围。之后的 2016 年，人民银行、银监会、保监会、财政部和农业部联合发布了《农村承包土地的经营权抵押贷款试点暂行办法》。2021 年 6 月 29 日，人民银行、银保监会、证监会、财政部、农业农村部和乡村振兴局联合发布《关于金融支持巩固拓展脱贫攻坚成果，全面推进乡村振兴的意见》，进一步提出要拓宽农村资产抵押质押物范围，积极推广农村承包土地的经营权抵押贷款业务。也就是说，过去我们所期盼的农民通过经营权抵押来获得贷款，以解决农业经营所需要资金不足，曾经受到的法律制约已经全部解除，进入了实践阶段。农地经营权抵押是指经营权的抵押，既不是农地所有权，也不是农地承包权。经营权抵押有两种情况：一种是农民当时承包土地的时候，获得的承包经营权，既有承包权，又有经营权。他拿他自己的经营权做抵押就可以了；另一种情况是其他农业经营主体，从具有承包经营权的农户手里流转过来的经营权，也可以拿这个经营权去做抵押贷款，但是在具体操作过程中需要事先征得原有农户的同意。

从实践探索的角度来看，农地经营权抵押的试点最早源于山东省枣庄市。2008年，山东省枣庄市在辖区范围内开展了农村土地使用权抵押试点工作。在当时，只有城市才有土地使用权证，农村土地是没有的。山东省枣庄市出台一系列相互配套的地方文件和法规，推进辖区内的农地使用权抵押贷款实践。既使农民获得了贷款，又促进了土地流转。其中最核心的工作是对加入土地合作社的农用地颁发农村土地使用权证，没有加入合作社的则不在试点范围。农民用农村土地使用权证做抵押来获得贷款。同时设置了产权交易中心，以方便农村土地使用权的交易和处理。为了规避风险，当时试点文件规定，农民只能用其三分之一的土地来做抵押贷款。枣庄市的大胆尝试为全国范围的试点乃至最后放开积累了宝贵的经验。

随着农地经营权抵押工作的开展，农民的确获得了抵押贷款机会，但是我们还需要保持清醒，土地抵押不是万能的，不能过分扩大其作用，也不能将农村发展改革的全部期望寄托在这一点上，还需要通过农业保险、期货加保险等方式来提升农业应对风险的能力。日本和印度的经验值得我们借鉴。

日本农地虽然私有，可以自由抵押贷款。但是，从实际发生的案例来看非常少见。主要是因为农地抵押之后如果农民无法按期还贷，农地抵押权的处置非常麻烦。银行拿到农地之后无法自己经营，而其他人来经营这块土地时会受到当地农民的排挤，农村的邻里文化起到了对原有农民的保护作用。因此，土地抵押并不是万能的。

印度农民大量自杀的经验也表明，农民即使有农地抵押权，可以贷款，但是农民依然可能陷于巨大风险之中。1997 年至 2006 年间，印度累计有 16.6 万农民自杀，年均 1.6 万人自杀，平均半小时有一个农民自杀。导致农民自杀的原因很多，其中最重要的就是农业危机，在缺乏农业保险情况下，突然发生的天灾或者市场价格低落，使得农民无法偿还贷款而失去土地乃至生命。

三、农业结构变化

中国农业结构变化将逐步改善农业的金融基础。以刘易斯拐点到来为契机，中国第一产业就业总人数逐渐减少，中国农业逐步走向规模经营和资本集约的发展道路，这将逐步改善农业的金融基础，为金融向农业渗透提供了有利条件，利率对农业的影响将日趋明显。

一是向资本密集型农业转型。随着农业劳动力减少，中国农业将从土地节约型向劳动力节约型转变。农业技术进步的方向必然是资金集约型技术体系。农业机械、设备乃至土地等投入都需要金融支持，利率变化对农业发展日益重要，地价越来越跟农业景气程度密切相关。

二是向规模经营转型。农业劳动力减少、确保食品质量安全、增强产品市场和金融市场谈判能力等几个方面的要求，迫使中国农业必须走各种类型的组织化、规模化发展道路。无论是大规模的家庭农场，还是公司制农场、各类合作社与农户的结合、战略联盟，这些组织形态将会从农业生产链条各个环节上实现规模经营与纵向协调的结合，既增强市场影响力，又可降低还贷的风险，从而促进金融与农业的结合。目前我国肉禽业已基本工厂化，养猪业正在向规模化转型。

四、农业金融化

进入 21 世纪以来，农业金融化成为农业经济学界的一个热门话题。什么是农业金融化？其实就是指农业经济活动过程当中使用金融工具的程度。有广义和狭义之分。

广义的农业金融化是指整个农业经济活动，包括农产品生产、加工、流通和消费等各个领域使用金融工具的程度。这些金融工具包括但不限于直接融资、抵押贷款、信用贷款、小额信贷、期货、期权、保险、再保险和债券等。随着我国农业经营的金融基础不断完善，金融对农业的渗透日益深化，金融市场的变化对农业经济的影响日趋明显。随着传统农业向现代农业的转型，现代农业与整个宏观经济融为一体，必然会加快农业与金融的融合。作为应对农业生产经营风险的重要金融工具，农业保险和再保险将会发挥越来越积极的作用。2020 年，我国实现农业保险保费收入 815 亿元，超过美国成为全球农业保险保费规模最大的国家；2021 年，我国实现农业保险保费收入 965.18 亿元，提供风险保障 4.78 万亿元，服务农户达到 1.88 亿户次；农业保险深度达到 1.16%，稻谷、小麦、玉米三大主粮作物农业保险覆盖率达到 70% 以上。由于农业保险面临大灾风险的概率远高于普通险种，建立和完善转移分散风险的组织体系和保障机制，将农险公司已承保的农业保险业务风险在更大范围分散的需求日益迫切。2019 年，国务院批复设立中国农业再保险股份有限公司，标志着我国健全农业再保险制度、促进农业保险行业健康发展、完善农业大灾风险分散机制取得突破性进展。自 2020 年 12 月 31 日开业运营以来，中国农业再保险股份有限公司已经与 35 家农险经营公司签署了再保险标准协议，分保政策性农业保险业务的 20%，为农业生产提供风险保障约 1 万亿元；同时加快推进约定分保业务信息系统建设，基本实现农业保险数据汇集对接，总体保单数据核验成功率和精准度达 99% 以上。中国农业再保险股份有限公司在分散农业大灾风险、增强农业应对风险能力方面发挥了不可替代的作用，逐步成为中国农业再保险市场的主渠道，服务和推动农业保险行业高质量发展。例如，2021 年河南特大暴雨灾害发生后，公司提前对受到较大影响的农险经营公司支付赔款，有效缓解了农险经营公司的赔付压力，大大分散了此次灾害风险，为稳住农业基本盘发挥了重要作用（赵阳，2022）。

农业保险在历史上主要是针对自然风险，现在则拓展到市场风险。根据财政部发布的财金〔2021〕49 号文《财政部、农业农村部、银保监会关于扩大三大粮食作物完全成本保险和种植收入保险实施范围的通知》，中国针对稻谷、小麦、玉米这三大粮食作物开展完全成本保险和种植收入保险，逐步覆盖 13 个粮食主产省份的所有产粮大县。完全成本保险覆盖农业生产的总成本，包括了直接物化成本、土地和人工成本，主要功能是弥补主要自然灾害、重大病虫害等导致的损失，也就是说，在出现自然灾害、病虫害这样一些特殊情况的时候，广大农户至少可以把成本收回来。种植收入保险主要是覆盖农业种植收入因为价格和产量波动而导致的损失。这两种保险的保障水平最高都可以达到相应品种种植收入的 80%。中央和地方财政对投保农户实施保费补贴，在省级财政补贴不低于 25% 的基础上，中央财政对中西部以及东北地区补贴45%，对东部地区补贴35%。同时要求承保机构按照保本微利原则厘定保险费率，反映经营成本的综合费用率不高于20%。所谓综合费用率不高于20%的意思是在全部保费里面，保险公司用来覆盖它自己成本的这部分不高于全部保费的20%。

除了上述完全成本保险和粮食收入保险之外，保险公司还可以通过与银行和期货公司开展合作的方式，运用市场化手段来开辟新的保险产品。例如，保险公司提供农产品价格险，银行以购买农产品价格险为条件向企业或农业经营主体发放贷款，保险公司将保费收入存入合作的银行。这样，在企业或农业经营主体可以规避市场风险情况下，银行可以降低放款的风险。保险公司为了规避农产品价格下降的风险，则需要与期货公司合作，通过期货交易和期权交易来分散风险。当农产品价格上涨时，保险公司获得价格险的保费收入而不用赔付。当农产品价格下跌时，需要向购买价格险者进行赔付，其赔付金的来源则是期货交易或者期权交易的收益。期货公司也相应获得一定的手续费收益。这样，相当于将农产品市场风险分散至农产品期权交易的专业投机者。当然，农产品价格险种的具体操作需要非常专业的精细运作。

狭义的农业金融化，是指把农产品等大宗商品作为一种金融资产来进行交易的程度，甚至就是专门指农产品期货市场的投机程度。正如赖景昌等（2005）研究所揭示的那样，农产品与其他金融资产之间的替代程度越大，农产品因应货币供给冲击所做出的过度反应越大。随着狭义农业金融化程度的提高，农业受金融市场波动的影响越来越大，因为资金是可以在所有金融产品之间自由流动的。目前，我们国家主要的农产品，在期货市场上都有对应的上市品种。诸如上海期货交易所的天然橡胶，大连商品交易所的玉米、大豆、豆粕、豆油、棕榈油、生猪、鸡蛋、玉米淀粉、粳米，郑州商品交易所的小麦、棉花、白糖、菜籽油、菜籽、菜粕、花生、苹果、红枣、早籼稻、晚籼稻、粳稻。期权上市交易的有豆粕、白糖、天然橡胶、棉花和玉米等5个农产品期权。期货品种的上市，有利于农产品的价格发现，为农业及其关联产业各环节参与者提供了套期保值和对冲经营风险的机会。但是，期货市场与现货市场之间的价格联动，亦会将金融市场的短期风险传导至农业部门，从而加剧农业经营收益的波动。

李剑和李崇光等（2017）分析了2005—2014年间中国农产品期货市场投机程度的品种差异，发现小麦和玉米等自给率较高的品种投机泡沫程度低于国际市场，而自给率较低的大豆则跟国际市场具有相近的投机泡沫程度。布润诺等（Bruno et al，2017）在《美国农业经济学杂志》发表的《食品金融化》一文，评估了1995年至2015年间世界范围内食品金融化的短期和长期影响。结果表明，金融投机确实会在短期内对农产品价格产生显著影响，导致短期泡沫的出现，但是从长期来看可以忽略不计。食品市场和金融市场同步运动的主要驱动力还是来源于世界经济周期。世界经济周期波动对农产品市场和金融市场之间的联动关系具有实质性和持久的影响。从长期来看，农产品市场的价格波动主要由宏观经济周期和农产品市场自身供求状况来决定。

第十章　环境宏观经济学

为什么在农业与宏观经济关系中，把环境宏观经济学加进来？因为农业作为整体经济的一个组成部分，跟其他部门一样，在经济活动过程当中需要利用环境，也会对环境产生影响。这部分内容在过去基本上属于环境经济学或者资源经济学，很少从宏观经济角度进行分析。最近这20年，宏观经济学也发生了很大变化，在宏观经济学框架里边，也可以把环境因素考虑进来，这得益于诸多学者的共同努力。

第一节　生态文明理念

一、生态文明理念

文明是指人类文化发展的成果，是人类改造世界的物质和精神成果的总和，也是人类社会进步的一种象征。生态文明是以人与自然、人与人、人与社会和谐共生，良性循环，全面发展，持续繁荣为基本宗旨的一种社会形态，是人类文明发展的新阶段。也就是说，它是工业文明之后的一种文明形态。在漫长的人类历史长河当中，我们的人类文明实际上已经经历了三个阶段。第一个阶段是原始文明，大约是石器时代，主要是旧石器，那个时候的人们必须依靠集体力量才能够生存。物质生产的活动主要依靠简单的采集和渔猎，大概维持将近上百万年。第二个阶段是农业文明，从新石器时期农业起源开始。最重要的是之后的铁器出现，使人类改变自然的能力产生了质的飞跃。从新石器时期开始到现在大概也才一万年。第三个阶段是工业文明，从18世纪中叶英国工业革命开始，人类进入了现代化的生活，这个时间尚不足300年。工业文明是以人类征服自然为主要特征，全球的工业化发展使征服自然的这种文化达到了极致。一系列全球性的生态危机，说明地球再也没有能力支持工业文明的这种恶性发展，需要开创一种新的文明形态来延续人类的生存，这就是生态文明。

如果说农业文明是"黄色文明"，工业文明是"黑色文明"，生态文明就可以称之为"绿色文明"。目前，我们正在进入第四阶段，即生态文明阶段。进入这个阶段不是一蹴而就的，世界各国都做了多年的不懈努力。有几个标志性事件值得历史铭记。1972年6月联合国在斯德哥尔摩召开的第一次人类与环境会议，当时发表了人类环境宣言，才意识到人类与环境之间关系的重要性。1987年世界环境与发展委员会在《我们共同的未来》这一份报告里面提出可持续发展模式。1992年联合国环境与发展大会通过《21世纪议程》。这些都高度凝结了当代人对可持续发展理论的认识。生态文明的提出，是对可持续发展认识的进一步深化。作为世界上最大的发展中国家，在尚未进入发达经济的阶段，中国就能够从构建人类命运共同体角度出发，积极倡导生态文明建设。2012年党的第十八次全国代表大会做出了"大力推进生态文明建设"的战略决策，一系列重大决策部署的先后出台，推动生态文明建设取得了重大进展和积极成效。

二、生物圈经济观

生态文明视野庞大，涵盖经济、政治、文化和社会等全方面全过程的建设。具体到经济领域，我们需要树立生物圈经济观。生物圈经济观，跟传统的经济观截然不同。在传统的经济分析中，基本上把劳动和资本视为生产要素。如果不考虑政府参与和贸易，也就是封闭经济的情况下，宏观经济就由企业和家庭两个部门来形成。家庭向企业提供劳动力和资本，企业为家庭提供商品和服务。这样的分析方法，基本上不考虑经济体和环境之间的关系，不考虑自然资源的投入和废物的排放。但真实的情况是，经济活动离不开自然资源转换成商品和服务，而这些商品和服务最终又会以废弃物的方式回流到环境。所以必须转变经济分析的范式，拓宽视野，从生物圈角度来分析经济运行。从生态文明角度来看，生物圈必须纳入经济活动分析的视野，把环境和生态平衡约束纳入经济分析的框架，建立一种新的经济分析模式。

生物圈经济观是把生物圈作为整体，传统的经济系统仅仅是生物圈体系的一个组成部分，整个生物圈会接受来自太阳的能量，形成自己内部的物质能量循环。有一部分能量释放到生物圈之外，大部分还在生物圈内部。除了传统的经济体系所描述的流程之外，家庭和企业都会向生物圈内排放废物和污染，这些废物和污染一部分由企业再循环处理回到企业，大部分则在生物圈内通过自然再循环过程，形成能量和自然资源之后重新进入家庭和企业。因此，传统的经济体和生物圈的自然再生能力共同构成了整个生物圈经济体系。在宏观经济学中引入环境均衡和气候变化是生物圈经济观的具体体现。

第二节　环境宏观经济学

环境宏观经济学的概念和研究对象，是由戴利（H. Daly）1991年提出的。之后，引起了经济学者的广泛兴趣，逐渐把环境因素纳入宏观经济学分析框架。环境宏观经济学形成了三个主要的研究领域（任力、梁晶晶，2013）：第一个是与凯恩斯主义相结合，发展成为各种 IS-LM-EE 模型；第二个是与经济增长理论相结合，研究增长过程当中的环境技术进步，发展出气候变化经济学；第三个是与经济周期理论相结合，研究不同情况下环境政策选择。在这一节，我想重点介绍两个方面：一是环境宏观经济学的 IS-LM-EE 模型，是在原有 IS-LM 模型之上增加了环境均衡，具有开创性；二是 2018 年诺贝尔经济学奖得主诺德豪斯的气候变化经济学。

一、　IS-LM-EE 模型

海耶斯（Hayes）于 2000 年在《生态经济学杂志》（Ecological Economics）上发表了题为"关于构建绿色宏观经济学的建议：IS-LM-EE 模型（A proposal for the greening of textbook macro：IS-LM-EE）"的文章，首次提出环境均衡曲线并与宏观经济模型相结合，开创性地构建了 IS-LM-EE 模型。我们都知道经典的宏观经济学模型 IS-LM，IS 曲线为储蓄（S）等于投资（I），代表商品市场均衡。LM 曲线为货币供给（M）等于货币需求（L），代表货币市场均衡。两者相交时达到均衡的实际利率和经济产出水平。这一经典模型并未考虑到环境均衡。海耶斯的这篇文章，创新性提出了环境均衡曲线（EE，environmental equilibrium）并与 IS-LM 相结合，奠定了环境宏观经济学的基础。

环境均衡曲线是一条反映经济发展所受到环境制约的曲线。在这条曲线上，经济活动所消耗的环境资源量恰好等于生物圈或者生态系统自身所能够再生提供的环境资源量。换句话说，如果把这条线理解为自然资本存量不变的话，相当于经济活动过程中所造成的自然资源消耗量恰好等于自然资源的可再生量，自然资本存量保持一定水平不变。

在海耶斯的模型中，他用经济活动的环境强度来作为环境均衡曲线推导的分析基础。所谓环境强度是指单位产出所消耗的自然资源量或者单位产出所造成的污染物排放量。海耶斯在定义环境均衡曲线时，提出了环境和资本具有替代性的假设，即经济活动的污染程度随着资本成本的上升而上升，随着环境成本的上升而下降，更高的资本成本和更低的环境成本会推动技术进步的发生。所谓环境均衡是指自然资本存量保持不变，或者环境质量保持不变。自然资本存量的年变化量等于自然资源的可再生量减去经济活动的自然资源消耗量，环境质量年变化量等于环境质量自我更新量减去经济活动的污染物排放量。环境均衡曲线（EE）就是指上述差额为零情况下实际利率与经济产出之间的关系。海耶斯证明，在自然资本存量保持不变或者环境质量保持不变的情况下，实际利率与经济产出呈现负向关系，即环境均衡曲线 EE 的斜率为负，向右下方倾斜。而且，EE 曲线比 IS 曲线更为陡峭，原因是 EE 曲线对资本成本的反应比产品市场更为迟钝。将 EE 曲线加入 IS-LM 模型，经济与环境系统的均衡则处于 IS 曲线、LM 曲线和 EE 曲线共同的交点位置。在这个位置上，不仅商品市场和货币市场都达到了均衡，环境质量亦保持在一个固定的水平不变。在这个位置上，新资源的开采速率等于新资源的补给速率，污染排放速率等于环境对污染物的吸收消化速率。当污染速率超过了环境吸收和可再生的容量范围时，就会发生环境恶化。

海耶斯认为，依据传统的 IS-LM 模型，经济系统存在自我纠正机制使得原有均衡被打破后能够形成新的均衡。但是，如果没有政策机制，经济系统自身难以保证回到环境均衡曲线上。假设系统的初始均衡点位于 EE、IS 和 LM 三条曲线的共同交点，当政府为了促进就业而采取扩张性财政政策时，IS 曲线就会发生位移，位移后的新 IS 曲线与原有 LM 曲线相交，出现新的 IS-LM 均衡。但是这个新的均衡点并不在原有的 EE 曲线上，也就是说，扩张性财政政策在短期导致产出增加、就业增加的同时，使得经济系统偏离了环境均衡曲线，造成自然资源消耗过度或者污染排放过多等环境质量恶化现象。在没有其他特殊的制度安排下，就需要通过配合以紧缩性的货币政策来使 LM 曲线发生位移，从而使得 IS 和 LM 曲线的新交点能够回到 EE 曲线上。也就是说，在没有其他机制配合情况下，要想使环境均衡得以实现，财政政策和货币政策两者之间需要反向的配合。

劳恩（Lawn）在 2003 年对海耶斯的模型做了进一步的拓展。他提出物质能源吞吐量这一概念来界定经济活动中的资源消耗。经济活动中物质能源的总吞吐量为经济产出与能源使用的技术效率之比。物质能源使用的技术效率是指单位自然资源消耗或者单位污染物排放所创造的经济产出，相当于海耶斯提出的环境强度指标的倒数。环境恶化率就等于物质能源总吞吐量与环境再生能力之间的差值。环境恶化率为零即环境质量不变情况下的实际利率与经济产出之间的关系构成环境均衡曲线 EE。在自然资本与人力资本具有互补性等假设条件下，劳恩也证明了 EE 曲线的斜率为负值。与海耶斯不同的是，劳恩认为由于资源承载能力或者环境极限的制约，环境均衡曲线 EE 虽然斜率为负值，但是不是固定不变的。EE 曲线向右下方延伸到资源承载能力极限时就会变得陡峭，接近于垂直线。其背后的原因在于，当实际产出接近生态系统承载能力极限时，能源消耗的技术效率对资本成本越来越不敏感，用节能环保型技术来增加产出的难度越拉越大，甚至是不可能。不仅如此，劳恩还讨论了可以导致 EE 曲线本身发生位移的两个重要因素，从而为确保经济系统实现环境均衡提供了新的政策思路。一个是制度参数，另一个是技术参数。所谓制度参数（β），是指污染者付费的比例，β 值介于 0 和 1 之间。β 值为 1，代表一个社会百分之百采用了污染者付费的环境政策。β 值为 0，代表一个社会丝毫没有采用污染者付费的环境政策。β 值不一样，EE 曲线的位置也不一样。随着一个社会逐步向污染者付费的制度转变，EE 曲线也逐渐向右发生位移，为经济发展创造了更广阔的环境空间。许可证和排污权交易是两个代表性的污染者付费制度。所谓技术参数（γ），是指资源节约型技术或者环境友好型技术的采用比例，γ 值也介于 0 和 1 之间。γ 值为零，意味着虽然有资源节约型或者环境友好型技术，但是丝毫没有采用。γ值等于1，意味着现有的资源节约型或环境友好型技术得到了普遍运用。γ值不同，EE曲线的位置也不一样。随着一个社会越来越多地采用资源节约型或环境友好型技术，EE曲线则逐步向右发生位移，也为经济发展的环境空间扩展奠定了坚实的技术基础。制度参数和技术参数的引入，为解决海耶斯模型中所需要的财政政策与货币政策反向操作困境提供了出路。我们回到前面的分析，一个经济体初始均衡位于IS、LM和EE曲线的交点。为了促进就业采取的扩张性财政政策将导致IS曲线发生位移，就业增加、产出增加，新的IS曲线与原来的LM曲线相交，这一交点偏离了EE曲线。这时候，我们可以不依靠反向的货币政策来促使经济回到环境均衡。可以依靠提高制度参数或者技术参数使EE曲线本身发生位移，从而与新的IS-LM均衡点相重合，这样既促进了经济增长和就业，也保证了环境质量改善。无论是制度参数（促进污染者付费）还是技术参数（促进环境友好型技术创新和技术推广），都属于环境政策的范畴。因此，从宏观经济角度来看，要想让经济发展的同时不破坏环境，就需要财政政策、货币政策和环境政策的合理配合。

在海耶斯和劳恩的IS-LM-EE模型基础上，又有一些学者做出了改进。这里不再详细展开，只是简单梳理模型改进的方向。劳恩（Lawn，2007）进一步将开放经济下的国际收支平衡（BP）考虑进来，提出了IS-LM-EE-BP模型。希穆（Sim，2006）在接受海耶斯有关环境与资本替代性假设基础上，强调了产出缺口和环境规制的重要性。希穆模型证明了如果一个国家在经济发展中没有较高的环境规制水平，虽然短期内产出更大，但是长期均衡状态下要承受更低的收入。反之，加强环境规制，短期内也许相对产出较低，但是长期可以达到更高的生活水平。洛佩兹（Lopez，2007）在劳恩模型基础上，结合社会福利分析方法和 IS-LM-EE 模型讨论了环境政策的优化问题。德克尔和沃哈（Decker& Wohar，2012）改变了海耶斯的替代性前提假设，采取了环境与物质资本之间具有互补性的假设，得出的结果跟海耶斯相反，即环境均衡曲线的斜率为正值，EE 曲线向右上方倾斜。由此则产生了与海耶斯模型的政策分歧。在 EE 曲线向右上方倾斜情况下，当政府采取扩张性货币政策时，实际利率下降，借贷成本变得更为低廉，生产者会选择投入更多的物质资本，由于物质资本与环境资本具有互补性，自然资本的使用也会增多，超过生态系统的再生能力。为了使经济维持在原有的环境均衡曲线上，政府必须配以紧缩性的财政政策，结果使经济停留在一个更低利率和更低产出的水平上。

二、诺德豪斯的气候变化经济学

诺德豪斯（W. Nordhaus）于 2018 年 10 月获得诺贝尔经济学奖，其主要贡献是将气候变化纳入长期宏观经济分析。

1977 年诺德豪斯在《美国经济评论》发表的题为"经济增长与气候：二氧化碳问题"一文，奠定了气候变化经济学作为经济学的一个独立分支学科的基础。在这篇奠基之作中，他把二氧化碳看作连接经济系统和气候系统的纽带。

1992 年诺德豪斯在《科学》（Science）杂志上发表了其开辟道路的论文，题目是"控制温室气体的一条最优过渡路径"。在这篇文章中，他提出了划时代的气候与经济动态综合模型（DICE），用来分析资本积累与减少温室气体排放的最优路径。其跟 1977 年的模型相比，有了五方面的突破性改进：第一，模型建立在成熟的新古典经济增长理论框架之内，因此待求解的最优路径是最有效的，消除了外部性的途径；第二，把全球经济作为一个整体，拥有初始的资本存量、劳动力和逐渐进步的技术；第三，模型考虑了所有的温室气体排放（如二氧化碳、甲烷、氧化亚氮等），并将这些温室气体用二氧化碳当量来表达，这些排放可以通过不同方式加以控制，如规制、征税和补贴等；第四，排放的温室气体在全球碳循环（如大气、海洋和陆地生态系统）中集聚和重新分布，进而导致气候变化（由全球平均地表温度来表征）；第五，气候变化对全球经济体造成影响，主要是损害。在这五项改进基础上，经济系统和气候系统就形成了一个相互影响的整体，拥有了一个逻辑非常清晰的闭环。DICE 模型的建立标志着气候变化综合评估模型（IAMS）的起源，为之后各种各样的气候变化综合评估模型打下了坚实的基础。

后来，诺德豪斯意识到全球综合模型还有一个缺陷，那就是它损失了不同地区的许多重要细节，特别是忽略了一个重要事实，即减少温室气体排放的政策主要是由各个国家来制定的。因此，他在 1996 年又开发出气候与经济区域综合模型（RICE）。RICE 模型允许不同国家在考虑本国的经济权衡和自身利益时做出政策选择。这些经济权衡主要包括产品与服务消费、生产性资本投资以及通过二氧化碳减排来减缓气候变化。在 RICE 模型背景下，全球温室气体减排分为三种情景：一是市场情景，也就是对温室气体排放没有任何限制；二是合作情景，也就是全球最优路径；三是非合作情景，即每个国家根据本国利益采取政策，而忽略这些政策对他国可能产生的外部影响。RICE 模型不仅可以计算全球最优路径，更重要的是可以将其与非合作路径进行比较。在这个模型基础上，进行了诸多气候变化的影响评估。

在气候变化评估方面，联合国政府间气候变化专门委员会（IPCC）的研究方法跟诺德豪斯存在明显差异。1990 年 IPCC 发布了第一个气候变化评估报告。该报告仅仅关注纯粹的物理世界变化，忽略了人对经济环境变化适应能力。在碳排放的代价估算上，IPCC 的结果比诺德豪斯的要高出很多。IPCC 在 2001 年发布的第三个气候变化评估报告中承认了诺德豪斯模型的优势，并开始在其自己框架里嵌入更具有微观基础的经济系统模块。诺德豪斯也在自己的生态系统模型中向 IPCC 靠拢。两者相互学习，不断完善各自的气候变化评估模型。

诺德豪斯根据 2010 版 RICE 模型对《哥本哈根协议》的结果进行了预测。结果表明，即使各国完全按照各自所承诺的方式推动碳减排，也不足以达到将全球平均气温上升控制在 2℃ 以内的既定目标，气候变化问题十分严峻。

第三节　农业环境政策

IS-LM-EE 模型的理论结果表明，只有财政政策、货币政策和环境政策合理配合，才可以确保经济活动处于环境均衡之上。农业环境政策作为整体环境政策的一个组成部分，具有其独特的特点。本节先讨论农业的外部性，之后简要介绍欧美的农业环境政策和中国农业环境政策的发展脉络。

一、农业外部性

农业的外部性，既有正，也有负。正的外部性，主要是农业生产活动所带来的环境价值、文化价值、生物多样性、生态安全、粮食安全和国土安全等，需要通过一系列评估方法将这些价值量化，乃至纳入国民经济核算。不过，在这里我们重点关注的是负的外部性。

负的外部性，最主要是农业面源污染，是农业增长过程中所付出的环境代价。所谓面源污染是指各种没有固定排污口的环境污染总称。农业面源污染主要是指在农业生产活动过程当中不合理使用农药、化肥和农膜等，使得氮磷等营养物质和农药以及其他有机或无机污染物质通过农田地表径流和农田渗漏，形成的水环境、土壤污染或者残留在农作物上的污染。这些污染直接或间接地危害人类健康。

农田化肥污染、农药污染、畜禽养殖污染、农田固定废物污染和农村生活污染是我们国家农业面源污染的五大要因。据梁流涛等（2010）估算，1990 年至 2006 年我国农业面源污染 COD、TN 和 TP 的排放量平均值分别为 573 万吨、644 万吨和 79 万吨，年平均分别增长 1.33%、2.31% 和 3.28%。而马国霞等（2012）利用第一次全国污染普查数据测算得出 2007 年我国农业面源污染物排放总量为 1057 万吨，其中 COD 排放量 826 万吨、总氮 187 万吨、总磷 21.6 万吨、氨氮 22.4 万吨。在高排放情境下，2030 年农业面源污染中 COD 排放量可能上升至 1466 万吨。从空间分布来看，人口众多、农业集约化程度较高的东部沿海地区是农业面源污染主要排放区，而陕西、云南、宁夏、甘肃、新疆、青海、内蒙古和西藏等西部地区农业面源污染排放总量和排放强度都较低。由于农业面源污染具有发生区域随机性、排放物及排放途径分散性、污染负荷时空分布差异性等特点，监控和治理难度非常大。

从全球范围来看，农业面源污染是水环境质量恶化最主要的一个原因。美国 60%以上的地表水环境问题是由农业活动引起的，荷兰来自农田的氮磷负荷分别占了 60%和 50%左右。中国的七大水系很多地方都处于中高度的富营养状态。

我们国家的土壤环境状况非常不乐观。2014 年，当时的环境保护部和国土资源部联合发布了我国第一次《全国土壤污染状况调查报告公报》，公报显示，工矿业和农业等人文活动以及土壤环境背景值高是造成土壤污染或者超标的主要原因。全国土壤总的点位超标率为 16.1%，其中轻微、轻度、中度和重度污染点位比例分别是 11.2%、2.3%、1.5%和 1.1%。污染类型以无机型为主，有机型次之，复合型污染比重较小，无机污染物超标点位数占全部超标点位的 82.8%。从污染分布情况看，南方土壤污染重于北方；长江三角洲、珠江三角洲、东北老工业基地等部分区域土壤污染问题较为突出，西南、中南地区土壤重金属超标范围较大；镉、汞、砷、铅 4 种无机污染物含量分布呈现从西北到东南、从东北到西南方向逐渐升高的态势。

这些负的外部性威胁人类健康，制约可持续发展，需要通过相应的环境政策来加以解决。

二、欧美农业环境政策比较

环境政策的目标是促进经济社会的可持续发展。作为其中一个重要的组成部分，农业环境政策对于鼓励正外部性，限制乃至杜绝负外部性至关重要。然而，直至20世纪80年代才引起欧美等发达国家的重视并取得巨大成效，中国完整的农业环境政策才刚刚起步。

（一）在经历了20世纪50年代至80年代各种农用化学品投入高速增长之后，20世纪80年代以来欧美发达国家开始重视对农业面源污染的研究和治理。

1979年美国国会通过《清洁水法案》，将水污染治理列入国家财政预算，联邦政府每年从财政预算中拨出20亿美元专项基金用于启动水污染治理项目。近年的重点是面源污染。2003年设立了500亿美元清洁水基金。

欧盟第一个治理农业面源污染的法案出台于1989年。之后不断加大用于减少农田氮磷养分总量的经费，用于治理农业面源污染。近年来相关投资每年达1700亿欧元。

（二）欧盟的农业环境政策强调农业生产所带来的正外部性，而美国则重点针对负的外部性。

（三）欧盟关注的是集约农业经营所带来的外部性，即单位面积土地上投入了过多的其他生产要素所带来的负外部性；美国关注的是粗放经营所带来的负外部性，即农业生产使用了过多的环境敏感土地。

（四）美国的农业环境政策经费测算主要以预测经济活动带来的环境效果为基础；而欧盟农业环境政策补贴主要是针对那些认定的

环境友好型农业技术或农业投入。

（五）美国的农业环境政策充分考虑了个人机会成本（通常对大的项目采用招标方式）；而欧盟主要采取国家或地区设定的经费额度。因此，美国更强调每花费一美元政策经费所带来的环境效果。

（六）美国和欧盟的农业环境政策跟其他农业补贴之间存在密切关系。农业环境政策经费在农业政策总经费的比重呈现上升趋势，但是目前比重依然较低。

（七）美国 2014 年新的农业法案在农业环境政策上有一些变化，投在现有耕地上的经费比重和额度增加，改变了过去仅仅强调休耕土地的重要性（Kathy Baylis et al，2008）。

三、中国的农业环境政策

虽然先后有 1979 年《中华人民共和国环境保护法》、1982 年农牧渔业部卫生部《农药安全使用规定》、1995 年农业部《农药环境安全管理办法》、1996 年《中华人民共和国水污染防治法》、1998 年国家环保总局和农业部等 6 部联合《关于严禁焚烧秸秆保护生态环境的通知》及《秸秆焚烧和综合利用管理办法》、2000 年《中华人民共和国大气污染防治法》、2000 年农业部《肥料登记管理办法》、2001 年国家环保总局《畜禽养殖污染防治管理办法》《畜禽养殖业污染防治技术规范》《畜禽养殖业污染物排放标准》、2002 年《全国生态环境保护十五规划》、2006 年《中华人民共和国可再生能源法》、2008 年财政部国家税务总局《关于有机肥产品免征增值税的通知》、2009 年国务院办公厅转发《关于实行以奖促治加快解决突出的农村环境问题实施方案》、2011 年《畜禽养殖污染防治技术政策》

等一系列法规政策，但是执法脆弱、监管机制不健全、投入不足等等因素，导致中国农业面源污染问题没有得到有效治理。

2014年可以说是重大转折年，以2014年中央1号文件中提出"促进生态友好型农业发展"为标志，中国开始向系统治理农业面源污染迈出重要一步。农业部发布了《2014年国家深化农村改革、支持粮食生产、促进农民增收政策措施》，其中涉及农业资源及环境相关政策有三项，即农村沼气建设政策、开展农业资源休养生息试点政策、开展村庄人居环境整治政策。农业部会同有关部门编制了《农业可持续发展规划（2014—2020年）》，同时配合国家发改委编制了《农业突出环境治理总体规划（2014—2018年）》，不断建立健全农业资源保护政策和农业生态环境补偿机制，促进农业环境和生态改善。规划中的农业环境治理措施主要包括：一是开展耕地重金属污染治理。以南方酸性土水稻主产区为重点区域，以降低农产品中重金属含量为核心目标，以农艺措施为主体、辅以工程治理手段，在摸清污染底数的基础上，对污染耕地实行边生产、边修复，同时对示范农户进行合理补偿。二是开展农业面源污染治理。在农业面源污染严重或环境敏感的流域，开展典型流域农业面源污染综合治理示范建设。在养殖、地膜、秸秆等污染问题突出区域，实施规模化畜禽养殖污染治理、农田残膜回收与再生、秸秆综合利用、水产养殖污染治理等示范建设。三是开展地表水过度开发和地下水超采治理。在地表水过度开发和地下水超采问题较严重的区域，加大农业节水工程建设力度，调整种植结构，种植低耗水作物，不断提高水资源利用效率，逐步改善农业环境和水生态环境。四是开展新一轮退耕还林还草。在25度以上陡坡耕地、严重沙化耕地和15—25度重要水源地实行退耕，坚持宜林则林、宜草则草，实现生产、生态与生活的有机结合。五是开展农牧交错带已垦草原治理。针对农牧交错带中已弃耕的已垦草原，通过退耕种植优质牧草，使其成为稳定的人工草地，逐步恢复草原生态系统。六是开展东北黑土地保护。针对东北黑土层变薄、土壤有机质含量下降的区域，重点开展调整种植结构、增施有机肥、深松耕、坡耕地农田保护设施建设等。七是开展湿地恢复与保护。针对国家重点生态功能区及其他重要湿地分布区中国际重要湿地、国家级湿地自然保护区和国家湿地公园内由于围垦湿地获得耕地，开展退耕还湿。

农业部从2014年开始大力推进高毒农药定点经营示范和低毒低残留农药示范补贴工作。按照"试点先行、以点带面、稳步推进、全面实施"的原则，每年在5个省分别创建4—5个高毒农药定点经营示范县，每个县确定20个左右示范门店，同时在10个省实施低毒低残留农药补贴试点，示范带动高毒农药定点经营全面开展，引导农民减少高毒农药使用。目标是经过3—5年的努力，基本建立起规范化的高毒农药定点经营制度和低毒低残留农药使用补贴政策。为了对国家开展农业面源污染防控提供全面可靠的基础参数和科学依据，2014年全国农业面源污染监测网国控监测正式启动。

2015年4月20日，中共中央国务院印发了《关于加快推进生态文明建设的意见》，该文件是在十八大报告重点提及生态文明建设内容之后，中央全面专题部署生态文明建设的第一个文件，生态文明建设的政治高度进一步凸显。2015年9月21日，中共中央国务院印发了《生态文明体制改革总体方案》，阐明了我国生态文明体制改革的指导思想、理念、原则、目标和实施保障等重要内容。提出要加快建立系统完整的生态文明制度体系，为我国生态文明领域改革做出了顶层设计。同年，农业部门发布了《关于打好农业面源污染防治攻坚战的实施的意见》。2016 年国务院发布了《土壤污染防治行动计划》。2018 年全国生态环境保护大会上确立了习近平生态文明思想。之后，"增强绿水青山就是金山银山的意识"等内容写进了中国共产党的党章。把新发展理念、生态文明和建设美丽中国的要求写入了《中华人民共和国宪法》。

2021 年 3 月 12 日，《中华人民共和国国民经济和社会发展第十四个五年规划和 2035 年远景目标纲要》对外公布。规划纲要是指导我国今后 5 年及 15 年国民经济和社会发展的纲领性文件。纲要明确了到 2035 年美丽中国建设目标基本实现的远景目标和"十四五"生态文明建设目标。生态文明建设的重点包括以下几个方面：一是建立健全绿色低碳循环发展经济体系；二是确保 2030 年前实现二氧化碳排放达峰、2060 年前实现碳中和；三是深入打好污染防治攻坚战；四是建设生态文明治理体系；等等。

以上是中国农业环境政策演变的基本脉络。在生态文明建设背景下，农业环境政策体系终于得以成型。

联合国粮农组织（FAO）在第 26 届联合国气候峰会上发布报告，对全球农业和食物生产的碳排放情况作了通报。报告显示，2019 年全球人为排放量为 540 亿吨二氧化碳当量，其中 170 亿吨二氧化碳当量即 31% 来自农粮生产。就单一气体而言，其产生了全球 21% 的二氧化碳排放、53% 的甲烷排放和 78% 的氧化亚氮排放。其中，直接生产活动（作物和牲畜）所带来的排放是 2019 年农业食物系统排放的最大组成部分，大约有 70 亿吨二氧化碳当量，其次是包括运输、加工和投入品制造的生产前和生产后过程（60 亿吨二氧化碳当量），之后是土地利用变化（40 亿吨二氧化碳当量）。农业食物系统温室气体排放最多的国家是中国、印度、巴西、美国和印度尼西亚。就前五大排放国而言，2019 年农业食物系统排放量在总量中的比例分别为：中国 14%、印度 36%、巴西 83%、美国 20%、印度尼西亚 62%。因此，推进农业农村领域的减排固碳，降低农业农村生产生活温室气体排放的强度，是我们实现碳达峰、碳中和必须要加以重视的一个领域，也是潜力所在。

中国农业科学院赵立欣研究员在 2021 年"两会"期间接受《中国科学报》等记者采访时总结了农业部门可以为实现碳达峰、碳中和目标作出贡献的三方面工作：一是降低排放强度，也就是说提高生产效率，降低单位产品的排放强度。例如，优化稻田水肥管理，就可以做到减少温室气体排放。二是提高固碳能力。推动保护性耕作、秸秆还田、有机肥施用、人工种草等措施，加强高标准农田建设，提高土壤有机质含量，提升温室气体吸收和固定能力。发展滩涂和浅海贝藻类养殖，增加渔业碳汇潜力。三是节能与可再生能源替代。推广先进适用的低碳节能农机装备和渔船、渔机，降低化石能源的消耗和二氧化碳排放。大力发展生物质能和太阳能等新能源，加快农村取暖炊事，农业设施等方面可再生能源替代，抵扣化石能源排放。这些工作都需要相应的农业环境政策支持。

在建设美丽中国的过程中，除了需要农业环境政策支持以外，我们每一个具体的个人，更重要的是需要改变观念，改变自己的行为。

2018 年，北京慈海生态环保公益基金会（中国农业大学校友黄丽轩女士等创建）与蓝信封行动、大地出版传媒集团、中国（国际）自然资源产业联盟等共同发起了"风信子生态环保计划"，该项目以生态环境保护作为切入点，让大学生青年志愿者通过书信、夏令营等方式带动乡村儿童一起记录家乡自然之美、热爱大自然，最终回归到志愿者与乡村孩子的心灵环保，共同成长，共同蜕变，正如风信子的花语——燃生命之火，享丰富人生。

在新冠疫情期间，2020年有一段网络视频广为流传，一个四岁的男孩儿，讲了一段振聋发聩的话，值得我们反思。他的原话是这样的："我当然相信，在人类的集体努力下，疫苗一定会研发成功，解药一定很快就会出来，新冠病毒造成灾难一定会过。但是，如果人心不觉醒，思维路径不改变，未来的灾难将会一次比一次严重。那些沉迷、贪婪于金钱权力的人所闯出来的祸，最后终究要人类集体来买单。"他又说道："记得那时天是蓝的，水是清的，空气是可以自由呼吸的。当我们怀念过去的美好，不要忘了，要同时感谢天地的给予，对万物要心存感激。我们要更了解健康与环境的重要，人与人之间生命共同体的关系。当我们了解同体大悲的含义，就更能突破眼前金钱物质的迷思，离灾难也会越来越远。有一句话讲，只有当最后一棵树被砍伐，最后一条河流被下了毒，最后一只鱼被抓住，人们才会惊觉，原来钱是不能吃的。好好学会爱护环境，与万物共存共荣，这是解决灾难唯一且最有效的方法。我是曦曦，希望大家对这个世界承担起自己的责任。"

宋代普济所辑撰的《五灯会元》里有一个经典的故事，是鸟窠道林禅师跟白居易的一段对话。白居易问鸟窠道林禅师到底什么是佛教，禅师说，所谓佛教，就是诸恶莫作，众善奉行。白居易说，这么简单啊，就连三岁孩子都知道。禅师回答说，三岁孩子说得了，但是 80 岁老人却做不到。由此可见，关键在于改变理念，关键在于行动。用我们老祖宗的话来讲，我们每一个人都应该做一个仁者。关于仁字，有诸多解释，见仁见智。我们可以把它理解为懂得天人合一道理并据此做事的人。仁是什么？人的右边是二，一个是天，一个是地，人居于天地之间，宇宙万物是一个整体。人在天地之间只不过是一粒微尘。懂得这个道理，按照这一规律约束自己的行为，就是仁者。树立正确信念，改变自己行为，继而影响周围的人，让大家产生一种共同的行动，才能够把我们人类破坏环境所导致的这些灾难给扭转过来。

第十一章　开放经济与农业

　　为什么要讨论"开放经济与农业"？从农业与宏观经济关系角度来看，我们前面讨论了农业与非农业之间的分工。有了分工，必然就出现交易。在经济发展的不同阶段，或者说农业转型的不同阶段，农业与非农业之间在交易的条件上是不一样的。低收入阶段需要牺牲农业来支持工业化发展，到了高收入阶段就必须反过来对农业进行支持。也就是说，在传统农业部门基础上孕育出现代非农业产业之后，必然会面临两个部门之间的交换，它的交换条件会发生什么样的变化？我们在前面花了很大的篇幅进行了讨论。

　　这一章，我们讨论的是空间上即国内和国际之间的产业分工。同样，有分工就会有交易。农业参与全球开放与分工，必然要涉及一系列交易条件。交易就有交易规则，市场竞争是否充分，市场基础条件是否完善，各个国家为了保护本国产业所采取的关税、补贴、配额等政策措施，甚至技术贸易壁垒等，这些都会影响到我们利用国际分工的时候，交易是否合理，是否通畅。此外，在国际上进行分工交易，还必须考虑一项跟国内交易不一样的东西，那就是结算的货币。比如说，使用金本位，还是目前通用的货币，诸如美元、欧元，还是人民币？这个因素考虑进来，本币与外币之间的汇率自然就成为影响国际贸易和国际投资的重要影响因素。

　　这一章着重讨论开放经济条件下农业如何参与国际分工，而下一章专门讨论农业生产经营内部各环节之间的分工与交换。至此，我们有关农业与宏观经济关系的讨论就涵盖了产业间、国家间和农业生产各环节之间等三个维度的分工与交易。

第一节　经济开放与农业国际分工

一、经济开放的三个组成部分

　　首先我们来讨论经济开放的三个组成部分。经济开放实际上包含了产品市场开放、金融市场开放和要素市场开放。

　　所谓产品市场开放，是指消费者和企业有在本国市场和外国市场之间进行选择的一种能力，但对这种选择没有任何一个国家是毫无限制的。限制措施主要包括三个方面，一是关税，二是配额，三是技术贸易壁垒。从过去的"关税与贸易总协定 GATT"到现在的"世界贸易组织 WTO"，总体趋势是希望促进整个世界的产品市场开放，逐步降低关税和配额，这些都加快了全球产品市场的一体化。而农业中技术贸易壁垒的存在，限制了农产品市场的进一步开放。产品市场的开放，带来两方面问题：一是农产品贸易由过去的国家控制为主，转向跨国公司控制为主，我们所期盼的和理论上所想象的所谓完全竞争依然是不现实的；二是由于各国不同产业存在开放程度的差异，农业则处于相对优势或者相对劣势状态。由于不同国家处于农业转型的不同发展阶段，农业所扮演的角色和地位是不一样的，这是参与全球分工时必须考虑的重要因素。

所谓金融市场开放，是指金融投资者有在本国资产和外国资产之间进行自我选择的一种能力。迄今为止，即使世界上最富有的国家也依然存在对资本的管制。也就是说，对本国居民持有外国资产的数量以及外国人持有本国资产数量，还是要进行限制。当然，这些限制从全球趋势来讲，逐渐在减弱。随着整个世界金融市场一体化，资本在全球范围内的逐利活动，会改变不同国家的要素禀赋，从而加剧短期的经济波动。

所谓要素市场开放，是指企业有选择生产地点，工人有选择工作地点的这样一种能力。这方面的开放趋势也越来越明显。比如说跨国公司在许多国家建设工厂，在全球范围内开展业务，通过这些方式来降低成本。但是要素市场的开放程度，在这三种类型的开放中是最低的。比如说，劳动力这一重要的生产要素，在国家之间是不能够自由流动的。很多国家都会限制外国人购买本国的土地等。这对农业参与国际分工影响巨大。

谈到经济开放的三个组成部分，我们有必要在这里简要回顾中国融入世界经济一体化进程中的几个关键时间点，由此可以了解中国经济开放的主要历程。

第一个重要时间点是 1978 年，中国共产党第十一届三中全会的召开，确立了以经济建设为中心，加快改革开放的步伐。

第二个重要时间点是 2001 年，加入"世界贸易组织（WTO）"，参与国际分工，依靠比较优势来发展本国经济，使中国经济跨上一个非常大的台阶。当时在农业领域做出了大幅度让步，使中国成为世界上农产品市场最开放的国家。中国当时 8.5% 的黄箱微量许可远远低于发展中国家 10% 的标准。中国农产品平均关税率是 15.2%，相当于世界平均水平的 1/4，处于极低的水平。当时主要经济体农产品平均关税率，印度 114%、瑞士 85%、挪威 70.7%、日本 41.8%、巴西 35.7%、欧盟 22.8%、美国 11.3%。我们在加入世界贸易组织过程中，农业做出了大幅度让步，这是讨论中国农业参与全球化过程所遇到问题时必须了解的历史背景。

第三个重要时间点是 2005 年，开始了人民币汇率的改革。1994 年 1 月 1 日，人民币官方汇率与外汇调剂价格正式并轨，我国开始实行以市场供求为基础的、单一的、有管理的浮动汇率制。1994 年 1 月到 2005 年 7 月这一时期，我国实行的是管理严格的浮动汇率制度，浮动范围很小，实际上是钉住美元一种货币，人民币兑美元名义汇率几乎没有变化。2005 年 7 月 21 日，我国对人民币汇率形成机制进行了重大改革，实行以市场供求为基础、参考一篮子货币进行调节、有管理的浮动汇率制度。但在 2008 年 7 月左右，为应对国际金融危机对我国的冲击，保持我国的经济增长速度，我国又实行过一段短时期（一年左右）的钉住美元汇率制度，之后才恢复到管理浮动。人民币汇率浮动对我国参与贸易的农产品价格产生了显著影响，如油料、棉花、蔬菜等。

第四个重要时间点是 2011 年，人民币国际化元年。从 2011 年 8 月 23 日开始，中国全面启动了跨境贸易人民币结算，跨境人民币资本流动进入试点推进。这是一个非常重要的事情。根据中国人民大学国际货币研究所的报告，2011 年是人民币国际化的元年，人民币国际化指数（RII），从 2010 年的 0.02，逐渐发展到 2014 年的 1.88、2015 年的 3.6、2016 年的 2.26、2017 年的 3.13、2018 年的 2.95、2019 年的 3.03 和 2020 年的 5.02，这是一个非常大的进步。特别是 2020 年，人民币成为继美元、欧元之后最重要的一种国际结算货币。我们可以做一个简单的变化对比：2011 年美元的国际化指数是 54.18，欧元是 24.86，日元是 4.56，英镑是 3.87，人民币是 0.02。到了 2020 年，美元变为 51.27，欧元提升为 26.17，日元提升为 4.91，英镑提升为 4.15，人民币提升为 5.02。人民币国际化程度的提高，对我们参与国际贸易和国际投资乃至全球经济一体化进程都具有重要的影响。

第五个重要时间点是 2013 年，"一带一路"合作倡议的提出。2013 年 9 月和 10 月，习近平主席分别提出建设"新丝绸之路经济带"和"21 世纪海上丝绸之路"的合作倡议。这是中国经济由被动加入国际化，转为主动参与乃至引领全球经济一体化进程的一个重要举措，以此为契机成立的亚投行将会进一步促进全球贸易与投资。

第六个重要时间点是 2016 年，人民币正式加入特别提款权。国际货币基金组织（IMF）于 2015 年宣布，人民币于 2016 年 10 月 1 日起正式加入特别提款权（SDR），给人民币的份额是 10.92%，这标志着人民币国际化迈出了更为坚实的一步。

二、经济开放程度对农产品生产成本国际差异的影响

农产品参与国际市场竞争，除了质量因素以外，关键是看生产成本上是否具有竞争优势。国际间农产品生产成本的差异受到各国经济开放程度和经济发展水平的影响。为了更好地理解经济开放程

度对农产品生产成本国际差异的影响，我们首先从经济学视角来解析农产品生产成本差异的构成因素，这一点跟会计学角度的分析明显不同。两个国家之间单位农产品生产成本的差异，主要由以下因素构成。

第一，汇率变动。国家之间生产成本的差异，首先必须考虑的因素就是汇率。即使在两个国家内部，生产成本本身没有任何变化，但是在国际间比较时仅仅因为汇率变动就会导致成本变化。汇率升值还是贬值，对生产成本的计算具有重要的影响。在剔除汇率影响之后的成本差异主要来源于生产要素价格、技术体系和经营规模的差异。

第二，生产要素价格差异。同样的农业生产要素，比如说化肥、农药、土地和劳动力等，在不同国家的价格是不一样的。假如国家 A 采取国家 B 的生产要素价格来计算本国生产成本（生产要素投入量依然按照本国实际计算），就会跟原来依靠本国生产要素价格计算出的生产成本之间出现差异。这个差异来源于生产要素价格的不同。

第三，技术体系差异。即使国家 A 按照国家 B 生产要素价格计算本国生产成本之后，国家 A 的生产成本仍然高于国家 B。原因在于两个国家在农业生产过程中的生产要素组合是不一样的，而生产要素组合的特点是由标志性农业技术体系决定的。也就是说，由于两个国家采取了不同的技术体系，即使生产要素价格相同，单位农产品生产成本也会存在差异。那么，假设国家 A 在保持自己经营规模不变情况下，按照该规模所对应的国家 B 的技术体系所采用的生产要素组合来计算生产成本，国家 A 的生产成本可以继续下降一定的幅度。这一幅度的成本降低或者成本差额是由技术体系差异造成的。

以机械作业为主的大规模经营，跟以人力畜力为主的小规模精耕细作相比，两者属于截然不同的技术体系，农业生产要素组合的特征也完全不一样。从一种技术体系转向另一种技术体系，必然会改变农业生产要素的组合方式，生产成本自然会出现差异。

第四，经营规模差异。假设国家 A 按照国家 B 的生产要素价格和生产要素组合计算本国生产成本之后，国家 A 的生产成本还是高于国家 B。那么，这一成本差额就是由两国农业经营规模的差异造成的。也就是说，只有国家 A 的经营规模也达到了国家 B 的程度，生产成本才能趋于一致。以中国小麦为例，虽然我们在小麦生产领域的机械化程度不亚于美国，大型农业机械的跨区作业十分壮观。从技术体系角度来看，中国和美国在小麦生产上都是大规模机械作业体系。但是，我们的小麦生产成本还是远远高于美国。原因就在于经营规模太小，没有达到美国的农场规模水平，规模经济的优势无法得以充分发挥。

综上所述，在剔除汇率变动的影响之后，国家之间单位农产品生产成本差异是由三方面共同构成的，即生产要素价格差异、技术体系差异和经营规模差异。

回过头再来看前面所讲经济开放的三个组成部分。从开放程度角度来讲，产品市场开放程度大于金融市场，金融市场开放程度大于要素市场。这种开放程度差异，具有深刻含义。我们知道，贸易品可以遵循"一价律（Law of one price）"，抵扣运输成本之后，各国之间的价格是一样的。这意味着，可贸易品，可以通过"一价律"的作用来缩小国家之间价格差异。前面谈到的生产要素价格，凡是属于产品类和资本类的可贸易品，即使存在价格差异，相对来说还比较容易缩小。但是，很多非贸易品，难以在国家之间自由流动，"一价律"不成立，国家之间的价格差异也就难以消除。农业生产过程中的两个最重要生产要素，土地和劳动力，恰恰是非贸易品，难以在国家之间自由流动，因此无法借由"一价律"的作用来缩小国家之间的价格差异。而土地和劳动力的价格又是由各国经济发展阶段和资源禀赋特点决定的。当一个国家相对于另一个国家具有较高农产品生产成本的时候，理论上可以通过三个路径来努力降低成本，缩小差异。一是缩小生产要素价格差异，二是转换农业技术体系，三是扩大经营规模。在"一价律"不发挥作用情况下，土地和劳动力的价格差异很难有大幅度改变，只有转换技术体系和扩大经营规模两条出路。转换技术体系相对容易做到，最难的是经营规模的扩大。经营规模的扩大受到一个国家既有农业资源禀赋条件的制约，其扩张的程度和前景十分有限。这些因素综合起来，决定了一个农业资源十分稀缺的国家，不得不长期面对经营规模难以大幅度扩大的局面，农产品生产成本上的劣势也就难以改变。

我们以中国为例，在20世纪80年代之前，由于农业劳动力机会成本较低，土地也十分便宜甚至无须考虑地价，农产品生产成本远远低于现在的很多竞争对手。那个时候，我们是依靠廉价劳动力的优势弥补了经营规模上的劣势。即使是小规模经营，采用的是劳动密集型的技术体系，在农产品生产成本上依然具有一定的优势，可以通过出口农产品来换取工业化发展所需要的外汇。但是，随着中国经济经过了刘易斯拐点，农业劳动力机会成本从2004年开始大幅度上升，中国农业资源禀赋特征发生了根本性的改变。过去劳动力价格低廉的优势彻底丧失，土地也日益稀缺。于是发生了以机械替代劳动力为特点的农业技术体系转变，但是由于经营规模无法大幅度扩张，粮棉油等大田作物的农业生产陷入了生产成本逐级上升、长期居高不下的局面。这决定了中国农业在参与全球分工的时候，处于一种极为特殊的位置，为了确保粮食安全，不得不承受农业生产成本居高不下的代价。

三、农业参与国际分工的底线：确保粮食安全

在农产品生产成本长期处于劣势地位情况下参与国际分工，必然要面对大量农产品进口的压力。然而，这对粮食安全会带来两方面的影响：一方面，可以通过农产品进口来弥补本国生产不足，从而促进粮食安全；另一方面，如果进口量过大，大幅度挤压本国农业生产空间，反而会威胁粮食安全。因此，必须根据本国国情，在确定合理谷物自给率、确保粮食安全的基础上参与国际农业分工。

（一）确定谷物自给率需要考虑的主要因素

关于谷物自给率的确定，有以下几个角度的国际经验值得借鉴：

第一，人均耕地。从国际经验来看，人均耕地多少代表着一个国家农业资源禀赋的丰裕与稀缺，是决定谷物自给率最重要的因素。人均耕地越多，谷物自给率越高；人均耕地越少，谷物自给率越低。2013 年世界平均人均耕地面积为 0.22 公顷。人均耕地在 0.4 公顷之上的有 23 个国家，其中只有尼日尔、白俄罗斯、玻利维亚、芬兰和中非这五个国家谷物自给率低于 100%，其余所有国家都具有较高的自给率（不低于 100%）。这些是农业资源比较丰裕的国家，人均耕地约为世界平均水平的一倍及以上。

另外一个极端，就是那些几乎没有耕地的国家，谷物自给率接近于零，只能依靠进口。人均耕地不足世界平均水平 1/10 的有 14 个国家。这些国家大部分在历史上就不属于传统的农业国，主要是贸易通路上的节点，或者是岛国，或者是拥有特殊自然资源。他们一直是通过提供贸易服务或者特殊资源来换取谷物。比如说新加坡，它就是城市国家，没有农业。

第二，人口规模。人均耕地面积处于以上两个极端之间的国家，其谷物自给率受到人口规模和经济发展水平的影响。2013 年人口规模在 5000 万以上的有 27 个国家，其中有 14 个国家自给率在 100%以上，有 10 个国家自给率在 60%—99%之间。只有三个国家自给率低于 30%：日本 28%，韩国 25%，刚果（金）3%。也就是说，人口规模越大，谷物自给率越高。但是，日本和韩国虽然也是人口规模较大的国家，其谷物自给率非常低，主要原因还在于人均耕地资源极度有限，难以保持较高水平，需要依靠国际市场。

第三，经济发展水平。随着经济发展和人均收入水平的不断提高，城乡居民对食物的消费需求，无论是能量、脂肪，还是蛋白，都会不断发生改变。人均耕地资源有限的国家，在低收入阶段，由于人均食物消费水平和能力较低，本国生产可以满足这些低水平的需求，可以保持相对较高的自给率。但是，当经济发展水平进入高收入阶段，人均消费水平远远超过低收入时期，有限的农业资源不足以满足国内消费需求，需要依靠国际市场，谷物自给率水平也随之降低。人均耕地在 0.1 公顷以下、0.02 公顷以上，属于农业资源非常稀缺的国家。这些国家的谷物自给率跟人均 GDP 呈现显著的正相关关系。人均 GDP 越高，谷物自给率越低；人均 GDP 越低，谷物自给率越高。日本和韩国是典型的代表，对于中国具有非常重要的借鉴意义。

但是我们有一个特殊的情况，就是庞大的人口规模。2021年中国人口规模为14.13亿。虽然我们目前还处于中等偏上收入阶段，但是迟至2024年，一个人口规模高达14亿的国家将会迈入高收入国家的门槛，这是人类历史上从来没有过的奇迹。中国步入高收入阶段，将会大幅度提升高收入人口在全球人口中的比重。我们必须充分考虑庞大规模人口进入高收入阶段后，国内需求与国内资源之间的匹配与不匹配。也就是说，必须一定程度上依靠国际市场，同时也要做好国内的生产。依靠国际国内两个资源和两个市场来确保我们的粮食安全。如果说不考虑国际市场，根本满足不了我们自己需要。但是，依靠国际市场究竟到什么程度，还必须充分认识国际市场的性质。

第四，国际粮食市场的性质。为什么说像中国这样的人口大国，即使进入高收入阶段也必须要保持足够高的谷物自给率？原因就在于国际粮食市场的性质。国际粮食市场在本质上只不过是各国农产品过剩与不足的一个调节池。这个池子，平时本身就不大，容量有限。一旦国际事务上有个风吹草动，还容易迅速枯竭。农产品的国际贸易量占农业总产出的比重一直都很小，小麦大概是20%，大米是7%—8%，肉类不足10%，其余产品在10%左右。这就是平时国际市场的基本可贸易量（Alston et al, 2014）。此外，全球一半的人口是以大米为主食。国际大米市场上的竞争基本上不取决于前面所讨论的生产成本高低，国际大米市场供求主要是由国家之间的政治博弈来决定的。既然有一半人口是以大米为主食，各个国家只能首先保证本国的需要，确保本国居民的生命安全。这就意味着一旦国际粮食市场出现供应紧张的局面，有钱也买不到。更何况一个 14 亿人口的大国，根本没有任何的回旋余地。周力和周应恒（2016）基于 1987—2016 年国际数据的研究结果也表明，多数国家国内产量与粮食进口量的替代关系不强，国际粮食市场的可依赖性不高。因此，这决定了中国在参与农业国际分工时，必须保持足够高的谷物自给率。

（二）确保粮食安全的主要路径

习近平总书记在 2013 年中央农村工作会议上指出："中国人的饭碗任何时候都要牢牢端在自己手上。我们的饭碗应该主要装中国粮，一个国家只有立足粮食基本自给，才能掌握粮食安全主动权，进而才能掌控经济社会发展这个大局。"大政方针已定，清晰明确，需要我们进一步细化和落实。

藏粮于地、藏粮于技，提升国内农业综合生产能力是根本。除此以外，从参与国际农业分工、确保粮食安全的角度来看，还需要做好以下工作：

第一，无论生产成本有多高，都要确保大米和小麦这两大主粮的基本自给。考虑到品种内部的余缺调剂，自给率应该确保在 90%以上。

第二，为了保证农业品种资源、生物多样性、种植生态以及农业文化遗产的持续维系，必须在其他农作物中确定战略作物种类，以及每一年的种植面积保有量。两大主粮和战略作物保有面积，严格来讲，最终应该精准落实到具体的地块和经营者。可以通过直接补贴，特别是收入补贴的方式给予支持。在此基础上，放开其余农产品，交由市场来进行调节。

第三，加强国际关系和物流体系建设，增强农产品进口供应链的韧性。借助"一带一路"国际合作，帮助非洲等发展中国家提升农业生产能力，减轻对国际市场的压力，间接促进中国粮食安全。促进与进口来源地国家的农业合作，在当地建设自主可控的仓储物流体系，增强进口供应链的可靠性。

第四，高度重视木本粮油生产能力建设与开发，在不占用耕地的条件下提升粮食安全保障能力。这样既可以替代一些谷物，同时又保证了营养平衡。比如说，我们大家都熟悉的杏仁、榛子、胡桃、枣、柿子、板栗、核桃和茶籽油等，对改善我们的营养平衡、促进健康有非常大的益处。福建农林大学刘伟平教授所带领的团队，在2010年做了一个很好的研究。他们根据食物当量法计算了我国木本粮油的生产能力。结果表明，2008年我国木本粮油植物所生产的林产品相当于替代了稻谷产量446万吨，到2020年相当于稻谷596万吨。从比例来讲，2008年相当于稻谷产量的2.3%，2020年相当于稻谷产量的3.08%。我国拥有2.84亿公顷的林地，适宜种植木本粮油的宜林荒山荒地面积很大，发展木本粮油产业具有雄厚的林地资源基础。

（三）中国的实际食物自给率

中国的实际食物自给率究竟是多少？这取决于测算方法：一种是以摄入食物所需要耕地资源量为基础测算的土地面积自给率，另一种是以摄入食物所含能量为基础计算的能量自给率。我们先来看第一种方法，以耕地面积为基础计算食物自给率。首先根据各类农产品的净进口量，按着当年中国自己生产这些产品的单产水平折算出净进口的播种面积当量。畜产品和水产品按照所需要的饲料原料成分和料肉比折算出谷物和油料当量，然后再折算成播种面积当量。将各种净进口农产品折算出来的播种面积当量跟国内播种面积加总就获得了全国城乡居民所消费食品的播种面积总当量。用国内播种面积除以总当量，就得到了耕地面积为基础计算的食物自给率。具体测算时，还需要考虑蔬菜和棕榈油。蔬菜是净出口，棕榈油是净进口，也需要按照油料作物进行折算。我们曾经对2001年至2016年的食物自给率进行了测算。如果不考虑蔬菜出口和棕榈油进口，2001年中国城乡居民的食物消费相当于人均享用了1.97亩播种面积，自给率为93%；2016年，人均享用2.43亩播种面积，自给率为75%。如果把蔬菜出口和棕榈油进口也考虑进来，2016年人均享用2.59亩播种面积，自给率为70%。2016年国内播种面积约25亿亩，净进口10.8亿亩播种面积当量，城乡居民总计消费了35.8亿亩播种面积当量。也就是说，加入世界贸易组织以来，随着人均收入和生活水平的提高，中国依靠进口农产品解决了自身供应不足的问题，由93%的自给率减少到70%。即使维持现有生活水平不变，我们已经有30%是依靠国际农业资源来满足的。如何增强这30%农产品的进口供应链韧性显得尤为重要。杜鹰2022年1月8日在"清华三农论坛（2022）"上发表了题为"从我国食物自给率的变化看构建农业新发展格局"的主旨演讲，给出了最新的计算结果：按播种面积计算的食物自给率2000年为101.8%，2020年为76.8%。跟我们之前研究结果的差异，应该是在蔬菜出口和棕榈油进口方面。第二种方法是把居民消费的所有食物都折算成能量，以此为基础计算能量自给率。杜鹰的研究结果是，2000 年接近 100%，2020 年为 76%。跟播种面积计算的自给率基本一致。

综合考虑以下几个因素，中国的粮食安全压力大体从 2024 年之后应该有所减轻，尽管不容放松，但是跟加入 WTO 以来的 20 余年相比，中国农业参与国际分工的自由度将会有所提升。第一个因素是人均 GDP 水平。2021 年中国人均 GDP 约为 12551 美元，与世界银行高收入标准人均国民收入 12696 美元非常接近。2022 年就有可能迈入高收入国家的门槛，即使考虑汇率的变动和不可预测因素，迟至 2024 年肯定可以进入高收入国家行列。第二个因素是人口高峰的到来。2021 年中国人口 14.13 亿，仅仅比上一年净增加人口 48 万。中国的人口高峰已经提前到来，比之前很多机构和学者预测的 2030 年大幅度提前，迟至 2024 年中国将进入人口负增长的时代。第三个因素是人口老龄化。从 2011 年开始，中国老年人口进入快速增长期。据测算，2030 年 65 岁以上老龄人口将达到 17.1%，2040 年将达到 23.5%。第四个因素是城镇化率。2021 年我国城镇人口占总人口的比例为 64.72%，较 2020 年末又提升 0.83 个百分点。城镇化率还有进一步提升的空间。以上四项因素，除了城镇化率的进一步提升还有助于人均食物消费水平的提高以外，其余三项因素都决定了中国的食物消费需求总量将步入增长停滞乃至衰减阶段。进入高收入阶段，食物需求的收入弹性将逐渐接近于零，意味着人均食物消费需求即将达峰。人口负增长，直接减少需求总量。人口老龄化也直接导致人均食物需求量下降。钟甫宁等（Funing Zhong，et al，2012）在国内最早意识到这一问题，并做了详细的测算。之前学术界在做食物需求估计时，忽略了人口结构的差异，特别是老龄人口的作用。65 岁以上的老年人和三四十岁的年轻人相比，食物需求量当然要少很多。这些因素叠加起来，我们大体从 2024 年开始粮食安全压力就会相对减轻。

四、农业参与全球价值链的程度

在开放经济背景下，农业必然要参与国际分工。但是，究竟如何参与、参与到什么程度，需要各国根据本国经济发展阶段、农业资源禀赋特点、比较优势、研发能力、技术水平和风险防控能力等诸多因素来决定。风险防控能力决定了一个国家在商业、贸易、投资和金融等领域的自由程度。随着产业内分工的逐步兴起和细化，以生产环节垂直分割为特征的全球价值链成为经济全球化的主要特征。联合国工业发展组织（UNIDO）2002 年对全球价值链做了概念的界定。所谓全球价值链，是指世界为了实现商品和服务的价值而产生的包含生产、销售、回收等全部过程的跨国网络链条，涉及原材料的生产、贸易、运输，中间产品的生产与流通，以及最终产品的分销、回收等一系列过程，包括所有活动的组织和价值增值、利润分配等。

农业作为国民经济的重要组成部分，其生产模式也更多地具备垂直专业化的特征。垂直专业化分工是国际分工的深化，是指随着各国中间品贸易的不断增加，跨越多个国家的垂直贸易链不断延长，每个国家只在商品生产的某个或几个环节进行专业化生产的分工与贸易现象。农业全球价值链的参与程度可以反映一国农业垂直专业化分工的程度。农业参与全球价值链分工，会使得全球范围内的生产资源得以优化配置。同时，伴随垂直专业化分工产生的规模经济效应和技术溢出效应，会带动生产成本降低，从而提高全球农业价值链的整体效率。农业全球价值链是指农作物种植、动物养殖、狩猎及相关服务等产品的后续加工不再局限于一个国家内部，而是由多个国家分工协作完成，随着产品的生产和销售活动而实现价值增值和利润分配。

刘宏曼等于2019年就农业参与全球价值链分工的程度进行了测算，为我们了解农业参与全球价值链分工的基本情况提供了方便。她们在研究中采用了农业全球价值链参与率这一指标来反映一国农业产出中作为中间投入品出口的产品比例。全球价值链参与率以增加值为基础进行核算。农业全球价值链参与率是指中间品出口增加值中三项增加值之和占农业增加值的比例。其中，中间品出口至进口国并在当地被最终消费的形式，只经过了一次跨境贸易，有一次产品增值过程，属于浅层的国际分工；而中间品出口至其他国家并最终回流至本国的参与模式，以及中间品出口至其他国家经加工后销售至第三国的参与模式，均经历了两次以上的国际贸易，参与了两次以上价值增值活动，后两者属于深层国际分工。因此，农业全球价值链参与率就等于参与全球价值链的增加值与农业增加值之比。参与全球价值链的增加值为以下三部分之和，即被进口国直接消耗掉的中间品增加值、经进口国加工又返销至出口国的价值增加值、经进口国加工后出口至第三国的价值增加值。她们运用世界投入产出数据库所提供的1995年到2014年42个国家数据进行了分析。结果表明，2014年这42个国家的农业全球价值链参与率平均值为0.2091，并不是太高。其中，卢森堡最高，参与率达到0.6079，为平均水平的三倍；日本最低，参与率仅为 0.0256，为平均水平的十分之一。两者差异非常悬殊。欧盟国家参与率平均值为 0.25，非欧盟国家参与率平均值为 0.127。欧盟国家之间贸易比较自由、交易成本较低，有助于农业全球价值链参与率的提升。就参与国际分工的深度来看，欧盟国家浅层国际分工的参与率均值为 0.1594、深层国际分工的参与率均值为 0.0936；非欧盟国家浅层国际分工的参与率均值为 0.0934、深层国际分工的参与率均值为 0.0339。无论欧盟国家还是非欧盟国家，浅层国际分工的参与率明显高于深层国际分工的参与率，这说明世界主要国家多以浅层分工的方式参与农业全球价值链，农产品的跨国加工次数较少。

第二节　汇率变化对农产品贸易和价格的影响

"我们需要汇率的历史并不久远：当国际交易用黄金或者银币来结算时，根本不需要汇率。所需要计算的仅仅是硬币的重量。至于说金币上的浮雕图案是法国的路易国王，还是奥地利皇帝，人们并不在乎。黄金就是黄金，所以人们并不需要按照一个汇率来交换黄金，只需要看硬币中所含有的黄金量即可。此后，各国开始使用纸币，并转向金本位。开始的时候，纸币完全跟黄金挂钩，所以汇率是固定的，当时汇率还不是那么重要。当各国的纸币不再与黄金挂钩时，汇率才对国际贸易产生了至关重要的作用。"艾彻在 2013 年讲的这段话，对汇率的重要性做了精彩解读。我们接下来首先讨论汇率变动对农产品贸易的影响机理，然后讨论汇率变化向国内农产品价格的不完全传递。

一、汇率变动对农产品贸易的影响机理

汇率变动主要通过相对价格变化来影响贸易。其基本流程是：汇率变动通过相对价格变化影响进口品和出口品价格，而出口品和进口品价格通过两类产品的需求弹性进一步影响进口量和出口量。因此，汇率影响农产品贸易的关键环节有两个：一是汇率变化能否完全传递到农产品价格；二是参与贸易农产品的需求弹性差异。

从农产品贸易收支平衡角度来看，汇率变动能够改善某一个国家农产品贸易收支的基本条件，称为马歇尔－勒纳条件（The Marshall－Lerner Condition），是指农产品出口需求弹性与农产品进口需求弹性之和大于1。其实道理很简单，就是当汇率变动的时候，会导致价格变动。由价格变动所导致的出口量大于进口量时，贸易条件就会改善。中国的农产品贸易从2004年开始进行全面逆差时代，说明没有满足上述条件，农产品贸易收支状况越来越差。

二、汇率向国内农产品价格的不完全传递

由于两方面因素的制约，汇率变化向国内农产品价格传递并不是完全的，从而影响贸易国的福利。发达国家的传递较为顺畅，而发展中国家的传递则十分不完全。

第一个制约因素是市场条件。市场条件包含两大类：一是垄断力量的存在；二是市场基础设施的不完善。拥有垄断力量的农产品贸易商或者国内农业产业链上的垄断厂商在汇率变化时可以通过一定程度上操控市场来影响价格的变化，从而使得汇率变化不一定像完全竞争那样完全传递。在国际市场开放程度越来越高情况下，跨

国公司控制代替国家控制会影响价格传导。因此，WTO 框架下的国际竞争政策与国内竞争政策需要很好配合。由于发展中国家在与农产品市场相关的基础设施建设方面相对落后，也制约了针对国际市场变化和汇率变化做出快速反应的能力。这类落后的基础设施主要包括三类：一是诸如道路、运输和仓储等物质形态的基础设施不足；二是诸如市场信息、金融、法律等商业制度方面建设不完善，不利于建立契约和保护产权；三是政治体系的不稳定，从而限制贸易乃至生产的自由发挥。这些都会增加贸易中的交易成本和风险。

　　第二个制约因素是政府政策。第二次世界大战期间，各个国家都采取了价格管控措施。之后则演化为各种保护本国农业、促进农产品出口的手段。1994 年乌拉圭回合农业协议达成后，都简化为关税、配额和技术壁垒。因此，管制价格、配额、关税、关税配额、国家贸易和技术贸易壁垒等今天依然存在的各种措施都会影响汇率的价格传递。各种对农产品市场的干预措施导致市场扭曲。安德森等（Anderson et al, 2013）在原来经合组织（OECD）国家广为使用的生产者支持当量 PSE（producer support estimates）和消费者补贴当量 CSE（consumer subsidy estimates）的基础上研究开发了新的指标，即名义支持率 NRA（nominal rates of assistance）和消费税当量 CTE（consumer tax equivalents）来衡量市场的扭曲程度。PSE 比 NRA 的数值要小，因为 NRA 在计算中已经根据投入产出关系将投入品补贴等对价格的影响也折算考虑进来。名义支持率 NRA 是指目前的国内价格相对于没有政府干预时应该存在的自由交易价格增加或减少的百分率。他们的研究结果表明，高收入国家名义农业支持率从 1955 年到 1989 年一直上升，从 1990 年后开始下降，但是一直处于正值，即保护农业。而发展中国家在 1994 年之前（乌拉圭回合农业协议达成）一直为负值，说明农业榨取，之后变为正值也开始对农业进行支持。从发展中国家与发达国家对比来看，发达国家可贸易农产品名义支持率高于非农产品，而发展中国家则相反，非农产品支持程度高于农产品。从农产品相对支持程度来看，中国在 2005—2010 年为微弱的正向支持，支持程度最高的有日本、冰岛、韩国等，榨取程度最严重的有科特迪瓦、津巴布韦、尼加拉瓜等。从品种差异来看，发达国家总体名义支持率都在下降，但是大米、食糖依然具有较高支持率。

由于汇率变动对农产品价格影响受到以上两个因素的制约，多年来关于汇率变化与农产品价格之间关系的研究主要以经验性的统计验证为主，没有理论模型的构建。但是，2016 年的一篇文章终于有所突破。帕德里克等（Patrick，et al，2016）在《农业与资源经济学》（JARE）上发表的《结构变化背景下汇率与农产品大宗商品价格之间的关系》一文，提出了一个汇率向农产品价格传导的理论模型，在此基础之上进行了实证检验。这里简要介绍其理论模型的基本思路，详细的公式大家可以延伸阅读原文。他们以美国为例建立了农产品净出口国的汇率变动传递模型，即因应汇率变动农产品出口国国内农产品价格变化的反应程度。从美国这个农产品净出口国角度来看，国内农产品供给大于农产品需求，两者之间的差额相当于面向世界市场的供给。而模型中的世界市场是指剩余农产品的交换市场。美国之外的所有国家，有的国家农产品供大于求，有的国家农产品供小于求，这些国家加总起来呈现出净需求状态。而美国是净供给状态。这样就形成了剩余农产品的世界市场。在这个市场上，净出口国为供给方，其余国家整体为净需求方。供求均衡下形成世界市场的价格和贸易量。以这个世界市场价格为基础，按照关税或补贴调整后乘以汇率形成国内农产品价格。在这一逻辑思路基础上，推导出一个公式，即针对汇率变化国内农产品价格变化的反应程度。可以称之为汇率向国内农产品价格的传递弹性，即在汇率变化百分之一情况下国内农产品价格变化百分之多少。这个弹性公式的分子为1，分母为1加上一个子公式。只有当子公式的数值等于零的时候，弹性值才等于1，即汇率可以向国内农产品价格实现完全传递。但是，很多情况下子公式的数值大于零，因此汇率向农产品价格的传递常常是不完全的。这个子公式由五个指标构成，包括汇率、关税或补贴、出口国国内农产品供给曲线斜率、出口国国内农产品需求曲线斜率和世界净剩余农产品市场的净需求曲线斜率。当然，该模型建立在完全竞争假设之上。如果考虑到国际市场的不完全竞争，理论上可以进一步推导出包含世界净剩余市场寡占程度的新模型。此外，也可以借鉴这一思路，构建农产品净进口国的汇率向农产品价格的传递模型，背后的基本逻辑是一样的。

第三节　全球农业食物系统的风险与防控

农业在开放经济条件下参与国际分工，必然要面临很多风险。对这些风险的认知和防控程度，决定了全球农业与食物系统的效率、韧性和可持续性。樊胜根等2021年在《环境资源年度评论》（Annual Review of Environment and Resources）杂志上发表了《如何防控全球农业食物系统的多风险并发》一文，对全球农业食物系统面临的各种风险进行了非常系统的梳理，提出了具有针对性的防控思路。这一节，我们专门介绍这篇文章的主要内容。

一、全球农业食物系统面临的主要风险

谈到风险，这里先介绍一下 2022 年《全球风险报告》。世界经济论坛（World Economic Forum，WEF）于 2022 年 1 月 11 日发布了 2022 年度《全球风险报告》（Global Risks Report），这是 WEF 自 2006 年开始发布《全球风险报告》以来的第 17 版。该组织采访了全球 1000 多位商界、政界和学界专家，84% 的受访者对未来表示担忧。2022 年度《全球风险报告》认为未来两年内全球最主要的短期风险包括极端天气、生计危机、气候行动失败、社会凝聚力侵蚀、传染性疾病、心理健康状况恶化、网络安全威胁、债务危机、数字不平等、资产泡沫破裂。未来 2—5 年内全球最主要的中期风险包括气候行动失败、极端天气、社会凝聚力侵蚀、生计危机、债务危机、人为环境破坏、地缘经济对抗、网络安全威胁、生物多样性破坏、资产泡沫破裂。未来 5—10 年内全球最主要的长期风险包括：气候行动失败、极端天气、生物多样性破坏、自然资源危机、人为环境破坏、社会凝聚力侵蚀、非自愿移民、有害的技术进步、地缘经济对抗、地缘政治资源争夺。未来 10 年内最紧要的四个全新风险领域包括网络风险、太空竞争、气候转型失序和移民压力。

农业食物系统作为全球系统的组成部分，必然会受到上述诸多风险直接或间接的影响。全球农业食物系统本身所面临的主要风险包括六个方面。

第一，气候危机。未来农业食物系统面临最大的风险就是气候

变化。直接影响是通过平均气温变化、气候波动和极端天气事件等来影响农业生产率。间接影响是指这些气候变化又会导致病虫害以及水资源可用性降低。这些都可能导致短期食物供应的波动，降低食物可获得性。气候变化还会导致主要作物中铁、锌和维生素等微量元素或营养成分含量下降，这些变化将严重影响那些处于饥饿和营养不良边缘地区的人们。到2050年，因为有了这样的气候危机，将可能导致1.8亿人面临饥饿的风险。气候危机是当今全球所面临的头等战略问题。

第二，自然资源耗竭与环境恶化。农用地占全球地表面积的38%。其中70%的农地利用跟畜牧业发展有关，包括放牧以及饲料作物生产等。现有农地中25%以上处于严重恶化状态，诸如土壤侵蚀、肥力丧失和盐碱化等。这些都威胁到全球的粮食安全。对那些干旱地区的影响更为明显，因为旱地占全球农地的40%左右，养活了20亿的人口。此外，地球上的磷矿资源十分有限，不可替代，不可再生，仅限于某些特定区域。磷矿资源的有限性决定了这一资源在长期来看价格是不断上升的，制约了许多国家获取磷肥资源的能力。气候变化对氮循环的影响也会给作物生产带来不利的影响。磷肥资源有限而不可再生，如果资源耗尽而得不到有效保护，从营养元素匮乏的角度来看，给全球农业食物系统带来的风险是非常大的。

第三，生物多样性丧失。地球上物种灭绝的情况还在加剧，生物多样性进一步丧失。未来100年，大约将减少3.4%。维护生物多样性对人类而言十分重要。昆虫和土壤有机物的存活，对保护农业生态系统而言不可或缺。昆虫是花粉的重要传粉者，这是农业生产所离不开的。某些害虫的天敌，或者土壤有机物里边的诸多微生物，如果持续减少甚至灭绝，将会削弱土壤系统的活力，不仅导致农业减产，还会破坏食物的营养。生物多样性的丧失，降低了整个农业系统应对不良气候或者对自然灾害的适应能力。

第四，新兴疾病和食品安全恐慌。过去几十年来，伴随全球化和食物的长距离运输，食品生产、流通和消费链条越来越复杂。各种植物疾病、动物疾病和人畜共患病不断地袭扰人类。蓝耳病和非洲猪瘟的暴发，严重冲击畜牧业的生产。而动物养殖过程中的抗生素过度使用，严重威胁人类的健康。蝗虫、果蝇，香蕉的枯萎病、木薯病和小麦条锈病，导致农业减产。人畜共患病如果控制不力，将直接威胁食品安全，导致社会恐慌。

第五，贸易冲击和贸易瓶颈。全球农业食物系统一直面临着自然、经济和社会的多重系统性风险。某一个地区发生的一件事情，会传导到全球所有国家。一些国家或地区为了自己的利益突然采取的一些限制贸易措施或者贸易保护措施，很快会影响到世界各地。而全球贸易中的物流通道，如果基础设施不完善，或者发生突然的阻塞或者中断，将会直接影响全球农业食物系统的正常运行，威胁食物安全。最典型的例子就是，2021 年 3 月 23 日苏伊士运河上发生的巨型集装箱货轮"长赐号"因故堵塞事件。经过了 175 个小时救援，6 天以后才恢复通航。等待通航的船只，这 6 天达到 450 多艘。

第六，社会冲突和政治不稳定。在全球化背景下，地区冲突、社会不稳定甚至战争，都会严重影响正常的经济秩序。冲突和骚乱威胁粮食安全。而越是粮食不安全，越容易导致社会冲突。

二、多风险并发

全球农业食物系统面临的上述六大风险，很少单独发生，常常是多风险并发。具体来说，主要有以下六种情况：一是气候变化、自然资源耗竭和生物多样性丧失并发；二是社会冲突、气候变化和自然资源稀缺并发；三是宏观经济风险、石油价格飙升和食品价格波动并发；四是新型疾病、市场冲击和贸易冲击并发；五是糟糕的治理能力，成为风险放大器；六是"完美风暴"，即所有风险一起爆发。

历史上，我们经历了三次"完美风暴"，所有风险一并冲击农业食物系统，对之后的社会、经济和政治都产生了深远的影响。第一次是1970年的石油价格危机，第二次是2007年和2008年的全球食物价格危机，第三次就是从2019年开始经历的新冠疫情。这里略去前两次危机，仅就目前正在经历的新冠疫情对全球农业食物系统的影响做简单梳理。

当新冠病毒疫情发生之后，最有效的办法就是采取封锁管控的措施，防止疫情扩散。在封锁阻断情况下，人员不能自由流动，投入品和产品运输受到影响，餐馆、学校和公共设施受到影响，甚至关闭，这就会导致食品供应链的中断，食品需求难以得到完全满足，食品价格上涨。另一方面，由于人员和物流受到限制，经济受挫，一些人收入下降甚至失业。食物系统发生的这些变化，会对贸易、宏观经济和政治生活产生一系列影响。诸如全球经济衰退、贫困加剧、食品和营养不安全、社会不平等加剧等。疫情发生之后，短期来看，影响了生活，影响了经济，影响了政治。从未来更长远角度来看，这一次疫情，将会改变整个人类社会的进程，包括国家之间的关系、国际治理体系，乃至于经济全球化的规则等，都可能会因此而发生改变。

三、防控思路

为了使全球农业食物系统的诸多风险得以有效预防和控制，需要转变全球农业食物系统的发展方向，同时通过技术创新和制度创新来保障转型的成功。

（一）全球农业食物系统的转型方向

全球农业食物系统的转型方向，是建设能够确保人类和地球健康的新系统。只有如此，才可以系统防控此前诸多风险的发生。为了实现这一转型目标，维莱特等（Willett, et al, 2009）在第 393 期《柳叶刀》（Lancet）杂志上发表的报告中提出了五种策略：

一是寻求广泛的国际国内承诺。承诺向健康的农业食物系统转型，每个人都为此目标采取自己的行动。

二是农业从优先生产大量食物转向提供更健康的食物。也就是说，从产量优先转向健康优先。

三是转向可持续的食物生产方式，提高产品质量。这一点跟习近平总书记提出的高质量发展理念是一致的。我们的农业食物系统建设要坚持创新、协调、绿色、开放和共享等五个理念。

四是协调治理全球的陆地和海洋。在全球治理上不能陆地只管陆地，海洋只考虑海洋。应该通盘考虑，特别是在应对气候变化上必须有整体的生物圈经济观。

五是减少食物浪费和损耗。2020年，全球共有7.2亿到8.11亿人口面临饥饿威胁，全球近1/3人口无法获得充足的食物与营养，同时全球近1/3的食物被损失或浪费，为世界敲响警钟。2021年9月10日在中国济南召开的国际粮食减损大会上发布了《国际粮食减损济南倡议》，从10个方面向世界发出倡议，在二十国集团以往有关粮食安全和营养的承诺基础上，实现"减少粮食损失浪费，促进世界粮食安全"的目标。

（二）保障措施：技术创新和制度改革

创新是实现农业食物系统转型、避免多重风险并发的关键。既包括技术创新，也包括制度变革。

技术创新的重点主要是以下四个方面：一是遥感、精准农业和免耕等方面的技术创新有利于提高农业生产力和资源利用率；二是以生物合成技术为代表的营养技术工程创新，有助于改善健康和营养；三是人造肉、立体种植、基因编辑、精准发酵和循环饲料，这些领域的创新有利于减轻环境压力，促进绿色发展；四是整合互联网技术、大数据和人工智能等，用于节水和土壤保护，在精准技术支持下，减少温室气体的排放。

制度变革的重点主要是以下八个方面：一是废除对低营养食物的补贴，转向对有营养作物（蔬菜和水果等）的投资。二是对肉类等高碳排放食物进行征税。先从高收入国家做起，既可以促进碳减排，又有利于居民健康。因为发达国家人均肉类消耗量大，而畜禽养殖业又是碳排放较大的产业。三是农业投入的补贴应该有助于经济效率、营养和资源利用效率提升。或者直接用收入补贴的方式来补贴那些弱势群体，这些群体包括小农、妇女和年轻人。四是废除出口禁令和限制，或者严格限制这类措施的使用。五是从健康角度出发，促进有益于人、动物和环境最优健康的多领域合作和政策协调。六是建立预警系统和快速反应机制。从全球来讲应该有这样一个协调机制，对未来可能发生的风险进行预警并能够做出快速应急反应。七是建立社会安全保护网，建立相对应的保险体系。八是加强全球治理，成立类似联合国政府间气候变化专门委员会（IPCC）的机构，加强全球农业食物系统领域的政府间工作协调。

第十二章　宏观经济的农业微观基础

在农业宏观经济学里要把微观加进来，主要是源于三方面的考虑。第一，从一般的逻辑和哲学层面来讲，宏观走到极处就是微观，微观走到极处就是宏观。我们整个农业经济乃至于宏观经济的运行结果都来自微观主体的具体行为，每一位微观主体所做的事情最后汇成大海，形成宏观。如果不讨论微观，农业宏观经济学是不完整的。第二，我们在前面几章讨论了农业与非农业之间的部门分工，讨论了农业在国内与国际之间的空间分工，而本章相当于深入农业生产经营内部，讨论生长期前后不同时间、不同作业环节的分工。这样，就实现了完整的分工讨论。第三，从分工角度来看，还有一个就是生产者和消费者的分工。我们知道，在传统农业社会，在现代化开启之前，一个农村家庭，生产者和消费者是分不开的，农民既是生产者也是消费者。随着农业转型和现代化发展，随着城镇化、工业化乃至于国际化的推进，农产品生产者和农产品消费者分开了，而且他们之间的距离越来越远。消费者行为和生产者行为两者之间能否匹配，能否相互呼应，对农业乃至整个国民经济，都具有重要影响。因此，在这最后一章，我们分别讨论生产者和消费者的行为。

第一节　农业经营边界

所谓微观基础，有很多内容值得讨论。但是，这里集中讨论一个话题，那就是农业经营的边界。这是农业经济学最基础的理论，也涉及相关政策选择。

在讨论农业经营边界之前，有两个问题需要做简要说明。一是农业经营主体。任何一个农业经营者，包括农民家庭、合作社和企业等，都要面对农业经营边界的选择问题。如何来界定农业经营主体，主要依据谁是核算单位主体，即谁是剩余控制权的拥有者。农民家庭作为一个整体是剩余控制权拥有者，就叫作家庭经营。如果公司股东是剩余控制权拥有者，就叫作公司经营。如果合作社成员来分享剩余，就是合作社经营。这些称谓跟具体经营的规模大小没有关系，农民家庭经营的农场也可以规模巨大，公司经营的农场也可以规模较小，不能把农业经营主体跟规模大小混为一谈。二是农场土地的来源。一个农场的土地来源，既可以是原来自有的承包地，也可以是租来的、买来的、合伙来的，甚至是入股来的。不能将土地制度跟经营主体核算方式混为一谈。家庭经营既可以是集体所有土地上的农业经营，也可以是国有土地上的农业经营，甚至是私有土地上的农业经营。将土地所有制、经营规模大小和核算单位混为一谈，不利于把握农业经营问题的实质。关于这些问题的争论，不是本节的重点。

本节所讨论的主题，是站在一个农业经营者的角度来看，究竟应该生产什么，生产多少，怎样来生产。这就涉及两种边界的选择：一是横向边界，二是纵向边界。

一、横向边界

所谓横向边界，是指除了纵向边界之外的产品选择。纵向边界是站在上下游或者生产过程前后环节角度来看，一个经营单位究竟应该涵盖多少环节。横向边界选择的背后理论依据就是经济学中的规模经济和范围经济。

规模经济是由长期生产成本曲线来决定的，关注的是某一产品的专业化经营。随着经营规模扩张，单位产品生产成本下降，则代表存在规模经济。如果随着经营规模扩张，单位产品生产成本开始上升，则意味着规模不经济。从市场竞争角度来看，如果产品是同质的，生产成本高低就是决定竞争力的关键因素。在大田作物生产上也是如此，扩大经营规模是提升成本竞争力的有效措施之一。范围经济关注的是多产品的混合经营。当两种产品由一个企业来生产的时候，比分别由每个企业各生产一种成本更低，这时候就存在范围经济。范围经济的来源主要是对土地和其他固定设施的充分利用。

规模经济追求的是专业化分工所带来的劳动生产率提升，范围经济追求的是已有固定投入的充分利用。任何一个经营者，都需要就自己的经营项目作出合理的选择，是专门做一件事情，还是同时做很多事情。就农业经营者而言，是专门生产小麦，还是专门生产玉米，抑或两种作物各占一定比例，生产的总量是多少，经营的面积有多大，这些都属于横向边界的选择。横向边界的大小一定程度上可以用经营规模来代表。衡量农业经营规模的指标主要有两个：

一是土地面积；二是销售收入。种植业可以用土地面积来测度，但是养殖业不合适。为了便于对经营规模进行比较，销售收入是一个很好的替代指标。有了销售收入这一指标，种植业之间的经营规模比较也才有意义。同样的土地面积，种植小麦和种植蔬菜所带来的销售收入是完全不同的。

关于农业经营规模，普通人、学术界、媒体和政府官员常常将相关的一些概念混在一起，造成诸多歧义。为了澄清这些模糊，何秀荣教授于2016年在《农业经济问题》杂志上曾经发表一篇文章，题目叫"关于我国农业经营规模的思考"，后来在2017年3月被《新华文摘》全文转载，该文对农业经营规模相关的一些概念和说法进行了梳理。结合何秀荣和其他学者的分析，这里就经营规模、规模经营、规模经济、经济规模和适度经营规模等五个概念做简要区分。经营规模是指一个农业经营单位的土地面积或销售收入，是客观情况的反映；规模经营是通常的一种说法，融入了人们对扩大经营规模的期盼，表示的是一种经营方式，即区别于传统的农户小规模分散经营，在经营规模上相对较大，但是并没有准确的界限和标准；规模经济是标准的经济学概念，是指随着经营规模扩张，单位产品生产成本下降的一种状态；经济规模是指单位产品生产成本最低点所对应的经营规模，是从规模经济向规模不经济之间的转换点，跟这个点相比，规模过大或规模过小都不合适；适度经营规模是一个跟评价标准密切相关的经营规模，没有固定的结论。关键在于"适度"的标准来自于什么角度。如果是以单位产品生产成本最小为"适度"，那么适度经营规模就是指前面说的经济规模，即规模经济中的最优点。如果是以单位面积产量最高、单位面积纯收入最大、劳动生产率最高、农业劳动者年均纯收入最高、农业与非农业劳动者纯收入相等、多目标优化等为"适度"标准,那么相应的经营规模就会完全不同。这完全取决于研究角度和政策制定的出发点,彼此之间没有争议的必要。

农业经营规模,就是国际学术界通用的"农场规模(farm size)"。由于我们历史上的农业经营基本上以农户家庭经营为主,有"户"的概念在里面,不仅仅是生产方面的考虑,同时还包含了农民的消费。由于农户所特有的生产与消费不分离特征,不适合直接称之为"农场"。农场的概念,基本上是站在生产经营的角度来考虑的,没有消费的含义在内。因此,我们过去仅仅把国有农场这样的农业经营单位称为农场。但是,随着农业商业化和农业现代化的推进,中国的农民家庭也开始出现了生产与消费的分离,家庭农场的称谓逐渐普及起来。

罗伯特等(Robert, et al, 2010)学者在《农业经济学手册》第四卷第 65 章,专门讨论了"农场规模(farm size)"。他们发现,1950 年至 1990 年间,欧洲和北美的平均农场规模不断扩大,处于上升趋势;亚洲和非洲的平均农场规模处于下降趋势;南美洲没有明显的变化。20 世纪 90 年代农场平均规模差异巨大:澳大利亚 3601.7 公顷、加拿大 273.4 公顷、新西兰 222.6 公顷、美国 178.4 公顷、南美洲平均 111.6 公顷、欧洲平均 32.3 公顷、中美洲和加勒比海地区平均 10.7 公顷、西亚和北非平均 4.9 公顷、撒哈拉以南非洲平均 2.4 公顷、东南亚平均 1.8 公顷、南亚平均 1.4 公顷、东亚平均 1.0 公顷。农场规模的决定因素十分复杂,诸如经济发展阶段、土地制度、土地市场发育程度、金融深化程度、资源禀赋的历史基础和变化等都会对各国农场规模的变化产生影响。

我们可以从两个角度来思考这一问题。一是作为农业经营者；二是作为旁观者，也就是全社会的角度。

假如我是一个经营者，决定扩大农业经营规模，那一定是有了很好的预期。扩大经营规模是一种长期投资，一定是对未来的农业经营有向好的判断。那么，地从哪里来？是买来还是租来？抑或是土地入股而来？土地制度上是否允许我购买或者租赁？是否有土地产权交易市场提供便利服务？第二次世界大战后，很多国家兴起民族独立运动，之后的土地改革常常是以平均地权和抑制经营规模扩张为主。即使土地制度没有限制，我可以买入或者租赁，但钱从哪里来？是自有资金？还是需要去贷款？如果贷款，有没有金融系统的支持？如果说既可以获得土地，也有足够的金融支持，那么，我扩大经营规模后能不能做成？有没有相匹配的技术条件？包括机械等各项投入，是否有成熟的技术成果供我使用？价格是否合理？这些都是一个经营者需要同时考虑的因素。

我们再换个角度，作为旁观者来看，作为一个国家整体来看，有人想扩大规模，那就需要有人退出。为什么有人要退出？一定是农户出现了分化。分化的原因是什么？随着经济发展和人均GDP的提高，特别是伴随工业化完成而带来的农业劳动力机会成本的上升，有些人放弃了农业，有些人发现了扩大农业经营规模的机会。农业劳动力机会成本上升，促进了机械对劳动力的替代，与之相适应的经营规模扩大成为发展的必然。然而，经营规模扩大究竟能够走多远，农场规模能扩大到什么程度，还受到一个国家农业资源禀赋的制约。人均耕地资源丰裕的国家，如那些新大陆国家，可以建设大型乃至超大型农场。而人均农业资源稀缺的国家，想扩大规模，也没有足够的空间，还要受到劳动力能否找到农业外就业出路的约束。

中国是一个人均农业资源十分稀缺的国家，农业经营规模扩张受到诸多因素制约，不可能一蹴而就。正如习近平总书记 2016 年 4 月在安徽凤阳小岗村座谈会上所指出："在解决分散的小规模农业家庭经营问题上，我们要有足够的历史耐心。"

二、纵向边界

纵向边界，是指一个企业在产业链或生产环节上下游之间利用市场的程度。由于它反映了上下游之间关系的协调程度，有时也称为纵向协调（vertical coordination）。

（一）纵向协调方式

按照企业利用市场程度由低到高的顺序，可以把纵向协调方式分为以下几种类型（平新乔，2001）。

首先是利用市场程度最低的纵向一体化（integration）。纵向一体化意味着所有的环节都在企业内部完成，不依靠市场。纵向一体化使得当事人处于更强的治理结构中，可以调整适应当事人的有限理性和契约条件复杂性。由于当事人处于同一组织和重复关系之中，可以减缓机会主义行为，从而比市场交换更具有优势。

第二是渐变一体化（tapered integration）。厂商自己提供一部分投入品，依靠市场交换获得其余的投入品，是纵向一体化和市场交换的混合物，即"生产和采购（make and buy）"。

第三是战略联盟。在战略联盟中，两个或多个厂商同意在某项目上合作，既可以是横向的，也可以是纵向的。如果产品的开发、生产和营销需要多个领域的专业能力，需要不同专长领域之间紧密协调，而任何一家厂商单独开发提升所有能力将耗费昂贵，这时战略联盟就是可行的。合资企业则是战略联盟的一个特殊形式。

第四是契约关系。隐含契约是商业关系当事人之间未明示的共同认识。但是隐含契约通常不可以在法律范围内得以实施，必须依靠其他的机制。常规契约包括销售合同和资源提供型合同。以农产品为原料的加工企业既要跟农民签订销售合同，也常常会签署资源提供型合同，以确保农民所提供的农产品能够达到质量要求。

第五是利用市场程度最高的市场交易（arm's length market）。市场交易是指独立的当事人交换产品或服务的交易，并且没有正式契约保证长期保持这种关系。

（二）纵向边界的决定因素

上面列举了纵向协调的几种方式。但是，一个企业究竟选择哪一种方式，要受到诸多因素的影响。概括来说，决定纵向边界选择的主要因素包含以下四个方面：

第一，信息不对称。事前的信息不对称，容易产生逆向选择；事后的信息不对称，容易带来道德风险。在信息不对称情况下，拥有私人信息的一方就会对另一方产生要挟或者扼制，从而使交易向着有利于自己的一面发展。这使得未拥有私人信息的一方不得不面对高昂的交易费用，甚至由此造成交易无法达成。为了规避信息不对称带来的交易风险，企业常常会采取纵向一体化的方式而不依靠市场。

第二，资产专用性。这里讲的资产，可以是物质资产、人力资本、位置资产和关系资产，甚至也可以不具有任何资产形态。关键是专用性。凡是具有专用性的东西，不管是商品还是服务，都有其专门的受益者。专用性越强，越容易导致要挟或者扼制。如果是专门为你提供的商品或者服务，你又离不开他，他就可以要挟你，反过来也是一样。你的东西只有我能用，你又找不到其他的下家，我也可以威胁你。因此，专用性的存在会导致高昂的交易成本。为了避免受制于人，企业更愿意采取纵向一体化的方式来自己生产所需要的原料，这也是很多企业"小而全"的原因之一。

第三，不可契约性和剩余控制权。格罗斯曼和哈特（Grossman & Hart，1986）发表的《所有权的成本与收益》一文，把剩余控制权和专用性投资结合起来，分析了剩余控制权的成本和收益。所谓所有权的收益是指获得剩余控制权的一方有动力去进行专用性投资，而这种投资会促进社会整体效益的提高；所有权的成本是指失去剩余控制权的一方没有动力进行专用性投资，从而降低社会经济效益。所有权结构的优化标准是能否促进契约参与者进行事先的专用性投资。但是，由于信息不对称、有限理性以及难以详细衡量绩效等因素的制约，契约常常是不完备的。当发生纠纷的时候，第三方机构难以快速证实，从而无法得以有效解决，这种不完备的契约就毫无意义。因此，不可契约的东西就不能依靠市场，只能依靠产权。只有那些可契约的东西才能完全依靠市场。也就是说，赋予专用性投资者或者从事专用性活动的人以剩余控制权，这样他们就有积极性去从事专用性投资活动，拥有剩余控制权就相当于拥有产权。

第四，技术效率和代理效率。威廉姆森（Williamson）认为，一个企业在做纵向边界选择时，既要考虑交易成本，也要考虑生产成本。最优选择是生产成本与交易成本之和的最低点所对应的"外购与自产（buy and make）"组合方案。他以一个加工企业所需原材料是从外部市场采购（buy）还是自己内部生产（make）的决策为例，分析了资产专用性程度对决策的影响。在这个例子中，原料外购就是依靠市场，原料自产就是纵向一体化。为了比较纵向一体化与非一体化方式的优劣，他采用了成本差额的分析方法，即纵向一体化情况下的成本减去非一体化情况下的成本。根据成本差额的变化来判断外购与自产哪个为优。他用技术效率来代表是否采用了最低生产成本的生产过程，用代理效率来代表是否采用了能够减少协调、代理和交易费用的交换过程。代理效率高低由市场交易成本和企业内部代理成本共同决定。技术效率和代理效率都跟这一原料的专用性程度密切相关。以技术效率为基础计算的成本差额，一直大于零而且随着资产专用性程度提高而降低。这是因为市场上专门从事该原料生产的企业总是具有一定的客户规模优势和技术优势。专用性程度越低，优势越明显。但是当专用性极强的时候，这种优势基本消失。以代理效率为基础计算的成本差额，随着资产专用性程度提高而降低，而且专用性达到一定程度后这个成本差额变为负值。这是因为原料的专用性程度越低，越难以形成交易中的要挟，市场交易成本就比较低。而这时，企业内部的管理成本较高。加总起来，自己生产原料的代理成本远远高于从市场采购。但是，当原料专用性达到一定程度之后，企业将不得不面对原料采购中的敲竹杠问题，交易成本极高。这个时候，即使有企业内部的管理成本，加总之后的代理成本就远远低于从外部采购原料。将技术效率和代理效率通盘考虑进来，加总之后的成本差额也是随着专用性程度提高而降低，到某一个专用性程度的时候就变为负值。这个点就是企业纵向边界选择的分水岭。原料专用性程度低于这个点，纵向一体化的成本高于依靠市场，因此从市场购入原料。当原料专用性程度高于这个点，纵向一体化的成本低于依靠市场，企业就自己生产原料。

三、农业家庭经营的根本原因

有了前面的理论基础，我们就可以很好理解为什么农业生产经营最适合于家庭。

农业生产过程，是由前后连贯的一系列重要环节构成的。在传统农业时期，一个农民家庭几乎完成了所有环节的农事劳动，类似于完全的纵向一体化，甚至在20世纪80年代之前也基本如此。随着中国经济发展和人均收入水平的不断提高，特别是2004年以来经过刘易斯拐点和梯莫尔拐点之后，农业劳动日工价加速提升，再加上农业人口老龄化，农业生产过程中的一部分环节逐渐转由专门提供生产性服务的社会化组织完成。这些农业生产性服务组织，包括合作社、公司、公益组织和政府的农业推广机构等。这些服务组织可以解决农户自身无法完成，或者虽可自己完成但是成本过高，这样一系列的农事工作。通过更精细的农业生产经营环节分工，农户逐渐参与到整个现代化经济体系，同时也获得了分工的利益。当然，这些社会化服务组织，能不能提供优质价廉的服务，取决于它所提供的农事服务项目能否达到最基本客户规模和最优客户规模。最基本客户规模，是指确保服务组织能够存活下来所需要的最小客户规模。最优客户规模取决于评判的角度，一种是指能够使服务单价降到最低点所需要的客户规模；另一种是指能够给服务组织带来最大利益（利润或其他目标）的客户规模。达到了最优规模，它所提供服务的平均成本才能降到最低，农户也才能享用低价而优质的服务。这是两个层次的问题，对应了农业社会化服务组织的不同发展阶段。既然农业社会化服务组织是实现农户与现代农业有机对接的关键环节，那么在这些组织成立的初期，政府应该通过专门的政策给予扶持，以便尽快促成初始客户规模的迅速达成，并能开展服务。为了能够进一步发挥这些组织在服务领域的规模经济优势，应该鼓励这些组织通过合作、兼并和重组等方式实现跨区域乃至跨服务领域的整合。在未来相当长一段时期内，只有通过各类社会化服务组织所提供的服务，我们的亿万农户才能够实现从现有小规模农业技术体系向中等规模乃至大规模农业技术体系的转换。

社会化服务组织之所以能够提供服务，农民之所以愿意将农业生产过程中的一些关键农事工作委托给这些组织去完成，是因为这些环节的农事服务工作是可以契约的，在合同中能够清楚地界定服务的内容。当纠纷发生时，也容易由法律机构或第三方所认定，不会产生高昂的交易费用。农业生产过程当中，诸如平整土地、播种、育苗、栽培、施肥、中耕、植保、灌水和收割等农事活动，基本都是可契约的，农户可以放心地依靠契约和市场来享受分工带来的收益。

由此看来，家庭经营似乎已经没有存在的必要，因为诸多农事活动都由社会化服务组织完成了。其实不然。农业生产经营活动过程中，有一项至关重要的活动是无法参与分工的，从农民那里根本分不出去。这项活动就是对整个农业生命过程的照料服务。所谓照料服务，就是像看护婴儿一样来看护禾苗、看护幼畜。用心不用心，效果完全不一样。我们以大田作物为例，来简要说明什么是照料服务。前面讲到的那些由社会化服务组织完成的各项农事活动，究竟什么时候去做最为合适，需要有人去判断、去下指令。而这类判断和决策的工作都具有极强的专业性、专用性和经验性。由于作物的生命过程是持续不断的，要想做出合理的分阶段农事活动安排，必须对整个生命过程用心观察，随时查看苗情、墒情，仰观天象。也就是说，要用双眼把天空、禾苗和土壤当作一个不断变化的整体来用心观测，根据生长期的不同关键阶段及时作出农事活动安排，这就是农民们常说的"农时"。在大田作物生产中，能否准确把握农时，对最终的作物收成具有决定性的影响。在农村，那些有经验的种田能手，是真正的"农时"行家。"抢农时"就是希望在最佳时间内把该干的农活做完，一旦错过农时，有可能一年白忙。把握农时是对农业生命活动照料服务的最简要概括。"把握农时"这项活动，具有极强的信息不对称性、专用性和不可契约性。这项活动用心与否，效果差异巨大。但是，这项活动所带来的成果没法直接显现，它是与天气好坏结合在一起最终体现在作物收成上。也就是说，作物收成的额外提高既可能来自用心照看禾苗，也可能来自好天气。努力程度、用心程度跟天气交织在一起影响作物收成。这就决定了以把握农时为代表的农业生命活动照料服务，具有明显的信息不对称性和不可契约性。所谓信息不对称，是指从事照料服务的人是否用心，只有他自己知道，别人无法得知。同时，这类活动的成果跟天气影响交织在一起，无法明确分开，不具有可契约性。把握农时这项服务又具有极强的专用性，专门用于某一区域某些作物的农时把握，种田者离不开，不种田者分文不值。因此，对于这类服务只能采取赋予剩余控制权的方式，而不能依靠市场。也就是说，让从事农业生命活动照料服务的"老农""行家里手"拥有剩余控制权，这样他们才会有积极性去用心照看、用心把握农时，同时获得由此带来的额外收益。

赋予剩余控制权有两种方式。一种是常见的方式，即赋予整个农户家庭（常常是以户主名义）以剩余控制权，因此称为家庭经营。过去的家庭经营，农民把所有的农事活动都自己做了，没有机会去享受分工的收益，剩余控制权在农户手里。未来的家庭经营，农民把所有能够分工出去的农事活动，都依靠市场方式委托社会化服务组织去完成，只剩下对农业生命活动的照料服务一项留给自己，剩余控制权依然在自己手里。这就是农业生产环节不得不实行家庭经营的根本原因。正如陈锡文 2000 年在《中国农村改革回顾与展望》中所指出："在什么情况下，农业生产者才会时刻关心自然力的变化和动植物的生长情况呢？那就是自然力的变化和动植物的生长情况，与他本人的切身利益有最直接、最紧密的联系时。只有家庭经营情况下，这种利益才无须和别人分割，也不用担心利益的流失。而农业恰恰又是一个便于分割规模却又不破坏动植物生命周期完整性的产业。因此，农业是适合于家庭经营的，这一点与社会性质、生产资料的所有制性质并无直接的联系。"

另外一种方式就是分享剩余控制权。这主要是针对公司从事农业经营。如果一个公司想经营农业，那么在农业生产经营环节也必须采取分享剩余控制权的方式。也就是说，采取利润分成的方式，来聘请一个有经验的职业经理人来担任刚才所讲的"老农"角色，从事这种专用性极强而又不可契约的管理工作。经由他的专用性努力，为企业创造新增净剩余。依据分成比例，他能够得到剩余的全部或一部分。如果不采取分享剩余控制权的方式，再高的年薪也不一定能够刺激他用心从事不可契约性的工作，当然那些具有高尚品德的职业经理人除外。职业经理人以个人名义分享剩余控制权，而实际的生命照料服务也可以由其家庭成员共同完成。

与大田作物相比，现代工厂化畜牧业，因为已经基本摆脱气候等自然因素对生命活动的影响，养殖场各项工作流程都可清晰界定，不会产生高昂的交易费用。园艺类作物也是如此，比如说大棚温室，各项因素已经完全可控，不受气候影响。这两种情况下，企业都可以完全依靠市场即契约方式来安排经济活动，不一定采取家庭经营的方式。但是，小幼畜的照料服务必须采取家庭经营的方式，断奶后进入育肥期才可以不需要家庭喂养。因为，小幼畜的成长需要精心的看护，而看护服务也是一项不可契约、专用性又极强的工作，必须赋予看护者以剩余控制权。

何秀荣于 2009 年在《中国农村经济》杂志上发表了一篇文章，题目叫"公司农场：中国农业微观组织的未来选择"。论文发表后，引起很多争议。他认为，"在市场化、工业化、城镇化和国际化进程中，促进农地经营权向种田大户集中、建立农民专业合作组织的现行政策只具有局部性和短期性作用，不具有摆脱小农缺陷和建立起现代农业的总体性和长期性作用。以企业为母体的租赁式公司农场和以农地股份制为基础的公司农场将成为中国未来农业微观组织的重要形态。其根本原因在于，现代企业形态能够以低交易费用快速有效地扩大农场规模，从而使其在国内产业竞争和国际农业竞争中具有比其他农业组织强得多的经济抗力。政府应当引导条件适宜地区自愿发展公司农场，营造和规范包括法律制度在内的适合公司农场发展的配套环境，前瞻性地考虑可能伴随公司农场而来的新问题和对策，而不应当不支持、被动接受或放任自流"。而大多数学者一直坚持家庭农场而不是公司农场才是中国农业发展的未来方向。实际上，根据前面的分析，只要在农业生产经营环节对职业经理人采取分享剩余控制权的方式，公司经营依然是有发展前景的。目前，国际上反对公司制农场的理由主要有八个方面：（1）公司农场导致家庭农场利润下降、数目减少；（2）农产品营养成分降低；（3）环境污染；（4）过度集中导致垄断力量形成；（5）乡村经济凋敝；（6）乡村文化消失；（7）人权和动物福利受损；（8）使农民失去市场联系机会。而中国还可以加上一个独特的因素，即担心公司进入农业，醉翁之意不在酒，意在变相土地"农转非"。道格拉斯等（Douglas et al, 1998）在他们的经典文献《农场的性质》（The Nature of the Farm）一文中，也专门就农业生产中的家庭经营、合伙经营和公司经营的存在条件进行了理论分析和历史总结。在季节性和天气好坏等因素对分工和专业化效果形成制约情况下，家庭经营是最优的选择。但是，当这些干扰因素能够解决的时候，也就是说农牧业生产能够摆脱这些因素束缚的时候，公司经营就是最好的选择。目前，公司制农场基本上还是以园艺、畜产等摆脱了农业季节性和自然随机性束缚的产业为主，因为这些产业可以发挥分工带来的规模经济而不必担心道德风险问题。但是，公司制向大田作物的渗透还需要很漫长的时间。

科技改变生活，科技改变未来。虽然还不是现实，但是我们还是可以畅想一下未来。如果人工智能发展到一定高度，跟物联网等结合起来，把前面所说的老农的经验转换成数据，不止一位老农，各地凡是有经验的老农和行家里手，他们的经验全都进入大数据系统和人工智能系统。将土壤系统监测、苗情监测和气象预测结合起来，运用人工智能系统给出农时判断和操作指令，然后由智能农业系统直接对田间进行相应的管理作业，诸如播种、施肥、施药、中耕、灌水、收获等。这样的话，这种专用性极强的活动就由智能系统完成，从而摆脱了不可契约性和道德风险。如果真有这一天，家庭经营有可能退出历史舞台，变为一种需要保护的历史文化遗产，而公司制农场有可能成为农业经营的主力军。据 2021 年 8 月 19 日《中国科学报》报道，中国农科院在植物工厂环境下实现水稻种植 60 天后收获，亩产 652 公斤。将传统大田环境下 120 天以上的水稻生长周期缩短了一半。这为加速作物育种，打赢种业翻身战，保障国家粮食安全，提供了全新的技术途径。这是水稻种植史上的颠覆性重大突破，不仅彻底改变了传统的育种与栽培方法，而且也为未来工厂化栽培奠定了基础。这则消息给我们很大的启示，即使是传统的大田作物水稻，也有可能通过工厂化栽培来摆脱季节性和自然随机性对农业生产的制约。

四、农业分工经济论

农业经营主体在实际经营活动中，不可能把横向边界和纵向边界分开，必然是同时做出决策。华南农业大学罗必良教授在 2017 年出版的《农业家庭经营：走向分工经济》专著中就此问题做出了开创性理论探索，我把它概括为农业分工经济论。

为了解析家庭经营的性质，他把科斯的交易费用论和农业生产经营特性结合起来，提出了一个基本的理论逻辑，即以"产权细分—分工交易—合约匹配"为线索讨论家庭经营卷入分工经济的变革逻辑。他认为，盘活农地经营权依赖于产权的可分性及其可交易性。产权细分为多元经营主体的农业进入提供了可能，从而构成了劳动分工的前提条件；劳动分工与专业化发展必定是产权清晰的界定与进一步分割，并分配给具有比较优势的行为主体。这样，产权主体就有能力和动力把真正属于自己的资源或者有价值的资源属性配置到能实现其最大价值用途上，并由此改善经济效率。由此引发的问题是：第一，劳动分工在促进生产率提高的同时，会因为专业化及其资产专用性而产生交易费用；第二，分工与专业化的深化也意味着市场容量的扩张以及价格机制使用范围的扩大，也会导致交易费用的增加。于是，合约成为保障分工效率并降低交易费用的重要机制。合约及交易组织是一种巧妙的交易方式，它可以把一些交易费用极高的活动卷入分工，同时又可以避免对这类活动的直接定价和直接交易。

依据上述逻辑和实证分析结果，这部专著传递了如下思想：其一，农业家庭经营制度具有不可替代性；其二，在产权细分与农业分工的背景下，家庭经营具有广泛的适用性；其三，单纯地依赖于土地流转来谋求农业的规模经营，可能存在操作上的困难与政策上的偏差；其四，将家庭经营卷入分工活动，农业的规模经营就可以通过土地规模经济与服务规模经济两个路径来实现；其五，"盘活农地经营权、扩展家庭经营空间"，将成为基本的制度主线。以土地"集体所有、家庭承包、管住用途、产权细分、多元经营、分工深化"为主线的制度内核，将成为我国新型农业经营制度的基本架构。

第二节　健康饮食文化

这一节，我们讨论消费者行为的一部分，即健康饮食文化。我们每一个人都是消费者，消费方式的选择对农业生产乃至宏观经济都具有重要影响。经济学在需求领域的研究比较成熟，谈到食品消费需求，主要有三个影响因素：消费者偏好、产品价格和消费者可支配收入。在实际研究过程中，大家对价格和收入的关注比较多，而关于偏好方面，关注不够，特别是从主动改变偏好方面着力不多。

食品消费偏好本身是饮食文化的一种体现。健康的饮食文化非常重要。在传统农业社会时期，生产者和消费者是一家人，彼此没有分开，互信是天然的。但是，随着工业化、城市化和全球化的推进，农业生产者和食品消费者之间的空间距离和心灵距离越来越远，彼此之间的信任感消失了，由此引发一系列的食品安全问题和环境破坏问题。要想重建全球农业食物系统，我们每一个消费者必须从我做起，重新审视和改变自己的消费行为。

2018 年 10 月《自然》（Nature）杂志上发表了一篇文章，题目是"确保人类食物系统不突破环境承载极限的方案选择"。由斯普林格曼（Marco Springmann, et al, 2018）等国际上共计 22 个机构的 23 位学者合作完成，是一项持续多年的跨国、跨区、跨学科、跨机构的合作研究结果。根据这份报告，2010 年到 2050 年，如果没有技术进步和缓解措施，按照人类现有的食物生产方式和消费方式，农业食物系统的环境影响将会增加 50% 至 90%，在 2050 年之前就会超过地球承载能力，人类将陷入巨大的灾难。他们提出了三个解决方案：一是转向更健康的以素食为主的饮食方式；二是改进技术和管理水平，加强污染治理；三是减少食物损耗和浪费。我们接下来抽取其中的两个方案来进行讨论，即素食和节俭。

一、转向以素食为主的饮食方式（素食）

美国里奇蒙大学乔安娜（Joanne Kong）教授一直在向全球呼吁，希望大家都能够转向以素食为主的饮食方式。主要有三个理由：素食对人类健康好处多多；素食有助于维护地球可持续性；素食可以增加同情心。

（一）素食有益于健康

为什么说素食是比较健康的选择呢？其原因不胜枚举：素食除了含有多种营养素以外，只有植物才有优质纤维、天然抗氧化剂以及上千种植化素。素食可以保护身体并维持健康。整体来讲，素食者寿命较长，且大致上比较少患心脏病、高血压、二型糖尿病、肥胖症和癌症等，这是乔安娜教授从现代医学角度做的解读。

从食物与健康关系的角度来讲，《黄帝内经》有更完美的论述。食物有寒、热、温、凉、平等五性之分，这是客观存在的，不管你承认不承认。既然食物有寒、热、温、凉、平，我们就要根据节气变化来调整自己的饮食，原则就是用温远温、用热远热、用凉远凉、用寒远寒。比如说你身体已经比较寒了，再吃寒性食物，对脾胃不好，会出问题。《黄帝内经》对食物的功能和重要性做了分类。健康的饮食，应该谨记"五谷为养，五果为助，五畜为益，五菜为充"。

也就是说，强调五谷的重要性，因为种子是有生命的。在地下合理储藏几百年甚至上千年之后，只要条件适合，还能够发芽。种子类谷物，是有顽强生命力的。其他的都是辅助的，或者是补益的。吃动物食品，其实吃的是尸体，怎么能跟有生命力的种子相比。所以，《黄帝内经》提出，饮食应该以五谷为主，其他作为补充。现在的人反过来了，变成了吃肉为主。古人所谓的五谷是指具有繁育能力的种子，这一点要特别提醒大家注意。《黄帝内经》还针对不同的身体疾病提出了"肝病禁辛，心病禁咸，脾病禁酸，肾病禁甘，肺病禁苦"的饮食禁忌。正所谓病从口入、祸从口出。要想维持健康，必须从管住嘴开始。

（二）素食有益于地球可持续

地球已经承受不了我们现在的饮食方式。气候变化、全球变暖、森林砍伐、资源耗损、水土流失、海洋面上升等问题，其中一个最重要的原因就是畜牧业。畜牧业是农牧业生产领域全球温室气体排放量的主要贡献者，同时也是物种和栖息地流失的最主要原因，因为畜牧和饲料作物种植需要大量开垦森林。

水是肉类生产过程中大量消耗的资源。每生产一公斤鸡蛋需要3300升的水，每生产一公斤鸡肉需要3900升水，每生产一公斤猪肉需要4800升水，每生产一公斤奶酪需要5000升水，每生产一公斤牛肉则需要15500升水。

在消耗土地和水等地球资源的同时，动物养殖和肉类生产还会产生大量的温室气体。生产1公斤牛肉所产生的二氧化碳和一辆小轿车行驶100公里的排放量大致相当；生产1公斤猪肉或禽肉所排出的二氧化碳相当于小汽车行驶 50 公里的排放量。动物养殖业所带来的二氧化碳排放量，超过了人类所有交通工具所带来排放量总和。面对 2030 年碳达峰和 2060 年碳中和的承诺，为了我们的地球家园，必须转变以食肉为主的饮食方式。虽然吃肉或者吃素，完全是个人的选择。但是，从更宏观的角度来看，这个问题却关系着人类乃至地球的未来。

（三）素食可以增加同情心

全球每年有 560 亿的陆地动物，以及 900 亿的水中动物被屠宰来作食物。一般家鸡的正常寿命为 3 到 5 年，但是养殖场的肉鸡只能存活 35 到 49 天。如此短暂的生命周期，它们必须长大到两公斤，这是任何有机体都难以承受的残酷的快速生长。有些鸡无法在这种不正常的生长速度中存活，它们的身体无法支撑它们走到饲料槽或者水槽前，还有一些死于心血管疾病，它们的尸体最后变成了同类的饲料。这些都是我们在吃肉的时候并不曾想到的。

素食可以增加我们的同情心。当你亲眼看到那些动物，从小活下来，不断生长，当你有感情的时候，你其实是不忍心杀害它的。但是，问题是现在的农业生产者和食品消费者远远分开了，从养殖到屠宰我们消费者是看不见的，所以才会肆无忌惮地吃。实际上，当你知道养殖过程和屠宰过程之后，大家有了同情心，就不愿意再吃更多的肉食了。

佛教也提倡素食，其背后的道理具有另外一层含义。当你相信因果，相信六道轮回，就自然不会食肉了。为了跳出六道轮回，佛家讲究修行，要持戒。不吃肉就是为了戒杀。释迦牟尼佛在快要涅槃的时候，弟子们问，您老人家走了，我们跟谁学？佛说不用跟谁，以戒为师。持戒就是最好的老师。持戒最重要的是心戒，摄心为戒，心不动就不会乱。所以关键是从观念上理解不吃肉的道理。佛教里面讲"菩萨畏因，凡夫畏果"。我们普通人面对不好的结果时非常害怕，其实这都是因为我们原来做了不好的事情而造成的后果。而那些具有慈悲心的大菩萨们，只要一有了不好的念头，就会觉得非常可怕，说明自己的修行还不够。"不知色身外洎山河虚空大地，咸是妙明真心中物"，我们和宇宙万物是一体的，当你唤醒了自己的同体大悲之心，就自然而然转向素食了。

二、杜绝浪费和减少损耗（节俭）

我们不仅应该转向素食为主的饮食方式，而且还要做到节俭，杜绝浪费，减少损耗。薛莉等 2021 年在《自然—食物》（Nature Food）上发表了中国食物供应链损失和浪费方面的研究成果。结果显示，中国整个食物供应链的食物损失和浪费达 3.5 亿吨，占食物总产量（直接供消费者食用）的 27%。食物损失和浪费主要发生在产后处理和储存阶段，所占比例为 45%。消费阶段食物浪费（纯粹是不合理的浪费行为引起的）也很严重，所占比例达到 17%。中国食物损失和浪费的资源环境影响巨大。减少食物损耗需要通过技术进步和管理措施来完善食物生产和流通体系，杜绝食物浪费则需要每一个消费者的自觉和觉他。

古圣老子尊师在《道德经》第 12 章中讲，"圣人为腹不为目"，就是提醒我们吃饭的目的是什么，是为填饱肚子，不是为了撑破眼球。吃饭是为了活着，不为其他。第 67 章还讲道，"甘其食，美其服，安其居，乐其俗"。甘其食，有什么就吃什么，别挑三拣四，无论吃什么都以一种感恩和享受的状态去承接。

道家还有一种说法：若想不死，肠中无屎。据称最早源自汉朝大哲学家王充《论衡》："欲得长生，肠中常清，欲得不死，肠中无渣。"后来被唐代马松在《意林》中演化成"欲得长生，腹中清；欲得不死，腹无屎"。讲这几段话目的很简单，就是希望大家要节俭。

刘承恩教授在2014年"道心语境"公众号里发表了一篇文章，题目叫"少吃多活"，对饮食上的节俭做了精彩的解读。这里节选其中的一部分内容，与大家共享。

玄妙之门是一个"吃"字。"口"与"乞"组成了"吃"字。以"乞"的心态去吃，就会恭敬食物，继而恭敬制造食物的众生，乃至感恩有好生之德的天地。保持恭敬和感恩的心态，吃便有了节制。

吃食物是人类几乎每天都要面临的问题，但是明白"吃"字深层次道理的人数并不多。两千多年前的中医学圣典《黄帝内经》教导人们：吃得少补气，吃得多伤气。多与少只有一字之差，结果却大相径庭。吃得少是指摄入的食物恰好满足人的实际需要而无剩余，食物得以顺利"气化"变为人身心之动力，令人神清气爽，精力充沛；吃得多是指摄入的食物超出了人的实际需要，阻塞了消化吸收机制，形成"胃痞""肠痞"，食物气化受阻，产生大量毒素，熏蒸人的身心，令人心烦意乱，浑身酸懒，呈现微中毒现象。吃食物的数量接近于饱又未过量，保持吃的欲望而不再进食，给肠胃蠕动留出充分的空间，使身心的消化机制处于积极状态，以最快的速度气化食物成为动力。故似饱非饱状态的人心中欢喜，行动轻盈。反之，撑得肚子难受的人坐卧不适，心态失衡。多吃或少吃，两种做法产生不同的结果，不但涉及健康，而且影响生命的长短。从这个意义上讲：少吃多活，多吃折寿。

民以食为天。吃饭不是小事，是天大的事，关系人生的苦乐和归宿。吃食物不仅在量上要适度，还应简单平淡，因为人的福分是有数的，分毫不差，早用完早走；惜福从俭，因福分未用尽而延长了人生。故古人教导后人要惜福。有大造化的人不但饭食简朴，而且不浪费一粒米。反而一些不穷不富的人，剩饭剩菜满不在乎。传统文化把饮食无度之人的状态归结为"贪、痴、慢"。贪欲、愚痴和傲慢不仅可以毁掉人身心健康乃至一生，还会令人生结局悲惨。

三、仪式感

不同的民族，不同的宗教，在用餐之前都有一定的仪轨。不管是什么仪式，都是提醒用餐者先静下来，用心去感受食物，恭敬食物，感恩为此做出贡献的一切众生、一切物，这样将自己的心与万物相连。这是非常好的事情。例如，日本人餐前的"I TADA KIMA-SU"（日语发音的罗马字母标注）就是一种尊重生命、感谢生命的很好体现。但是，中国现在的很多家庭，餐前没有任何仪式，是一件非常遗憾的事情。真心希望我们每一个人从我做起，任何形式都可以，在用餐前能够先静下来几秒，用心去感受食物，感恩食物，感恩为此付出的一切众生、一切物。日积月累，我们的心就能够与万物相感应，慢慢地就会改变世界，使我们的地球家园变得越来越美丽。

前面我们谈到，随着城市化和全球化的发展，农业生产者和食品消费者之间的空间距离和时间距离越来越远，彼此缺乏信任。恢复信任感，需要两方面共同努力：一是法治，即各种法律约束；二是道德，即每个人发心自我约束。只有如此，向健康农业食物系统的转型才能实现，农业与宏观经济之间的关系才能够越来越协调，我们的世界才会变得越来越美好。

关于这一点，文贤先生在 2018 年出版了一本书，叫《苦并快乐着》。为了纪念农村改革 40 年，他把自己 1978 年前后在农村生产生活的经历，写了下来。既是纪实又有理性思考，可以作为农业宏观经济学这门课的重要教学参考书。这里引用该书最后谈"历史与未来"的一段话，作为结束语：

> 前事不忘，后事之师。国治而民安者，听于无声，察于无形，必未雨而绸缪。时下之中国，非有法治与德治并举，非有治乱于无形，防患于未生之知，不如此，则无益于吾国之长远发展，无益于民族之振兴，无益于中国梦之实现。法安天下，德润人心。法乃成文之德，乃准绳，须臾须遵循。德乃内心之法，乃基石，须臾不可离。法之行赖于德，德之践依于法，法治德治相结合、相补充、相促进、相得益彰，法治德治不可离也，不可偏废也。

参考文献

（一）中文

（战国）佚名：《黄帝内经》（影印本），（唐）王冰注，（宋）史崧校，广陵书社 2015 年版。

（宋）普济 辑 ，朱俊红 点校：《五灯会元》，海南出版社 2011 年版。

财政部：《财政部、农业农村部、银保监会关于扩大三大粮食作物完全成本保险和种植收入保险实施范围的通知》，财金〔2021〕49 号文。

陈高傭主编：《中国历代天灾人祸表》，北京图书馆出版社 2007 年版。

陈劲松：《2007 年中国农村经济形势分析与 2008 年展望》，《中国农村经济》2008 年第 2 期。

陈希、孟令杰：《农业生产与宏观经济长期波动关系的实证分析及预测：以中国 1954—2003 年数据为例》，《农业技术经济》2006 年第 2 期。

陈锡文：《读懂中国农业农村农民》，外文出版社 2018 年版。

陈锡文：《中国农村改革回顾与展望》（校订本），知识产权出版社 2020 年版。

陈晓坤、张俊飚、李鹏：《我国农产品价格波动与通货膨胀问题研究历史回顾及文献综述：基于国内 1978—2012 年的文献》，《中国农业大学学报》2013 年第 4 期。

陈云：《实行粮食统购统销》，《陈云文选》（第二卷），人民出版社 1995 年版。

程国强、胡冰川、徐雪高：《新一轮农产品价格上涨的影响分析》，《管理世界》2008 年第 1 期。

戴思锐：《中国农业发展：过往与未来》，中国农业出版社 2021 年版。

邓宏波：《货币供给冲击、通货膨胀预期与农产品价格波动》，湖南大学 2011 年硕士学位论文。

董恺忱：《从世界看我国传统农业的历史成就》，《农业考古》1983 年第 2 期，《新华文摘》1984 年第 10 期转载。

杜鹰：《从我国食物自给率的变化看构建农业发展新格局》，《清华三农论坛 2022》，2022 年 1 月 8 日。

范志勇：《中国通货膨胀是工资成本推动型吗?》，《经济研究》2008 年第 8 期。

方鸿：《货币冲击对农产品相对价格的影响》，《统计与信息论坛》2011 年第 9 期。

方鸿:《开放经济条件下货币供给冲击对农业经济的影响——基于因果图形方法》,《中国农村经济》2011 年第 8 期。

葛剑雄主编:《中国人口史》,复旦大学出版社 2005 年版。

葛全胜等:《中国历朝气候变化》,科学出版社 2011 年版。

国务院:《土壤污染防治行动计划》,2016 年 5 月 28 日。

国务院:《中华人民共和国国民经济和社会发展第十四个五年规划和 2035 年远景目标纲要》,2021 年 3 月 11 日第十三届全国人民代表大会第四次会议通过。

国务院办公厅:《关于金融服务三农发展的若干意见》,2014 年 4 月 20 日。

韩晓燕、翟印礼:《中国农业技术进步、技术效率与趋同研究》,农业出版社 2009 年版。

韩一杰、刘秀丽:《中国猪肉价格波动对其他部门产品价格及 CPI 的影响测算》,《中国农村经济》2011 年第 5 期。

何秀荣:《公司农场:中国农业微观组织的未来选择》,《中国农村经济》2009 年第 11 期。

何秀荣:《关于我国农业经营规模的思考》,《农业经济问题》2016 年第 9 期,2017 年 3 月份《新华文摘》全文转载。

洪燕珍、余建辉、戴永务、刘伟平:《基于食物当量计算的木本粮油生产能力研究》,《林业经济》2010 年第 11 期。

胡冰川:《消费价格指数、农产品价格与货币政策:基于 2001—2009 年的经验数据》,《中国农村经济》2010 年第 12 期。

姜维:《威廉·诺德豪斯与气候变化经济学》,《气候变化研究进展》,2020 年 5 月。

李谷成、范丽霞、冯中朝：《资本积累、制度变迁与农业增长：对 1978—2011 年中国农业增长与资本存量的实证估计》，《管理世界》2014 年第 5 期。

李辉 、孔哲礼：《农产品和工业品的相对价格波动与货币供给》，《技术经济》2009 年第 4 期。

李姗、何博：《货币供给冲击、工农产品价格剪刀差与城乡收入差距：基于 VAR 模型的实证分析》，《财经界》2014 年第 5 期。

李薇：《农业剩余与工业化资本积累》，云南人民出版社 1993 年版。

李新祯：《我国粮食价格与 CPI 关系研究》，《经济理论与经济管理》2011 年第 1 期。

梁流涛、冯淑怡、曲福田：《农业面源污染形成机制：理论与实证》，《中国人口资源与环境》2010 年第 4 期。

刘承恩：《少吃多活》，"道心语境"公众号，2014 年。

刘宏曼、郎郸妮：《农业参与全球价值链分工的制度影响研究——基于世界投入和产出表的跨国面板数据》，《国际商务——对外经济贸易大学学报》2019 年第 1 期。

刘小铭：《我国粮食价格与居民消费价格关系研究》，《经济问题探索》2008 年第 4 期。

卢峰：《我国是否应当实行农业保护政策？——外国农业保护政策的经验教训和启示》，《战略与管理》1998 年第 12 期。

卢锋、彭凯翔：《中国粮价与通货膨胀关系（1987—1999）》，《经济学季刊》2002 年第 4 期。

罗必良等：《农业家庭经营：走向分工经济》，中国农业出版社

2017 年版。

罗家宏:《我国货币供给对农产品价格的影响研究》,华中农业大学 2011 年硕士学位论文。

马国霞、於方、曹东、牛坤玉:《中国农业面源污染物排放量计算及中长期预测》,《环境科学学报》2012 年第 2 期。

聂勇:《后金融危机时期我国农产品价格与通货膨胀的实证分析》,《农业经济》2012 年第 1 期。

农业部:《关于打好农业面源污染防治攻坚战的实施意见》,农科教发〔2015〕1 号。

农业农村部科技教育司:《新中国农业科技发展 70 年》,农业农村部官网,2019 年。

彭信威:《中国货币史》,群联出版社 1954 年版。

平新乔:《微观经济学十八讲》,北京大学出版社 2001 年版。

钱俊瑞:《中国目下的农业恐慌》,《中国农村》1934 年第 1 卷第 3 期,载于薛暮桥、冯和法编《中国农村论文选》,人民出版社 1983 年版。

乔榛、焦方义、李楠:《中国农村经济制度变迁与农业增长:对 1978—2004 年中国农业增长的实证分析》,《经济研究》2006 年第 6 期。

渠慎宁、吴利学、夏杰长:《中国居民消费价格波动:价格黏性、定价模式及其政策含义》,《经济研究》2012 年第 11 期。

任力、梁晶晶:《环境宏观经济学的兴起和发展》,《经济学动态》2013 年第 9 期。

汪同三:《中国将长期面临成本推动型通胀压力》,《经济参考报》2011 年 11 月 14 日。

王小宁：《农产品价格上涨与通货膨胀的关系》，《价格理论与实践》2010 年第 10 期。

王秀清、H. T. Weldegebriel、A. J. Rayner：《纵向关联市场间的价格传递》，《经济学季刊》2007 年第 3 期。

王秀清、钱小平：《1981～2000 年中国农产品价格上涨的波及效应》，《中国农村经济》2004 年第 2 期。

温铁军、朱守银：《政府资本原始积累与土地"农转非"》，《管理世界》1996 年第 5 期。

文贤：《苦并快乐着》，中国发展出版社 2018 年版。

吴方卫、孟令杰、熊诗平：《中国农业的增长与效率》，上海财经大学出版社 2000 年版。

许璇：《农业经济学》，商务印书馆 1934 年初版，中国农业出版社 2020 年版。

许倬云：《中西文明的对照》，浙江人民出版社 2013 年版。

叶敬忠、贺聪志：《静寞夕阳——中国农村留守老人》，社会科学文献出版社 2008 年版。

叶敬忠、潘璐：《别样童年——中国农村留守儿童》，社会科学文献出版社 2008 年版。

叶敬忠、吴慧芳：《阡陌独舞——中国农村留守妇女》，社会科学文献出版社 2008 年版。

于爱芝：《货币供给冲击与农产品价格超调：对中国的经验分析》，中央财经大学经济学院双周学术论坛（总第 36 期），2010 年。

张培刚：《农业与工业化》（全二册），华中科技大学出版社

2009 年版。

张文朗、罗得恩：《中国食品价格上涨因素及其对总体通货膨胀的影响》，《金融研究》2010 年第 9 期。

赵国庆、于晓华、曾寅初：《通货膨胀预期与 Granger 因果性研究》，《数量经济技术经济研究》2008 年第 4 期。

赵红军：《气候变化是否影响了我国过去 2000 多年的农业社会稳定?》，《经济学季刊》2012 年 1 月。

赵阳：《发挥再保险作用 服务乡村全面振兴》，《人民日报》2022 年 2 月 10 日。

郑志浩、程申：《中国粮食种植业 TFP 增长率及其演变趋势》，《中国农村经济》2021 年第 7 期。

中共中央国务院：《关于加快推进生态文明建设的意见》，2015 年 4 月 20 日。

中共中央国务院：《生态文明体制改革总体方案》，2015 年 9 月 21 日。

中国军事史编写组：《中国历代战争年表》，解放军出版社 2003 年版。

中国人民大学国际货币研究所：《人民币国际化报告》，中国人民大学出版社 2013 年至 2020 年历年版。

中国人民银行、银监会、保监会、财政部 和农业部：《农村承包土地的经营权抵押贷款试点暂行办法》，2016 年 3 月 15 日。

中国人民银行、银保监会、证监会、财政部、农业农村部和乡村振兴局：《关于金融支持巩固拓展脱贫攻坚成果，全面推进乡村振兴的意见》，2021 年 6 月 29 日。

钟甫宁、朱晶：《结构调整在我国农业增长中的作用》，《中国农村经济》2000 年第 7 期。

周力、周应恒：《国际粮食市场的可依赖性研究》，《国际贸易问题》2010 年第 7 期。

朱信凯、吕捷：《中国粮食价格与 CPI 的关系（1996—2008）：基于非线性关联积分的因果检验》，《经济理论与经济管理》2011 年第 3 期。

竺可桢：《中国近五千年来气候变迁的初步研究》，《考古学报》1972 年第 1 期。

［德］贡德·弗兰克著：《白银资本：重视经济全球化中的东方》，刘北成译，中央编译出版社 2001 年版。

［德］卡尔·马克思著：《资本论》（全三卷），中共中央马克思恩格斯列宁斯大林著作编译局编译，人民出版社 2018 年版。

［美］道格拉斯·诺斯、罗伯斯·托马斯著：《西方世界的兴起》，厉以平、蔡磊译，华夏出版社 2009 年版。

［美］德·希·珀金斯著：《中国农业的发展：1368—1968》，宋海文译，上海译文出版社 1984 年版。

［美］盖尔·约翰逊著：《经济发展中的农业、农村、农民问题》，林毅夫、赵耀辉编译，商务印书馆 2004 年版。

［美］格里高利·克拉克著：《告别施舍：世界经济简史》，洪世民译，广西师范大学出版社 2020 年版。

［美］罗伯特·许廷格、埃蒙·巴特勒著：《四千年通胀史：工资和价格管制为什么失败？》，余翔译，东方出版社 2013 年版。

［美］西奥·S. 艾彻、约翰·H. 穆蒂、米歇尔·H. 托洛维斯基

著:《国际经济学》（第七版），赵世勇译，格致出版社、上海三联书店、上海人民出版社 2013 年版。

［美］西奥多·W. 舒尔茨著:《改造传统农业》，梁小民译，商务印书馆 1987 年版。

［挪威］拉斯·特维德著:《逃不开的经济周期》，董裕平译，中信出版社 2008 年版。

［日］速水佑次郎、［美］弗农·拉坦著:《农业发展的国际分析》，郭熙保等译，中国社会科学出版社 2000 年版。

［日］速水佑次郎、神门善久著:《农业经济论》，沈金虎、周应恒、曾寅初、张玉林、张越杰、于晓华译，中国农业出版社 2003 年版。

［意大利］乔瓦尼·费德里科著:《养活世界：农业经济史 1800—2000》，何秀荣译，中国农业大学出版社 2011 年版。

［英］布莱恩·斯诺登等著:《现代宏观经济学：起源、发展和现状》，佘江涛等译，凤凰出版传媒集团、江苏人民出版社 2009 年版。

［英］马尔萨斯著:《人口原理》，朱泱、胡企林、朱和中译，商务印书馆 1992 年版。

［英］亚当·斯密著:《国民财富的性质和原因的研究》，郭大力、王亚南译，商务印书馆 1972 年版。

（二）外文

Alan S. Blinder. "On sticky prices: academic theories meet the real world", in *Monetary Policy*, edited by N. Gregory Mankiw , pp117–154,

1994, The University of Chicago Press.

Allen Douglas W. and Dean Lueck. "The Nature of the Farm", *The Journal of Law and Economics*, 1998, Vol. 41 (2): 343-386.

Alvin H. Hansen. "The Business Cycle and its Relation to Agriculture", *Journal of Farm Economics*, 1932, Vol. 14, issue 1, 59-67.

Anthony Heyes. "A proposal for the greening of textbook macro: IS-LM-EE", *Ecological Economics*, 2000, Vol. 32: 1-7.

Charles P. Timmer. "A World without Agriculture", 2009, The AEI Press.

Charles P. Timmer. "The Agricultural Transformation", Chapter 08 in *Handbook of Development Economics*, 1988, Elsevier, Vol. 1, 275-331.

Chengsi Zhang, Chunming Meng and Lisa Getz. "Food Prices and Inflation Dynamics in China", *China Agricultural Economic Review*, 2014, Vol. 6, issue 3, 396-412.

Ching-chong Lai, Shih Wen Hu and Chih-Ping Fan. "The Overshooting Hypothesis of Agricultural Prices: the Role of Asset Substitutability", *Journal of Agricultural and Resource Economics*, 2005, Vol. 30 (1): 128-150.

Ching-chong Lai, Shih-wen Hu, and Vey Wang. "Commodity Price Dynamics and Anticipated Shocks", *American Journal of Agricultural Economics*, 1996, Vol. 68 (4): 982-990.

D. Gale Johnson. "Agriculture and the Wealth of Nations", *American Economic Review*, 1997, Vol. 87, issue 2, 1-12.

D. Gale Johnson. "Population, Food, and Knowledge", *American*

Economic Review, 2000, Vol. 90, issue 1, 1-14.

D. Gale. Johnson. "World Agriculture in Disarray", 1973, Macmillan London.

Daly, H. E.. "Towards an Environmental Macroeconomics", *Land Economics*, 1991, Vol. 67 (2): 255-259.

Decker, C. S and M. E. Wohar. "Sustainability or complementarity? Re-visiting Heyes' IS-LM-EE model", *Ecological Economics*, 2012, Vol. 74: 3-7.

Dorfman, J. H. , and W. D. Lastrapes. "The Dynamic Responses of Crop and Livestock Prices to Money-Supply Shocks: A Bayesian Analysis Using Long-run Identifying Restrictions", *American Journal of Agricultural Economics*, 1996, Vol. 78 (3): 530-541.

Dornbusch. K.. "Expectations and Exchange Rate Dynamics", *Journal of Political Economics*, 84 (1976): 1161-1176.

Emmanuel Dhyne, Jerzy Konieczny, Fabio Rumler and Patrick Seve. "Price Rigidity in the Euro Area — An Assessment", *Economic Papers* 380, May 2009, European Commission.

Fogel Robert. "The Relevance of Malthus for the Study of Mortality Today: Long-Run Influence on Health , Mortality, Labor Force Participation and Population Growth", National Bureau of Economic Research (Cambridge, MA) *Historical Paper* No. 54. 1994.

Frankel. J. A.. "Expectations and Commodity Price Dynamics: The Over-shooting Model", *American Journal of Agricultural Economics*, 1986, Vol. 68 (2): 341-348.

Funing Zhong, Jing Xiang and Jing Zhu. "Impact of Demographic Dynamics on Food Consumption - A Case Study of Energy Intake in China", *China Economic Review*, 2012, Vol. 23, issue 4, 1011-1019.

Hafedh Bouakez, EmanuelaCardia and FranciscoRuge - Murcia. "Sectoral price Rigidity and Aggregate dynamics", *European EconomicReview*, 2014, Vol. 65: 1 - 22.

Hayami Y. and V. Ruttan. "Agricultural Development: An International Perspective", 1985, Baltimore: Johns Hopkins University Press.

Jay Berman and Janet Pfleeger. "Which industries are sensitive to business cycles?" *Monthly Labor Review*, February 1997, 19-25.

Jian Li, Chongguang Li and Jean-Paul Chavas. "Food Price Bubbles and Government Intervention: Is China Different ?", *Canadian Journal of Agricultural Economics*, 2017, Vol. 65. issue1, 135-157.

Johnston, B. F. and J. W. Mellor. "The Role of Agriculture in Economic Development", *American Economic Review*, 1961, Vol. 51 (4): 566-593.

Jose M. Da-Rocha & Diego Restuccia. "The Role of Agriculture in Aggregate Business Cycles", *Review of Economic Dynamics*, 2006, Vol. 9, issue 3, 455-482.

Julian M. Alston and Philip G. Pardey. "Agriculture in the Global Economy", *Journal of Economic Perspectives*, 2014, Vol. 28 (1): 121-146.

Jungho Baek and Won W. Koo. "The U. S. Agricultural Sector and the Macro economy", *Journal of Agricultural and Applied Economics*,

August 2010, Vol. 42 (3):: 457-465.

Justin Lin. "Rural Reforms and Agricultural Growth in China", *American Economic Review*, 1992, Vol 82 (1): 34-51.

Kathy Baylis, Stephen Peplow, Gordon Rausser and Leo Simon . "Agri-environmental policies in the EU and United States: a comparison", *Ecological Economics*, 2008, Vol. 65: 753-764.

Keijiro Otsuka and Shenggen Fan edited. "Agricultural Development: New Perspectives in a Changing World", 2021, IFPRI.

Kjetil Storesletten, Bo Zhao and Fabrizio Zilibotti. "Business Cycle during Structrual Change: Arthur Lewis' Theory from a Neoclassical Perspective", *NBER Working Papers*, 2019, No. 26181.

Kym Anderson, Gordon Rausser and Johan Swinnen. "Political Economy of Public Policies: Insights from Distortions to Agricultural and Food Markets", *Journal of Economic Literature*, 2013, Vol. 51 (2): 423-77.

LinXiu Zhang, Scott Rozelle and Jukun Huang. "Off-Farm Jobs and On-Farm Work in Periods of Boom and Bust in Rural China", *Journal of Comparative Economics*, 2001, Vol. 29 (3): 505-526."

Lopez Morales, C. A.. "Environmental Macroeconomics: from the IS-LM-EE model to a Social Welfare Approach", *International Journal of Environment, Workplace and Employment*, 2007, Vol. 3 (3/4): 301-315.

Mahdi Asgari, Sayed Saghaian and Michael Reed . "The Impact of Energy Sector on Overshooting of Agricultural Prices", *American Journal* of Agricultural Economics, 2020, Vol. 102 (2): 589-606.

Marc F. Bellemare. "Rising Food Prices, Food Price Volatility, and Social Unrest", American Journal of Agricultural Economics, 2014, Vol. 97 (1): 1-21.

Marco Springmann et al, . "Options for Keeping the Food System within the Environmental Limits", October2018, Nature, Vol. (562): 519 - 525.

Mosher, A. T.. "Get Agriculture Moving: Essentials for Development and Modernization", 1966, New York, Praeger.

Moshe Syrquin. "Patterns of Structural Change", Chapter 07 in Handbook of Development Economics, 1988, Elsevier. Vol. 1, 203-273.

Nathan Nunn and Nancy Qian. "The Columbian Exchange: A History of Disease, Food and Ideas", Journal of Economic Perspectives, 2010, Vol. 24, issue 2, 163-188.

Nicholas C. S. Sim. "Environmental Keynesian macroeconomics: some further discussion", Ecological Economics, 2006, Vol. 59: 401-405.

Nordhaus W. D. "An Optimal Transition Path for Controlling Greenhouse Gases", Science, 1992, 258 (5086): 1315-1319.

Nordhaus W. D. "Economic Growth and Climate: the Carbon Dioxide Problem", American Economic Review, 1977, Vol. 67 (1): 341-346.

Patrick Hatzenbuehler, Philip Abbott and Kenneth Foster. "Agricultural Commodity Prices and Exchange Rates under Structural Change", Journal of Agricultural and Resource Economics, 2016, Vol. 41. issue2, 204-224.

Philip A. Lawn. "On Heyes' IS-LM-EE proposal to establish an environmental macroeconomics", *Environment and Development Economics*, 2003, Vol. 8 (1): 31-56.

Pier Giorgio Ardeni and John Freebairn . "The Macroeconomics of Agriculture", Chapter 28 in *Handbook of agricultural economics*, 2002, Elsevier, Vol 2: 1455-1485 .

Robert Eastwood, Michael Lipton and Andrew Newell. "Farm Size", Chapter 65 in *Handbook of Agricultural Economics*, 2010, Elsevier. Vol. 4: 3323-3397.

Saghaian. S. H. , M. R. Reed, and M. A. Marchant. "Monetary Impacts and Overshooting of Agricultural Prices in an Open Economy", *American Journal of Agricultural Economics*, 2002, Vol 84 (1): 90- 103.

Sanford Grossman and Oliver Hart. "The Costs and Benefits of Ownership: A Theory of Vertical and Lateral Integration", *Journal of Political Economy*, 1986, Vol. 94, issue 4. 691-719.

Schuh, G. E.. "The Exchange Rate and US Agriculture", *American Journal of Agricultural Economics*, 1974, Vol. 56 (1): 1-13.

Schuh, G. E.. "The New Macroeconomics of Agriculture", *American Journal of Agricultural Economics*, 1976, Vol. 58 (5): 802-811.

SchumpeterJ. A.. "Business Cycles: A Theoretical, Historical, and Statistical Analysis of the Capitalist Process" . 1939. McGraw-Hill, New York.

Shenggen Fan, Emily EunYoung Cho, Ting Meng and Christopher Rue . "How to Prevent and Cope with Coincidence of Risks to the Global

Food System", *Annual Review of Environment and Resources*, 2021, Vol. 46, 601 – 623.

Shenggen Fan. "Effects of Technological Change and Institutional Reform on Production Growth in Chinese Agriculture", *American Journal of Agricultural Economics*, 1991, Vol. 73, issue 2, 266-275.

Shenggen Fan. "Production and Productivity Growth in Chinese Agriculture: new Measurement and Evidence", *Food Policy*, 1997, Vol. 22. No. 3, 213-218.

Shultz T. W.. "The Economic Organization of Agriculture", 1953, New York: McGraw-Hill.

Shultz T. W.. "Transforming Traditional Agriculture", 1964, New Haven: Yale University Press.

Stamoulis, K. G., and G. C. Rausser. "Overshooting of Agricultural Prices", in *Macroeconomics, Agriculture and Exchange Rates*. P. L. Paarlberg and R. G. Chambers, eds., pp. 163 – 89, 1988, Boulder: Westview Press.

Valentina G. Bruno, Bahattin Buyuks Ahin and Michel A. Robe. "The Financialization of Food?". *American Journal of Agricultural Economics*, 2017, Vol. 99 (1): 243-264.

Willett W, Rockstrom J, Loken B, Springmann M, Lang T, et al.. "Food in the Anthropocene: the EAT-Lancet Commission on the healthy diets from sustainable food systems", 2019, *Lancet* 393: 447-492.

Xiaoyun Liu, Wanchun Luo, Xuefeng Mao, Xiuqing Wang and Xian Xin. "The Diminishing Influences of Agricultural Output Changes on General Price Changes in China", *China Agricultural Economic Review*, 2010, Vol. 2, issue 3, 345-355.

Xin Xian and Xiuqing Wang. "Was China's Inflation in 2004 Led by an Agricultural Price Rise?", *Canadian Journal of Agricultural Economics*, 2008, Vol. 56 issue. 3, 353-364.

Xue, L.; Liu, X.; Lu, S.; Cheng, G.; Hu, Y.; Liu, J.; Dou, Z.; Cheng, S.; Liu, G*.. "China's food loss and waste embodies increasing environmental impacts". *Nature Food*, 2021 (2): 519-528.

Ying Tan, Wenbiao Sha and Krishna Paudel. "The Impact of Monetary Policy on Agricultural Price Index in China: A FAVAR Approach", No 252676. 2017 *Annual Meeting*, February 4-7, 2017, Mobile, Alabama from Southern Agricultural Economics Association.

Yu Sheng, Elden Ball and Xinpeng Xu. "Cross-Country Comparison of Agricultural Productivity: the Superlative vs the Quantity-based Index Approach", 2021, AJAE submitted.

Zhang D. D., Brecke P., Lee H., et al. "Global climate change, war and population collapse during the recent human history", *Proceedings of National Academy of Sciences of the USA*, 2007, 104 (49): 19214-19219.